教育部人文社会科学研究专项任务项目资助
"中国特色社会主义发展理论的内在逻辑研究"
（批准号：15JD710044）

中国特色

社会主义发展理论的内在逻辑研究

Socialism with
Chinese characteristics
Chinese Communist Party
Develop theory
Inherent logic

严文波　著

人民出版社

目　录

绪　论

　　发展是当今时代的主题，也是当代中国的主题。谋求国家的富强、民族的复兴、人民的幸福、社会的和谐，是中国共产党人始终不渝追求的价值目标。改革开放以来，中国共产党人对在中国这样一个经济文化水平落后的国家怎样建设社会主义、如何巩固和发展社会主义、如何找到一条适合中国国情的正确发展道路，进行了长期不懈的探索和思考，提出了一系列关于发展的重要思想和理念。当今中国的社会发展问题，不仅仅是一个具有广阔外延和深邃内涵的重大理论问题，也是一个具有全局意义和时代意义的重大实践问题。发展实践的深化与拓展，需要发展理论为指导，而发展理论的构建，又需要发展理论研究的进一步深入。

一

　　笔者之所以选取中国特色社会主义发展理论的内在逻辑作为研究对象，主要是基于以下两方面的考虑。

　　一是从时代背景看。发展已成为当今时代的主题，无论是发展中国家还是发达国家，都面临着严峻的发展问题，尤其是像中国这样的后起发展中国家，当务之急就是解决发展问题。发展是硬道理，是我们党执政兴国的第一要务，是体现社会主义本质、发挥社会主义制度优越性的内在属性，是顺利实现全面建成小康社会奋斗目标的根本途径，也是应对日趋激烈的国际竞争、在风云变幻的国际局势中立于不败之地的可靠保证。"发展仍是解决我国所有问题的关键。"①改革开放以来，我们党对发展中国特色社会主义的认识，经历了一个初步探索、逐步深化和趋于完善的拓展历程，从强调经济发展观、经济社会协调发展观，到强调以人为本、全面协调可持续的科学发展观，再到"四个全面"（全面建成小康社会、全面深化改革、全面推进依法治国、全面从严治党）重大战略思想的提出。这些发展理念的深刻转变对当代中国的社会发展产生了重要影响，有力地保障和推动了中国特色社会主义各项事业的顺利发展。改革开放 30 多年来，我们走了怎样的一条发展道路？哪些因素促使中国社会的现代化转变？广大人民群众和中国共产党为实现中国特色社会主义现代化进行了哪些方面的探索和创新？在现代化的转型过程中中国又有哪些经验教训？在理论层面，通过对这些问题的不断探寻，都可以从对中国特色社会主义发展理论的结构组成和逻辑关系的剖析中探求出当代中国的社会总体发展进程，以期有助于人们科学完整地理解和把握中国特色社会主义发展理论。这也正是选择本书进行深入研究的初衷。

二是从实践层面看。社会的发展虽有其阶段性，但其自身也有连续性，是阶段性和连续性的有机统一。所谓阶段性，是指在特定的时空中，人类进行创造社会历史的实践活动及其所取得的成果。所谓连续性，是指社会发展承前启后的可持续性、代际相传性。可以说，改革开放以来几代中国共产党人一直都很重视我国社会主义的发展问题，这一点也引起了我国学术界的普遍关注，并涌现了一大批关于社会发展的理论成果。然而，在现实中也有不少人对中国特色社会主义发展理论的内在逻辑关系了解不够全面，有时还在一定程度上存在某些误解。例如，有些人认为我们强调科学发展观的"以人为本"思想，就是因为我们过去是"以物为本"，现在是由"以物为本"走向"以人为本"②，是旧发展观向新发展观的改变③；还有些人借口"反思改

---

① 《十八大以来重要文献选编》（上），中央文献出版社 2014 年版，第 15 页。

② 张荣洁、魏莉：《改革：从以物为本走向以人为本》，《北京邮电大学学报（社会科学版）》2011 年第 4 期。

③ 周如俊：《科学发展观：中国马克思主义发展观的新形态》，《内蒙古社会科学》2005 年第 1 期。

革"，将科学发展观与以经济建设为中心对立起来，从而否定科学发展观同邓小平、江泽民发展理论的一脉相承性。很显然，这些错误认识夸大了我们过去工作中的问题，如果不进一步在理论上加以阐释，正确揭示中国特色社会主义发展理论的内在关联，势必将损害广大人民群众对党和社会主义事业的信任和信心，危及社会主义的前途和命运。因此，通过从历史的角度深入探讨中国特色社会主义发展理论的内在逻辑关系，固然有理论上的需要，但主要还是当代中国社会发展的实践使然，这也是一个在实践中亟须解决的重大问题。

正是基于上述认识，笔者提出了"中国特色社会主义发展理论的内在逻辑研究"这一选题。研究这一选题，旨在深入分析中国特色社会主义发展理论作为一个动态系统过程的内在逻辑关系，把握这一动态系统过程的逻辑结构和演绎路径，探求其共同的价值指向，从而总结出中国共产党认识和处理发展问题的历史经验及启示，并进一步尝试性地揭示出中国未来社会可能的发展方向，以期有助于深化对于社会主义现代化建设客观规律的认识，为在实践中更好地推进中国特色社会主义现代化建设这一重大战略任务服务。

本书选取中国特色社会主义发展理论的内在逻辑作为研究对象，从历史的角度纵向梳理和总结改革开放以来几代中国共产党人关于发展理论的主要内容，分析他们之间既一脉相承又与时俱进的内在逻辑关系，总结其认识和处理发展问题的历史经验及启示，有重要的理论和实际应用价值。

理论价值主要有：一是有助于我们党在改革开放的伟大实践进程中进一步推进发展理论的创新。本书的研究，对几代中国共产党人认识和处理社会主义发展问题进行系统分析和总结，必将推动我们党对社会主义发展理论的进一步创新。二是有助于人们进一步认识中国特色社会主义发展理论不仅在马克思主义发展史上占据着重要的位置，也为当代世界发展观的进一步演进提供了合理的借鉴因素。

应用价值主要有：发展问题是一个综合性内容较强的研究课题。无论从研究领域看，还是从研究内容看，它涉及经济发展为主导，政治、文化、社会、生态等方方面面庞杂内容。以马克思主义基本观点和方法论为指导，分析中国特色社会主义发展理论的历程、路径、特点、经验、规律，对于推进马克思主义中国化即中国特色社会主义理论体系的宣传普及，具有积极的借鉴意义。从根本上来说，本书研究的目的也正在此。

二

研究中国特色社会主义发展理论及其内在逻辑，首先必须阐明几个特定的概念，即什么是"发展"？什么是"发展观"和"发展理论"？什么是"逻辑"？搞清楚这几个基本概念，是开展本书研究的首要前提和基础。

（一）"发展"的内涵

"发展"一词是一个具有多种含义的概念，在不同的领域和语境中，具有不完全相同的含义。发展最初作为一个生物学上的概念，是指种子发芽、植物开花、婴儿成长等自然界万事万物起源、发育、生长的过程。把"发展"的概念从生物学领域引用到社会科学领域始于 19 世纪英国哲学家赫伯特·斯宾塞，他认为社会的发展服从于生物进化的规律，在他看来，社会的发展"除了自然规律外，一无所有"[1]。在后来的发展中，"发展"一词被不同学科和领域赋予了不同内涵，比如：哲学家认为发展是指事物由小到大，由简单到复杂，由低级到高级的符合一定规律秩序的发展过程；社会学家则用社会变迁来说明社会发展；经济学家则认为发展主要是指经济增长等。显然，在各个学科层面上，对"发展"这一概念都有着形式不同的解释。而我们通常意义上所讲的"发展"，与哲学、社会学、经济学等学科所理解的发展内涵，在词义理解上既有一定的渊源关系，同时在内涵和外延上又具有实质性的区别。"而且，由于发展本身也是发展着的，这就使发展的内涵也带

---

① ［法］弗朗索瓦·佩鲁：《新发展观》，张宁等译，华夏出版社 1987 年版，第 4 页。

有一定的流动性。"①因此，对"发展"这一概念的界定，本身就是发展理论研究中的一个重大问题。目前，主要有以下几种形式的解读。

1.当代西方学者关于"发展"内涵的解读

"发展"成为国际社会共同关注的话题，是在第二次世界大战之后。随着第二次世界大战后民族民主运动的发展，世界上许多原殖民地国家开始获得独立，为了消除贫困落后的状态，重新振兴民族经济，这些取得独立的新兴国家普遍开始了工业化的进程。发展作为第三世界国家的迫切问题，引起了国际社会的广泛关注。联合国先后于 1960 年、1970 年和 1980 年，以每十年为一个规划期，制定出了三个"十年发展规划"的国际发展战略，这也使得发展研究开始成为国际学术界研究的热点问题。

二战后的最初阶段，在一些西方学者看来，所谓的"发展"主要就是指经济层面的增长。1956 年，英国经济学家阿瑟·刘易斯在其代表作《经济增长理论》一书中就指出，我们所强调的发展，其实就是指经济层面的增长。他认为发展即"总人口人均产出的增长"②。这种观点在当时的经济社会发展背景下很有代表性，因为发展中国家具有的"二元经济结构"特征（即传统经济模式与现代经济模式并存)，使得追求经济增长成为制定一国发展战略的首要目标。但不久，这一理论就遭到了来自各方面的批判，由于片面追求生产的量的增长，而没有政治体制、文化结构、社会状况等方面的配套改革和质的提高，使得许多发展中国家先后落入了"有增长而不发展"的陷阱。于是，基于对单纯追求经济增长发展观的扬弃，美国学者约瑟夫·熊彼特提出了辩证发展的思想，他指出："我们所指的'发展'只是经济生活中并非从外部强加于它的，而是从内部自行发生的变化。"③在他看来，发展是社会经济系统的内部变化，这种变化不仅体现在经济量上的增长，而且是一种质变，要更多地注意到发展中质的变化，注意到发展是建立在经济增长基

---

① 庞元正：《什么是发展观所说的"发展"》，《中国党政干部论坛》2006 年第 4 期。
② ［英］阿瑟·刘易斯：《经济增长理论》，周师铭等译，商务印书馆 2002 年版，第 6 页。
③ ［美］约瑟夫·熊彼特：《经济发展理论》，叶华译，中国社会科学出版社 2009 年版，第 70 页。

础上的社会多维结构变化的过程。瑞典发展经济学家冈纳·缪尔达尔也指出:"'发展'意味着整个体系的向上运动。"[1]在缪尔达尔看来,发展不仅仅是 GNP 的增长,而且还包括整个经济、文化和社会发展(狭义)过程的上升运动。显然,在实践中,人们逐渐认识到发展不纯粹是一个完全的经济现象,尤其是进入 20 世纪 80 年代以后,人们开始将发展看作追求社会要素(政治、经济、文化、生态、人)协调发展的过程,特别是注重人与自然环境的和谐发展。美国发展经济学家迈克尔·托达罗在《经济发展与第三世界》一书中就深刻指出,从最终意义上说,发展不仅仅包括人民生活的物质和经济方面,还可以涵盖更多方面的内容,应该将发展看作包括整个经济和社会体制的重组和重整在内的多维过程。

尽管在不同发展阶段,西方学者对"发展"内涵的理解存在差异,但不论"发展"的内涵及外延如何变化,西方学者们越来越倾向于认为,"发展"就是指从传统农业社会向现代化社会转变的过程,即现代化的实现过程。如著名美国政治学家塞缪尔·亨廷顿就指出,发展是"表示与从相对贫穷的乡村农业状态向富裕的都市工业状态转变的社会运动相联系的社会、经济、心智、政治和文化变迁的总过程"[2]。这个过程应包含五个主要目标,即增长、公平、民主、稳定和自主。"落后社会是贫穷的、不公平的、压制性的、粗暴的、依附于人的。发展就是从后者转变为前者的过程。"[3]此外,由亚当·卡伯和杰西卡·卡伯主编的《社会科学百科全书》在概括社会发展理论这一学说时也趋向于认同发展是一种渐进式的运动过程,是一种朝向更现代化、更科技化和更经济化的先进社会形式的运动,例如工业国家。可见,在西方学者们看来,"发展"就是指现代化的实现过程。

---

[1] [瑞典]冈纳·缪尔达尔:《亚洲的戏剧:对一些国家贫困问题的研究》,方福前译,首都经济贸易大学出版社 2001 年版,第 305 页。

[2] 转引自庞元正、丁冬红:《当代西方社会发展理论新词典》,吉林人民出版社 2001 年版,第 4 页。

[3] [美]塞缪尔·亨廷顿等:《现代化:理论与历史经验的再探讨》,罗荣渠主编,上海译文出版社 1993 年版,第 333 页。

2. 马克思主义关于"发展"内涵的解读

什么是"发展"？在马克思主义理论中，也有其深刻的内涵解读。首先，马克思主义唯物辩证法认为，发展是事物从一种质态向另一种质态的转变，是事物从低级形态向高级形态的运动，是事物的连续性和阶段性的统一。"有两种基本的（或两种可能的？或两种在历史上常见的？）发展（进化）观点：认为发展是减少和增加，是重复；以及认为发展是对立面的统一（统一物之分为两个互相排斥的对立面以及它们之间的相互关系）。"[①] 其次，马克思主义唯物史观认为，社会的发展，是生产力与生产关系、经济基础与上层建筑的基本矛盾辩证运动的结果。生产力是社会发展中最活跃的力量，生产力发展到一定阶段必然要引起生产关系的变革，而作为经济基础的生产关系的变革又会引起上层建筑的变革。"随着新生产力的获得，人们改变自己的生产方式，随着生产方式即谋生的方式的改变，人们也会改变自己的一切社会关系。"[②] 因而，生产力是社会发展的最终决定性力量。最后，基于唯物史观中人是社会历史的创造者，是推动社会发展的决定性力量的分析，马克思主义者把实现人的全面而自由的发展确立为人类社会发展的最高价值目标。在马克思主义理论中，人类社会发展的最终目标就是实现共产主义，实现人的自由而全面的发展。因此，衡量社会进步最重要的评价尺度就是社会中的个体是否得到了全面发展。但与此同时，马克思主义也指出，生产力的发展和人的发展，两者是辩证统一的。生产力是人获得自身发展的前提和基础，而另一方面，人的自身发展也将推进生产力的进步。此外，作为最首要的生产力——人，是生产力中最具有决定性的力量，人越是全面发展，则越有可能为生产力发展创造有利的条件。

可以发现，在马克思主义者看来，"发展"不仅是事物从一种质态向另一种质态的转变过程，也是人类社会实现生产力的发展和人的发展辩证统一，最终实现人的自由全面解放的过程。在马克思主义理论中，任何时候谈

---

① 《列宁选集》第二卷，人民出版社 2012 年版，第 557 页。
② 《马克思恩格斯文集》第一卷，人民出版社 2009 年版，第 602 页。

到"发展",总是有某一主体通过一定方式或手段确定一定方向和达到一定程度的发展。也就是说,发展问题无论何时都摆脱不了"发展什么""怎样发展""为谁发展""向何处发展"等这些问题的设定。马克思主义对"发展"内涵的解读是当代中国对"发展"问题进行深化和具体化认识的理论基础。

3. 国内学者对"发展"内涵的解读

自 1978 年党的十一届三中全会作出改革开放的重大抉择后,国内学术界才真正意义上开始了现代社会科学意义上的发展理论研究,提出了各自对"发展"这一概念的不同阐释。从目前国内专家学者的研究上看,基本都是在马克思主义社会发展理论的基础上吸收和借鉴国外关于"发展"的思想观点。

国内对"发展"的内涵作出有价值探讨的学者们,基本都认同将"发展"定义为现代化的实现过程。如以研究现代化问题著称的国内学者罗荣渠教授就认为,应当将发展理解为从传统农业社会向现代化社会的一种过渡,但是这种过渡对不同国家而言又有着不同的含义。就发展中国家而言,主要是加快向现代化社会的治理转变;而对发达国家而言,则是进一步探索现代社会的自身完善与发展。正是在这个意义上,罗荣渠教授强调指出:"社会发展的过程实际上是现代化的过程。"[1] 十一届三中全会以后,邓小平也鲜明指出当代中国社会发展问题的实质就是如何实现现代化,他在 1985 年 3 月 4 日会见日本商工会议所访华团时提出,现在世界上的大问题,带全球性的战略问题,一个是和平问题,一个是发展问题。和平问题是东西问题,发展问题是南北问题。而所谓南北问题,就是发展中国家如何摆脱贫穷落后,实现现代化的问题。此后,他又强调说:"搞社会主义现代化建设是基本路线"[2],进而又称这条路线为"中国的发展路线"[3]。这些对"发展"内涵阐释的观点与国外学者研究的观点类似。

进入新世纪,随着信息化时代的到来,信息技术逐步成为推动社会发展

---

[1] 罗荣渠:《现代化新论》,北京大学出版社 1993 年版,第 95 页。
[2] 《邓小平文选》第三卷,人民出版社 1993 年版,第 248 页。
[3] 《邓小平文选》第三卷,人民出版社 1993 年版,第 381 页。

进步的重要因素，国内学者开始对"发展"内涵赋予了更多新的内容。国内学者开始将信息化纳入"发展"的内涵，认为"发展"已不再仅是一个由传统的农业社会向工业社会的转变过程，而且也是一个通过信息革命由工业社会再向信息社会变迁的过程。对当今中国而言，就是要在"四个全面"这一重大战略布局指导下实现中华民族伟大复兴的中国梦。可见，国内学者对"发展"内涵的阐释与国外学者对"发展"内涵的研究基本达成共识，只是国内学者更多的是在结合中国具体国情的基础上对"发展"内涵给予中国化的解读。因此，如何推进中国实现从农业国走向工业国、从落后走向现代化的运动过程，就是我们所研究"发展"的内涵与核心。明确了这一主题，同时也就确立了我们探讨发展问题的价值坐标。

因此，根据国内外学者对"发展"内涵的界定，可推论出本书研究所使用的"发展"一词，即一种社会形态在其性质并未发生根本变化情况下的发展，是指总体上处于量变过程中的一个社会在经济、政治、文化、社会、生态环境等方面的全面发展，是指社会的进步和人的发展，特别是指当代中国从一个处在社会主义初级阶段的发展中国家向信息化、工业化、现代化高度发达的发达国家的转变过程。

（二）"发展观""发展理论"的内涵

在对"发展"这一概念界定明晰后，其次要弄清楚的就是"发展观"和"发展理论"的内涵。从某种意义上讲，"观"或"理论"，其本质是一致的，都是对某些事物总的观点或看法。发展观就是人们"以一种什么样的方式来看待发展"，是人们关于发展的本质、目的、内涵和要求的总体看法和根本观点，旨在研究和阐述有关发展的价值指向、发展模式和发展战略等一系列有关根本性的问题。

一般来说，发展观有两种不同层面的内涵。一是作为哲学专有范畴的发展观，认为发展观是指对事物运动变化的根本看法。其又包含两种相互对立的发展观：1.辩证法的发展观。认为事物是运动变化的，量变和质变是运动变化的两种主要表现形式，矛盾是运动变化的根本原因。2.形而上学的发展观。认为事物是静止不变的，或者即使有变化也只是简单的量的增长，不承认事物有质变，不承认矛盾是事物运动变化的根本原因。二是作为社会发展理论专有范畴的发展观，即具体层面意义上的发展观，是指人们对一个国家、地区或民族在社会发展问题上所形成的观点和看法。当前，不管是国内学者还是国外学者，其所研究的发展问题更多意义上都是指具体层面上的内涵。相对来讲，发展理论的内涵范围比发展观更为广泛，发展观是发展理论的凝结，但在本质意义上，两者所涵盖的研究内容是一致的，都是指人们对发展问题所形成的基本看法和思想观点，这些基本看法和思想观点基于对发展重大问题的反思和回答，形成了发展观或发展理论的问题空间，即包括"什么是发展""为什么要发展""怎样发展""为谁发展""怎样评价发展"等等。

"发展观"或"发展理论"作为世界观的重要组成部分，具有十分重要的地位和作用。不同的发展观或发展理论，在实践上对经济社会发展产生不同的导向作用。一般来说，有什么样的发展观或发展理论，就会有什么样的发展道路、发展模式和发展战略，就会对发展的实践产生根本性、全局性的重大影响。具体到当代中国，发展理论就是关于中国从传统农业社会走向信息化、工业化、现代化，在发展过程中所形成的对发展问题的根本观点和总体看法，是几代中国共产党人对当今和未来中国在"为什么要发展、怎样发展和为谁发展"等重大问题上的根本观点和总体看法。

（三）"逻辑"的内涵

关于"逻辑"一词的含义，现代汉语词典（1998年版）将其解释为思维的规律和客观的规律。在不同学科领域中，它们都有着各自对"逻辑"概念的不同理解。首先，就"逻辑"一词的起源来说，它源于希腊文"logos"，是英文"logic"的音译，最初的意思是"词语"或"言语"。而汉语中我们经常提及的"逻辑"一词，最早起见于1902年严复的译著之中。"逻辑"一词的内涵极为丰富，概括起来主要有：第一，一门科学，即逻辑学；第二，对某一事物的理论观点和总体看法；第三，客观事物的本质规律。在哲学层面上，哲学家们通常将逻辑一词视为一种推理形式的科学。辞海（1989 年版）将"逻辑"一词解释为"思想""理性"等含义。严复在《穆勒名学》一书中将 logic 意译为"名学"，音译为"逻辑"。日语则翻译为"论理学"。逻辑一词是多义的：1. 思维的规律性；2. 关于思维形式及规律的科学，即逻辑学；3. 客观规律性，如"事物的逻辑"；4. 观点、主张，一般用于贬义，如"霸权主义的逻辑"①。

　　本书中所使用的"逻辑"一词，采用其客观规律性的意涵，指某一事物内部所固有的、本质的、稳定的联系，它的存在和作用是不以人的主观意志为转移的。"内在逻辑"指某一事物和另一事物之间或多种事物之间具有的一般形式、结构或内在法则。具体到本书，旨在探讨中国特色社会主义发展理论所共存的规律性。

三

　　近几年来，随着中国经济的快速发展、综合国力的显著提升，围绕中国的发展，国外开始出现了探讨"中国模式"和"中国发展新路向"的新情景。美国著名的 *Contemporary China* 杂志 2012 年在题为 *China's Distinctive System：Can It Be A Model for Others*？的文章中指出，中国快速的经济社会发展成就表明，在现存的国际经济秩序体制内，中国给世界各国提供了另外一种切实可行的发展新路向。此外，新加坡《联合早报》最近几年连续刊发了资深中国问题专家郑永年教授有关"中国模式"的许多理论性文章，如《"中国模式"的机遇和挑战》、《"中国模式"能够被西方围堵?》《为什么要提"中国模式"》等等，这些文章对"中国模式"的内涵、特征和价值等方面进行了全面分析，引起了学术界的高度关注。美国学者斯蒂芬·哈尔伯（Stefan Halper，2013）认为，中国对美国及其西方盟国所支持的现存国

---

① 《辞海》，上海辞书出版社 1989 年版，第 1190 页。

际体制提出了新的挑战,"中国模式"将导致西方主流价值观念的日趋边缘化。那么,究竟什么是"中国模式"呢?学者们从各自视角给出了种种阐释。日内瓦现代亚洲研究中心张维为教授认为,所谓"中国模式",是"以一种循序渐进、摸索和积累的方式,从易到难进行改革,并吸取中外一切优秀的思想和经验"的改革和发展模式。美国著名中国问题专家乔舒亚·库柏·雷默(Joshua Cooper Ronal)教授则把这种模式称为"北京共识",他认为中国通过艰苦努力、主动创新和大胆实践,摸索出了一个适合本国国情的发展模式,并从关于新的发展理念提出的原因、关于新的发展理念的内涵和内容、关于新的发展理念的意义及影响等方面作了深入阐述。雷默认为,"北京共识"无疑是邓小平之后的思想,与他的务实思想密切相关,即实现现代化的最佳途径是"摸着石头过河",而不是试图采取休克式疗法,实现大跃进。

在国内,现有的关于中国特色社会主义发展理论的研究,主要集中于以下三个方面:一是关于中国特色社会主义发展理论来源的研究。严书翰(2013)认为,马克思主义辩证唯物主义和历史唯物主义中的社会有机体理论、人的全面发展理论、人与自然和谐共生理论等一系列理论,是中国特色社会主义发展理论形成的直接理论基础和来源。钱广荣(2012)认为,中国古代的"和谐""民本""天人合一"等社会发展思想为中国特色社会主义发展理论的形成提供了传统文化的借鉴。二是关于改革开放以来党的历届领导人发展理论的研究。侯远长(1997)从研究人类的发展入手,对邓小平发展理论的形成和意义、客观依据、主要特征、发展战略等方面,进行了深层次、多视角的分析与探讨。陈松友(2003)认为,江泽民的发展理论是在总结中国和其他国家建设社会主义的经验教训、分析中国国情的基础上逐渐形成和发展起来的,显示出了中国共产党人与时俱进的政治品格。祝黄河(2011)认为,胡锦涛的科学发展观是由发展目的论、发展中心论、发展整体论、发展协调论等一系列相互联系的基本观点构成的一个科学思想体系。程恩富(2013)认为,习近平的发展战略思想大体可以概括为中国梦中的发展战略思想、稳中求进的发展战略思想、民生导向的发展战略思想、科技创新驱动的发展战略思想等等。三是关于中国特色社会主义发展理论的经验启示研究。庞仁芝（2012）认为，中国共产党艰辛探索中国发展的过程给我们提供了深刻的经验启示，那就是要始终坚持发展这一时代主题、始终坚持代表最广大人民的利益、始终坚持以经济建设为中心的协调发展。靳连芳、宋富法（2009）则把不断演进的中国特色社会主义发展理论的基本经验概括为——中国的发展方向必须要坚持社会主义、中国的发展道路必须要坚持一切从实际出发、中国的发展必须要坚持一切为了人民、中国的发展必须要坚持中国共产党的领导。

综上所述，一方面，学界关于中国特色社会主义发展理论的相关研究已经取得了一批有价值的成果，大大地深化了对于社会主义现代化建设客观规律的认识。但另一方面，瑕不掩瑜，现有的研究也存在几方面不足之处：一是历史感欠缺。这些成果总体看来大多是关于发展问题的理论概括，缺乏对历史和现实的总体观照，特别是缺乏对改革开放以来中国共产党关于发展问题的认识和实践作出全面性的概括和总结。二是系统性不足。这主要表现在：分别对单个领导人发展理论研究的多，把几代领导核心发展理论综合起来研究的较少；对某一代领导核心发展理论与另一代领导核心发展理论之间的内在关系进行论证研究的多，把几代领导核心发展理论综合起来论述它们之间内在关系的研究较少。三是客观化程度不够。一些学者在对中国特色社会主义发展理论的研究中，更多的是强调过去的成功经验，而对于造成失误的原因却避而不谈。学术研究中这种单向度的研究方式也是应该反对的。我们应该秉持一种认真、严谨的治学态度，深入研究中国共产党领导中国经济社会发展的得与失，并找出成功的原因，总结失败的经验教训，以警示后人。

本书研究的具体内容由以下六大部分构成：

第一部分：中国特色社会主义发展理论的理论逻辑溯源。任何一种理论都有它的理论渊源，都是从一定的理论前提出发的。通过回溯马克思主义经典作家关于发展的思想和毛泽东关于发展的思想，揭示中国特色社会主义发展理论的理论基础和直接理论来源。同时，进一步追溯作为中国特色社会主义发展理论重要理论来源的东西方传统文化中的发展思想，以及当代西方的主要发展思想。

第二部分：中国特色社会主义发展理论的现实逻辑基础。马克思曾指出："一切划时代的体系的真正的内容都是由于产生这些体系的那个时期的需要而形成起来的。"所有这些理论体系的产生，既是时代和自身社会历史发展的需要，同时又是以一定的时代和自身社会历史条件作为其现实逻辑基础。研究中国特色社会主义发展理论的现实逻辑基础，实际上就是要分析它产生于怎样的需要，又是在哪些条件的基础上形成的。由此，本课题拟从世情基础、国情基础和党情基础三方面对此进行系统论述。

第三部分：中国特色社会主义发展理论的内在逻辑结构。从内在逻辑结构来看，中国特色社会主义发展理论有着丰富的理论内涵，可以根据一定的划分视角将其归纳为三个层面：第一层面是指理论基石层面上的基本原理，包括社会主义精髓论、社会主义初级阶段论、社会主义本质论；第二层面是指纵向思维结构层面上的基本原理，包括对"什么是社会主义、怎样建设社会主义""建设什么样的党、怎样建设党""实现什么样的发展、怎样发展"基本问题的探索和回答；第三层面是指横向内容结构层面上的基本原理，包括社会主义市场经济论、社会主义民主政治论、社会主义先进文化论、社会主义和谐社会论、社会主义生态文明建设论。

第四部分：中国特色社会主义发展理论的逻辑演绎路径。中国特色社会主义发展理论是在历史与逻辑中形成并发展起来的一个有机体。在内生逻辑和马克思主义发展序列上，中国特色社会主义发展理论的演进历程都呈现出一脉相承、与时俱进的理论品质。共同的理论基础、共同的发展主题、共同的思想路线和共同的政治立场是其理论一脉相承的鲜明特征；对发展内涵的新认识、对发展理念的新深化、对发展战略的新构想和对发展布局的新拓展，是其理论与时俱进的生动体现。从其逻辑演绎的转换依据看，时代发展需要、国情变化需要和实践推动需要是中国特色社会主义发展理论不断演进的重要依据。

第五部分：中国特色社会主义发展理论的价值指向。中国特色社会主义发展理论的逻辑演进过程是科学性和价值性相统一的过程，有着鲜明的价值指向。首先，我们要"实现什么样的发展"？在发展理念上我们要始终确立科学发展、和谐发展、和平发展的理念；其次，我们是"为谁发展"？在发展目的上我们要始终确立以最广大人民的根本利益为最高价值标准，确立以人的自由全面发展为终极价值目标；最后，我们的"发展向何处去"？在发展方向上我们要始终确立以实现中华民族的伟大复兴、展示社会主义的强大生命力和推动人类社会的文明进步为终极价值指引。中国特色社会主义发展理论价值指向的确立，为中国共产党继续探索科学发展的实践过程指明了方向。

第六部分：中国共产党探索科学发展的历史经验与启示。中国共产党执政以来领导中国发展的历史，是艰辛探索科学发展的历程，也是日益走向科学发展的历程。对于中国这样一个发展中的大国来说，世界范围内也缺乏一个可供选择的参照系。因此，总结中国共产党探索科学发展的基本经验，力求得出一些有益的启示，从而实现中国经济社会又好又快发展，显得尤为迫切和重要。中国共产党对社会发展孜孜不倦的求索，给了我们许多宝贵的经验与启示：一是必须坚持把"发展"作为马克思主义中国化的主题；二是必须坚持以经济建设为中心的统筹兼顾；三是必须坚持在继承与创新的统一中实现与时俱进；四是必须坚持人民群众在社会发展中的主体地位；五是必须坚持把中国的发展融入世界发展的大趋势之中。

本书研究的基本目的，是通过对改革开放以来几代中国共产党人认识和处理社会主义发展问题的系统分析和总结，寻找其带有普遍性的内在规律与法则。正如马克思所指出的，"最一般的抽象总只是产生在最丰富的具体发展的场合"[1]，"经过比较而抽出来的共同点，本身就是有许多组成部分的，分为不同规定的东西。"[2] 这种普遍性的内在规律与法则，在不同的历史阶段上体现出来的具体形式、内容会有不同，但其基本精神却是一致的。这种基

---

[1]　《马克思恩格斯文集》第八卷，人民出版社 2009 年版，第 28 页。
[2]　《马克思恩格斯文集》第八卷，人民出版社 2009 年版，第 7 页。

本精神是几代中国共产党人认识和处理社会主义发展问题的红线和灵魂。因此，对中国特色社会主义发展理论的逻辑结构和价值指向的分析是本书研究的重点，准确、全面把握中国共产党探索科学发展的经验和规律是本书研究的难点。

本书可能的创新之处主要体现在：

第一，从选题上来讲，具有一定的新意。一方面，虽然目前国内学术界对 30 多年来改革开放的研究已经很深入，但对中国特色社会主义发展理论进行系统研究的并不多。本书从发展观的视角来审视改革开放以来的历史，拓展了改革开放史研究的视角；另一方面，自科学发展观提出以来，虽然学术界对发展理论的研究更为深入，但对中国特色社会主义发展理论的整体性研究还较为欠缺。本书试图以一种更为宏观整体的视角来审视中国特色社会主义发展理论，旨在通过对中国特色社会主义发展理论的内在规律与法则的研究，进一步深化人们对中国特色社会主义发展理论的整体性认识和把握。

第二，着力阐述中国特色社会主义发展理论的内在逻辑结构和逻辑演绎路径，这是本书研究最大的亮点。本书对中国特色社会主义发展理论的内在逻辑结构依据一定的标准划分出了三个基本层面，即理论基石层面上的基本原理、纵向思维结构层面上的基本原理和横向内容结构层面上的基本原理，从而使对中国特色社会主义发展理论的理论解读更为清晰明确。同时，结合其一脉相承、与时俱进的理论品质，对中国特色社会主义发展理论的逻辑演绎历程进行了较为详细的剖析，并归纳出其逻辑演绎的转换依据。这是本书的主体性研究创新。

第三，对中国特色社会主义发展理论的价值指向分析，是本书研究的又一特色。以往的研究往往更多地注重对单个或几个领导人发展理论的价值作用与重要意义进行探究，而对于其价值方向较少涉及。本书拟从其价值指向入手，从更为宽广的视野来探求其价值使命和价值目标，论证其价值方向，以更为准确地把握中国共产党探索中国现代化建设的正确方向。

第一章 中国特色社会主义发展理论的理论逻辑溯源

任何一种理论都有它既定的理论渊源，都是从一定的理论逻辑前提出发的。中国特色社会主义发展理论的不断拓展和深化，凝聚了几代中国共产党人对中国特色社会主义建设规律的艰辛探索和实践。这一时期形成的发展理论，有着其深厚的理论基础和思想渊源。一方面，坚持把马克思主义经典作家关于发展的理论作为其理论基础，以毛泽东的发展理论作为其直接理论来源。另一方面，借鉴中西方传统文化中的发展理论以及当代西方主要发展理论中的积极因素，具有其深厚的理论底蕴。

一、历史土壤：东西方传统文化中的发展理论

发展是人类社会不断进步的永恒主题。从人类社会诞生的那一天开始，人们就一直在思考有关发展的问题，形成了丰富了发展理论，这些理论深深影响着近代西方的发展范式，甚至很多思想也体现在当代中国新的发展理念中，影响着我们今天要进行的发展范式的变革。因此，对中国特色社会主义发展理论的理论来源进行追溯，就不能回避中西方传统文化中所蕴含的优秀发展理论。

（一）中国传统文化中的发展理论

在人类发展的历史长河中，中华民族曾经创造并积淀了许多优秀的民族

文化，其中蕴含着丰富的社会发展理论，这既是历史留给我们的宝贵财富，也是分析当代中国发展观的思想原点。中国传统文化中的发展理论以本土文化的优势和特性，对中国特色社会主义发展理论的形成和发展起着潜移默化的作用，持续不断地提供着丰厚的历史养料。本书主要从"和谐思想""民本思想"和"礼治思想"三个方面来重点阐述中国传统文化中的发展理论。

1. 和谐思想

和谐是中国传统文化的核心理念，在古代中国的发展中占据着重要的地位。在中国古代传统文化中，"和"与"谐"同义，而"和谐"在古代传统文化中是以"和"的范畴出现的，是指矛盾对立双方达到相对平衡状态的表现。在古代中国社会发展史上，"和"的思想贯穿于各个历史发展时期和各家各派之中，随着历史的不断发展与推进，也慢慢积淀为中国文化的基本精神，显示出其特有的理论意义，而且在维护社会稳定和推动社会发展的历史进程中，发挥了不可或缺的作用。可以发现，纵观中国古代传统文化，古代中国人对和谐的阐释是多角度、多层次的，是一种宏观视野下的"大和谐"，如"人和"是指人与人的和谐；"天人合一"是指人与自然的和谐；"天下大同"则是指整个社会的和谐。

在人与自然的关系上，中国古代思想家们将世间万物视为一个相互联系的有机整体，主张"天人合一"，强调人与自然界相统一，反对片面地利用自然与征服自然。"天人合一"思想作为中国古代和谐思想中的重要内容，儒、道各家共有之，并且在中国传统文化中始终占据着主导地位。道家创始人老子认为，所有生物均来源于自然。因此，人与自然和谐的重要法则就是"道法自然"与"天人合一"。"道大，天大，地大，人亦大"，"人法地，地法天，天法道，道法自然"[①]。人和万物是平等的，人并不比其他万物具有更高的地位，人要以尊重自然规律为行动的最高准则，以崇尚自然效法天地作为行为的重要依归。道家的另一位主要代表性人物——庄子，则提出了"与天为一"的重要观点，在他看来，现实中的人如能忘却世俗的欲望就能使人

---

① 《老子》二十五章。

精神饱满，从而最终达到"天地与我并生，而万物与我为一"①的自然无为境界。儒家学派创始人孔子则主张以"仁"待物、待人，强调天、地、人的和谐发展。孟子则提出："尽其心者，知其性也，知其性则知天也。"②同时他还告诫人们："斧斤以时入山林，林木不可胜用也。"③强调要保持人与自然的持久和谐。荀子在《天论》中提出"万物各得其和以生，各得其养以成"④，其所说的"和"，也是指天地万物的相互依存、和谐统一。

在人与人的关系上，中国古代的思想家们倡导以和为贵，宽和处世，从而创造"人和"的社会环境。孔子说："君子和而不同，小人同而不和。"⑤又说"君子矜而不争，群而不党"⑥。在孔子看来，能够与人和谐相处，不结党营私，不与他人争执，善于团结他人而不搞小团体，是君子人格中的一个重要方面。孟子提出："天时不如地利，地利不如人和"⑦，进一步强调了"人和"的重要性。以孔孟为代表的儒家强调人际关系的"以和为美"，还提出了仁、义、礼、恭、宽、信、敏、惠、智、勇、忠、恕、孝等一系列旨在实现"人和"的道德规范。"君子贵人而贱己，先人而后己""己所不欲，勿施于人"等等都是这一价值理念的具体阐述。道家创始人老子则进一步给世人规划了一个人与人之间和谐共存的美好社会蓝图，指出要达到人心的"无欲""无为""无争"。更为可贵的是，老子还进一步提出了人与人之间的地位平等。他提出："天之道，损有余而补不足。人之道，损不足以奉有余。孰能以有余以奉天下，唯有道者。"⑧强调人要学会对财富的合理分配，要在有多余财富的基础上学会供奉于世人，从而在此基础上实现"人和"。

在人与社会的关系上，中国古代思想家们把"和"作为最高的政治伦理

---

① 《庄子·齐物论》。
② 《孟子·尽心上》。
③ 《孟子·梁惠王上》。
④ 《荀子·天论》。
⑤ 《论语·子路》。
⑥ 《论语·卫灵公》。
⑦ 《孟子·公孙丑下》。
⑧ 《老子》七十七章。

规范，认为"和"是万物存在的基础。《周易》说："乾道变化、各正性命、保命太和，乃'利贞'。首出庶物、万国咸宁。"① 在《礼记》一书中，还描绘了"大同社会"的理想蓝图："大道之行也，天下为公，选贤与能，讲信修睦。故人不独亲其亲，不独子其子，使老有所终，壮有所用，幼有所长，矜、寡、孤、独、废疾者皆有所养。男有分，女有归。货，恶其弃于地也，不必藏于己。力，恶其不出于身也，不必为己。是故谋闭而不兴，盗窃乱贼而不作，故外户不闭，是谓大同。"同时还进一步描述了一幅"四肥"的图景："四体既正，肤革充盈，人之肥也；父子笃，兄弟睦，夫妇和，家之肥也；大臣法，小臣廉，官职相序，君臣相正，国之肥也；天子以德为车，以乐为御，诸侯以礼相与，大夫以法相序，士以信相考，百姓以睦相守，天下之肥也。"② 这些表述都集中体现了儒家的社会思想，那就是要建立一个各得其所、人人平等、富庶安康的和谐社会。

在中国传统文化中，"和谐"思想的提出，从治国安邦的角度看，虽然目的都是为了巩固统治阶级的统治地位，最终实现封建统治的长治久安，但其所蕴含的诸如"和而不同""天人合一""求同存异"等许多优秀的价值思想，已经成为我们处理不同国家、不同民族、不同文化之间关系的宝贵财富。也正如英国著名历史学家 A.J. 汤因比所说："人类已经掌握了可以毁灭自己的高度技术文明手段，同时又处于极端的政治意识形态的营垒，要使人类避免危机，最重要的精神就是中国文明的精髓——和谐。"③

2. 民本思想

重民惠民是中国古代社会发展理论中的重要内容。中国古代统治阶级在很早就认识到民众对社会历史发展的作用，古代中国的思想家们也意识到，民众是社会物质财富的创造者和王朝兴衰成败的决定力量，是社会存在和发展的根基。事实上，中国传统文化中的民本思想源远流长，从现在的资料来

---

① 《周易·乾卦·象传》。
② 《礼记·礼运》。
③ ［英］A.J. 汤因比，［日］池田大作：《展望 21 世纪：汤因比与池田大作对话录》，荀春生等译，国际文化出版公司 1997 年版，第 46 页。

看，中国传统民本思想的萌芽最早可以追溯到 3000 多年前的殷商时代。

据《尚书》记载，盘庚（商的第二十位君王）曾说道："古我前后，罔不惟民之承保。"① 其意是从前的先王，没有谁不努力致力于使百姓安居乐业的。又说："式敷民德，永肩一心。"② 强调要把所有恩惠回归于百姓，永远与百姓同心同德。西周时期，周公总结殷亡的历史教训，提出了"民之所欲，天必从之"和"天视自我民视，天听自我民听"③ 的观点，认为"欲至于万年为王，子子孙孙永保民"④，把民意与天意相联系，得出了民意反映天意的结论。西周以后，中国历代的一些统治者已经充分认识到了民众在社会发展中的重要作用，众多思想家也纷纷作出了理论上的探讨，逐渐形成了重民、利民、得民的民本思想。概而论之，主要包括以下三个方面的内容：

第一，民为国本。《尚书》中提出："皇祖有训，民可近，不可下，民为邦本，本固邦宁。"⑤ 这说明在周时期就已经开始关注"民"在国家管理中的作用。文子说，"山高者基扶，民富者国昌"⑥，认为百姓是社会物质财富的创造者。孔子说，"节用而爱人，使民以时"⑦，强调民、食、表、祭，将"民"放在第一位。孟子继承了孔子政治思想中的"爱人"主张，提出了"民为贵，社稷次之，君为轻"⑧ 的著名观点，认为在君主、社稷和民众之间，民高于国，民高于君，并在此基础上总结出了"政得其民"的历史兴亡规律。荀子则进一步把孟子重民惠民的思想归纳为："民如水，君如舟；水可载舟，亦可覆舟。"⑨ 这一关于君民关系的形象比喻，集中反映了民为邦本的思想。西汉政论家贾谊从秦朝灭亡的经验教训中，对民为国本的思想进一步

---

① 《尚书·盘庚中》。
② 《尚书·盘庚下》。
③ 《尚书·泰誓》。
④ 《尚书·梓材》。
⑤ 《尚书·五子之歌》。
⑥ 《文子·上德》。
⑦ 《论语·学而》。
⑧ 《孟子·尽心下》。
⑨ 《荀子·王制》。

做了深刻总结，指出："闻之于政也，民无不为本也。国以为本，君以为本，吏以为本。故国以民为安危，君以民为威侮，吏以民为贵贱。此之谓民无不为本也。"①

第二，治国为民。古代中国的思想家们认为，民众是封建王朝兴衰存亡的根本决定性力量。因此，要保证国家的长治久安，统治者必须要顺应民心，尊重民意，治国为民。要做到为民，首先必须怀有爱民之心。为此，孟子曾说："乐民之乐者，民亦乐其乐；忧民之忧者，民亦忧其忧。乐以天下，忧以天下，然而不王者，未之有也。"②意思是作为统治者的君王要想百姓之所想，思百姓之所思，体恤百姓疾苦，了解百姓需求，要"平政爱民"。其次，要做利民之事。墨子说："功，利民也。"他劝导统治者要替天下万民着想，使饥者得食，寒者得衣。最后，为民的最终目的在于富民。管子认为富民是治国的根本之策。他主张"凡治国之道，必先富民。民富则易治也，民贫则难治也"③。孟子则明确提出了"富民"的具体举措，即"制民之产"理论。孟子说："民之为道也，有恒产者有恒心，无恒产者无恒心。苟无恒心，放僻邪侈，无不为己。"④孟子认为，民无私产，就不会有正确的思想观念和行为规范。荀子则进一步详细阐述了富国必先富民的重要性，告诫统治者要把富民作为国策。他说："故修礼者王，为政者强，取民者安，聚敛者亡。故王者富民，霸者富士，仅存之国富大夫，亡国富筐箧，实府库。"⑤荀子认为，统治者能否得到人民的拥戴，归根结底，取决于人民得到实利的多少，这实际上是警告统治者不要与民争利。

第三，天下为公。古代中国传统的民本论认为，天下是公众的。《礼记·礼运》一文中指出："大道之行也，天下为公。选贤与能，讲信修睦。"⑥

---

① 《新书·大政上》。
② 《孟子·梁惠王下》。
③ 《管子·治国》。
④ 《孟子·滕文公上》。
⑤ 《荀子·王制》。
⑥ 《礼记·礼运》。

《南宋·宋纪上》篇中说："夫树君宰世，天下为公，德充帝王，乐推攸集。"①《吕氏春秋·贵公》篇也说："昔先圣王之治天下也，必先公，公则天下平矣，平得于公。……天下非一人之天下也，天下之天下也。"②这即是说"天下"是属于"天下人"的，即广大平民百姓。西汉贾谊则进一步阐述了自己天下为公的观点："师尚父曰：'天下者，非一家之有也，有道者之有也。故夫天下者，唯有道者理之，唯有道者纪之，唯有道者使之，唯有道者宜处而久之。'"③贾谊的民本哲学思想相比前人更为明确、深刻，他鲜明地指出了天下是属于全体民众的公共物品，而决非一家一姓的私有财产。

诚然，古代统治者所倡导的民本思想，其根本目的都是为了维护统治阶级的利益和政权，这些民本思想都有着其历史局限性和阶级局限性，然而其中蕴涵的"以民为本""重视民生""维护民利""天下为公"的有益思想，还是值得我们继承和进一步挖掘的。事实上，任何社会，只要认识到人民群众的重要性，有效实行保障民生的政策措施，那么这个社会的社会生产力就会得到迅速发展，就不会产生严重的社会矛盾。中国共产党以人为本发展理念的提出，正是借鉴和汲取了中国传统文化中民本思想的积极因素，是民本思想在当代中国的重要转化和超越。

3. 礼治思想

任何社会都要建立一种稳固的社会秩序，只有这样，社会才能一直不断地繁荣发展。为了巩固统治阶级的地位，中国古代的统治阶级非常重视社会的长治久安，他们把"礼治"作为维护社会秩序和社会稳定的重要方式。"礼"的概念从殷商时期即产生，在古代中国，它既是一种政治法度，也是一种社会伦理道德规范。到西周时期，古代中国思想家们又逐步将"礼"系统化、制度化为"礼治"的思想体系，并经世世代代的继承与发展，对中国古代社会的持续健康发展产生了重要影响。

儒家学派创始人孔子极力提倡礼治，孔子处于诸侯纷争、礼崩乐坏的年

---

① 《南宋·宋纪上》。

② 《吕氏春秋·贵公》。

③ 《新书·修政语下》。

代，面对社会矛盾的急剧增加和恶化，孔子期盼恢复社会的"礼治"状态，主张社会"立于礼，成于乐"①。孔子认为，人与人之间的关系如果用"礼"来规范，就会像演奏一部乐章那样动听和谐，正所谓"上好礼，则民莫敢不敬；上好义，则民莫敢不服；上好信，则民莫敢不用情。夫如是，则四方之民襁负其子而至矣"②。通过用"礼"来规范人们的行为，施行德政，百姓就会自动前来支持和拥护。此外，孔子还认为，有了"礼"，居于社会的人才会有立足于社会的根据，"恭而无礼则劳；慎而无礼则葸；勇而无礼则乱；直而无礼则绞。"③

在孔子看来，实施治国以礼，最重要的方式是"正名"，"夫名以制义，义以出礼，礼以体政，政以正名"④，就是说要为社会各阶层规定各种社会角色，明确社会成员在整个社会关系体系中的位置，确定各人与其名分相符的思想和行为。因此，"正名"，就是要以礼来约束人们的行为，做到"非礼勿视，非礼勿听，非礼勿言，非礼勿动"⑤，使社会成员各安其位，谨守各自的名分，不僭礼，不越位。在孔子之后，"礼"逐渐被历代统治者制度化和神圣化，成为一套任何人都不可逾越的政治法则和道德规范，具有强大的维护社会秩序稳定运转的功能。

荀子在《礼论》篇中探讨了"礼"的来源，他以"礼起于何者"自问自答，从而说明了"礼"的起因，即"人生而有欲，欲而不得，则不能无求。求而无度量分界，则不能不争；争则乱，乱则穷。先王恶其乱也，故制礼义以分之，以养人之欲，给人之求。使欲必不穷于物，物必不屈于欲。两者相持而长，是礼之所起也。"⑥简言之，礼是古代圣王制定的规范人们行为规范的"度量分界"，以此来调节人们的欲望、满足人们的需求，避免因为人的

---

① 《论语·泰伯》。
② 《论语·子路》。
③ 《论语·泰伯》。
④ 《左传·桓公二年》。
⑤ 《论语·颜渊》。
⑥ 《荀子·礼论》。

无度欲求而引起争乱，从而以维护社会的秩序。荀子扩大了"礼"的外延，认为"人无礼则不生，事无礼则不成，国无礼则不宁"①，"国之命在礼"②，在荀子看来，礼是个人安身处世乃至国家安宁稳定的根本。

西汉贾谊对"礼"的重要性，则谈得更加透彻，"故道德仁义，非礼不成；教训正俗，非礼不备；分争辨讼，非礼不决；君臣上下，父子兄弟，非礼不定；宦学事师，非礼不亲；班朝治军，莅官行法，非礼威严不行；祷祠祭祀，供给鬼神，非礼不诚不庄。……礼者，所以固国家，定社稷，使君无失其民者也。"③在这里贾谊详细解释了礼的地位、功用，在他看来，要实现仁义道德，就要到礼制系统中去培养、造就、显现、生效，礼关乎到社会生活和政治状况的各个方面，是国家大治大安的根本所在。

在古代中国，"礼治"在维护社会秩序和社会稳定方面发挥了重要作用。我们要辩证地看待"礼"在中国历史上对社会发展的作用。一方面，"礼治"给人们提供了一系列行为准则，这些行为准则不同于法律制度，人们通过对这些行为准则的遵守，全体社会成员不得不学礼守礼，从而提高了人们的思想境界和素质，对人们起到了一种教化的作用。"礼治"具有"法治"所不能代替的独特价值，它着眼于从人的思想深处入手，有助于提高全社会的道德文明素质和维护良好的社会秩序。因此，对于任何国家的社会全面发展，都有着其不可或缺的作用。因而就其合理因素而言，传统礼治思想是值得我们去借鉴和吸收的。另一方面，古代中国的"礼治"就其实质来说，实际上是一种贤人政治，它过于强调人的重要作用，从而导致一定程度上忽视了法治的作用。同时，这种体制片面强调个人服从群体，阻碍了个体的全面发展。总之，礼治思想虽然产生于古代中国，但却包含了超越时代、超越国度的合理因素和永恒价值，值得当代中国共产党人认真借鉴与吸收。改革开放以来，人们通过深入地研究和批判地吸收，使其中的精华为中国共产党探索中国特色社会主义现代化建设提供了重要的传统文化的借鉴与支撑。

① 《荀子·修身》。
② 《荀子·强国》。
③ 《新书·礼》。

（二）西方传统文化中的发展理论

在人类文明发展史上，中华文化和西方文化都有过自己一段独立的旨趣迥异的发展史。在两种社会发展文化真正交汇之前，它们就已各自形成了一套独特的社会发展理论。从西方文明发展的运行轨迹来看，西方传统文化中的发展理论大致可划分为三个历史阶段：即古希腊和古罗马时期的发展理论、欧洲中世纪时期的发展理论以及文艺复兴时期的发展理论。

1. 古希腊和古罗马时期的发展理论

西方古代社会的发展理论形成于古希腊和古罗马时期，大约在公元前 6 世纪，古希腊出现了第一批城邦奴隶制国家，社会发展理论由此产生和发展起来，这些发展学说形态各异，展现了早期西方思想家们对社会发展的思考。同古代中国的儒家思想相似，古代西方也很重视社会和国家的秩序。

著名的古希腊思想家苏格拉底主张建立一个"德性的社会"，认为德性（道德）是社会发展的基础思想。在他看来，社会的和谐有序源于社会中人们的美德，通过社会道德价值的重建，改善公民的德行，一个和谐安定的社会环境才能形成。柏拉图在其《理想国》中，将社会分为三个等级，发展出了自己的社会分层理论，他将人分为三个等级。第一等级是"统治者"，他们是用黄金铸成的人，是最宝贵和最具智慧的，他们的职责是管理社会；第二等级是"武士"，他们是用白银铸成的人，是最勇敢的人，他们的职责是保护社会；第三等级是"工农业生产劳动者"，他们是用铜和铁铸成的人；他们的任务是节制自己的欲望，不断生产劳动，维系社会之存在。柏拉图认为，要使社会和谐稳定，这三个等级的人就要各守其位、各尽其能，天性优良的统治国家，天性低劣的自觉接受统治。按这种不平等的形式建立起来的社会在柏拉图看来才是最理想、最完美、最好的社会。亚里士多德提出的理想社会则与柏拉图相似，认为"人类自然是趋向于城邦生活的动物（人类在本性上，也正是一个政治的动物）"[①]。在他看来，国家利益是至高无上的，个

---

① ［古希腊］亚里士多德：《政治学》，吴寿彭译，商务印书馆 1996 年版，第 7 页。

人的一切追求都是为了国家这个整体利益服务的，这不仅是维护社会秩序的要求，更是个人美德的体现。

另外，亚里士多德还深入探讨了社会发展中诸因素对发展所造成的影响。他以中庸为发展理念，对社会发展问题进行了分析，认为造成社会秩序混乱的主要因素之一是社会资源的分配不均。他指出，社会之所以出现问题，就在于不正义、不平等，也就是没有体现出中庸之道。因此，在社会财富、权力、地位和荣誉等的分配上，要体现均衡的原则，加大社会的缓冲力量。可以看到，在这里，亚里士多德还把社会权力和荣誉的分配包含进来，将分配不仅仅视为经济领域内的活动，在今天看来，这仍然是一个先进的思想。

古代西方同样重视人在社会发展中的地位和作用，普罗泰戈拉曾指出："人是万物的尺度，是存在的事物存在的尺度，也是不存在的事物不存在的尺度。"[1] 著名古罗马思想家西塞罗则主张建立一种民权政治，充分发挥人民在国家经济社会发展中的重要作用。古罗马斯多葛学派提出社会分析论，认为社会秩序是人所确立的，但是在人为法之上，还有一个更高的自然法，自然法是高于一切人类法律的存在，拥有至高无上的权威，自然法是人性的内在要求，当自然法和社会秩序发生矛盾时，要按照自然法来行动。斯多葛学派认识到了社会秩序是为人所服务的，不应该成为人的枷锁，是社会发展史上的一大进步。

可以看到，古希腊和古罗马时期的发展理念充满着朴素的自然主义色彩，对人与自然和谐关系的期盼，在自然法精神面前人人平等的体现，都是这一时期的共同特点。但是，这一时期所提倡的平等并不是真正意义上的平等，所谓的自然法则也是一个等级极其分明的自然。在发展理论上，注重从国家整体利益的考虑，其实际也就是为了维护城邦统治者的利益。

2. 欧洲中世纪时期的发展理论

欧洲中世纪主要是指 5 世纪至 15 世纪的封建制时代。在这个时期，基

---

① 转引自邢贲思：《人是万物的尺度》，《学习时报》2002 年 5 月 27 日。

督教会成为集政治、经济、文化为一体的庞大的国际性统治组织，宗教神学占据了绝对的统治地位，在教皇的统治下，其他的一切文化思想都成为了"神学的婢女"。社会发展理论也染上了浓重的神学色彩，非理性主义逐步取代了西方的理性主义传统，基督教的教义和信仰成为解释、调整社会生活和社会发展的唯一合法性理论，具有至高无上的权威。宗教神学将早期思想家们对人的地位和作用的确认变为了对神的至高无上的尊崇，其主要代表人物是奥古斯丁，他认为，由于人类的原罪，所以人类社会才会出现奴役等不平等现象，因此人类等级制度的存在就是合理的、永恒的社会制度，服从教会、君王的统治和教诲就是人类社会必须遵守的准则。奥古斯丁认为，人类为了赎罪，就必须遵守上帝所创造出来的自然秩序以及由此而制定出来的法律法规等社会规则，从而达到社会秩序的和谐。他说："万物的和平是一种被安排得很好的秩序。秩序就是有差异的各个部分得到最恰当的安排，每一部分都安置在最合适的地方。"①

奥古斯丁还较早地提出了人类社会的历史分期理论，它把人类社会的发展分为婴儿期、儿童期、青年期、成年期、壮年期、拯救期、终结期七个历史时期，在他那里，这种线形发展理论的最终推动力被解释为上帝。上帝创造一切，一切创造物的活动最终都归结为上帝的意志。托马斯·阿奎那进一步发展了奥古斯丁的理论，阿奎那社会发展理论的中心点是上帝主宰一切，他把一切都归结为上帝的存在，他认为，人及人类社会都是上帝创造的，人要想获得永恒的幸福，就必须具有神性的德性，但是这种德性不是靠人自己的努力就能获得的，只能靠上帝的启示和恩典。

很明显，整个中世纪都被笼罩在宗教神学的阴影之下，人的理性和诉求被压抑，人的一切仿佛又被"创世神"收了回去。即使是反对封建统治的"异端"社会发展学说，也带有鲜明的宗教神学色彩，这种神学一统天下的局面，直到文艺复兴后才开始逐渐削弱，人在社会发展中的主体地位才开始

---

① Augustine, *The City of God against the Pagans*, Cambridge：Cambridge University Press, 1998, p.998.

逐步显现出来。

3.文艺复兴时期的发展理论

文艺复兴时期，欧洲社会正面临着封建制度向资本主义制度的激烈变革，在文艺复兴人文主义思潮的指引下，涌现出了一大批伟大的思想家，西方社会发展理论也由此进入了一个前所未有的辉煌时期，这个时期发展理论的影响是巨大的，它奠定了近代西方社会发展的文化基础，同时也对世界社会的发展和文化的变革产生了深远的影响。

作为人文主义思潮的代表人物之一，意大利政治思想家马基雅维利主张从人性视角出发来探讨社会发展问题。他认为从本质上来说人性是恶的，自私自利是人的本质特性，是导致社会出现矛盾和冲突，导致战争和动乱的根源。在人的心中，财富、自由、个性的地位远比荣誉、道德更为重要。教会所宣扬的来世幸福的说法不过是骗人的鬼话。因此，在他看来，社会发展的主要推动力就是获得更多的物质利益，其最终目的就是寻求社会和个体的实际利益、安全和幸福。可见，马基雅维利以性恶论为基础，否定了教会和君主的神圣性，主张现实生活的人性和个性解放，从本质上看，反映了新兴资产阶级的意志。

到 17 世纪法国启蒙运动时，人文主义开始宣扬社会发展中的"自由""平等""法治"等精神，一些思想家也开始从其他的视角为资本主义发展提供思想和理论武器。如孟德斯鸠认为社会发展呈有规律性演变的特点。他认为，世界变化有着自身的规律，人及其社会的发展同样也受规律的支配。这些规律就是"法"，"一切存在物都有它们的法。上帝有他的法，物质世界有他的法，高于人类的智灵有他们的法，兽类有他们的法，人类有他们的法"①。法的精神包罗了自然和社会、物质和精神等各种因素，由此构成了社会发展的总体面貌。

与之前人文主义者注重从精神视角分析社会现象不同，卢梭则认为社会发展的根本原因是存在于人的自有观念之外的偶然事件。他的社会发展理论

---

① 　[法] 孟德斯鸠：《论法的精神》（上册），张雁深译，商务印书馆 1982 年版，第 1 页。

的核心问题是社会不平等问题。他认为，当人类的各种潜能借助于一些外部偶然事件而不断地作用于人类发展时，私有观念便开始产生，人类就开始由平等的自然状态向不平等的社会状态转变，而这种不平等状态的出现，则会给人类社会带来可怕的冲突、混乱和战争。然而，卢梭并不主张消灭私有制，他认为私有观念源自人类自我保存的感情，是社会发展的一种原动力，虽然私有制是产生不平等的根源，但它却不是社会发展最重要的缺陷。在他看来，财产权是公民权利中最神圣、最为重要的权利之一，有时其重要性甚至超过自由权。因此，社会发展不是要消灭私有制，而是要限制私有制的扩大化。

可以看到，尽管西方人文主义思想中所含的价值观取向仍然是资产阶级的价值观，所维护的依然是资产阶级的统治和利益，具有其自身无法克服的阶级局限性，但其所提出的一系列诸如"自由""平等""法治""博爱"等人文精神，在改革开放的今天，还是值得我们去认真借鉴和吸收的。

二、思想借鉴：当代西方主要发展理论的成果借鉴

中国特色社会主义发展理论的形成离不开对世界上其他发展理论的借鉴。作为第二次世界大战后国外各种发展观点、发展学说、发展战略等诸多发展观念的集合体，当代西方主要发展理论具有十分丰富的思想内涵，它们是中国特色社会主义发展理论的重要思想来源。

（一）现代化理论

如果用一个词汇来描述当今世界各国、各地区社会变迁和发展目标的话，"现代化"这一词汇的使用频率当高居榜首，它自起源于欧洲之日起，就以不可阻挡之势席卷全球，从而在世界范围内形成了一股现代化的历史潮流。"现代化"作为一个世界性概念，不同学派和不同学者对现代化定义有着不同的解释和界定，最本质的是指落后国家采取高效率的途径，迅速赶上

先进工业国家水平和适应现代世界环境的发展过程。[1]

　　现代化理论的产生并非偶然，而是当时特定社会历史环境的必然产物。第二次世界大战以后，大批殖民地国家获得民族解放和独立，旧有的殖民体系开始纷纷瓦解，这些独立的新兴国家首先面对的就是发展道路的选择问题。为了避免这些国家投向社会主义阵营，以美国为首的西方资本主义国家采取了一系列政策措施来鼓励各方面的学者研究新兴国家如何实现从传统社会向现代社会的转变。为此，他们提出了所谓的"第四点计划"[2]，西方资本主义国家企图通过经济援助的方式来拉拢和影响这些新兴国家，使其选择资本主义发展道路。在这样的时代背景下，现代化理论应运而生。显然，早期西方现代化理论的主要目的就是想通过现代化理论的广泛传播和扩散，促使战后的新兴国家选择西方式的现代化发展之路。

　　随着西方资本主义经济中心由西欧向美国转移，到20世纪60年代初期，现代化理论在美国正式形成，其主要代表人物有政治学家加布里埃尔·阿尔蒙德、社会学家塔尔科特·帕森斯和詹姆斯·科尔曼、经济学家华尔特·惠特曼·罗斯托、历史学家西里尔·布莱克等。现代化论者主要用经典社会学家的各种理论来分析第三世界不发达国家的社会发展问题。在发展阶段上，他们认为非西方不发达国家由于自身社会内部的"传统性"，不能突破传统和现代的界限；在发展道路上，他们认为非西方不发达国家与西方发达国家一样，它们现在所处的阶段是西方发达国家实现现代化以前经历过的一个阶段，因此其所遇到的问题同西方发达国家曾经遇到的问题是一样的；在发展模式上，他们认为非西方不发达国家想要实现现代化，唯一的途径就是西方化和照搬西方的发展模式。只有这样，才能够顺利加入现代化国家的行列。

　　现代化理论把"现代化"等同于"西化"，以西方内源性现代化作为发

---

[1]　罗荣渠：《现代化理论与历史研究》，《历史研究》1986 年第 8 期。
[2]　这是 1949 年 1 月 20 日美国总统杜鲁门就职演说中提出的侵略计划中的第四点，即对亚、非、拉美不发达地区实行经济技术援助，以达到在政治上控制这些地区的目的，又称"技术援助落后地区计划"。（前三点计划分别是支持联合国计划、战后欧洲经济复兴计划即"马歇尔计划"、援助自由世界抵御侵略计划）

展范式，企图使经济落后的不发达国家参照西方式的发展路径实现现代化。很显然，这种理念严重忽视了非西方国家的具体国情，没有正确认识到非西方国家社会发展的特殊历史条件和发展特点。这种理论只看到了西方国家现代化发展中积极的一面，忽视了西方发达国家的现代化效应所产生的负面影响。可见，深入研究西方现代化理论的发展历程，剖析其存在的合理性及其不足之处，对于推进我国社会主义现代化建设实践的健康发展有着重要的借鉴意义。

（二）社会综合发展观

基于对片面追求经济增长发展观的扬弃，随着社会的发展变迁，西方发展理论开始提出一种新的发展观点，即将发展等同于经济的上升运动加社会的不断变革。这种观点扬弃了传统的技术决定论与工业化发展模式，引入了文化价值观念，使发展的内涵不再仅仅局限于单纯的经济增长，而是将它理解为经济、政治、文化等各子系统的相互促进与人们生活方式和价值理念的重建。

瑞典发展经济学家冈纳·缪尔达尔在对东南亚和南亚发展中国家考察的基础上，于1968年出版了被西方学术界誉为不朽之作的《亚洲的戏剧：对一些国家贫困问题的研究》。他在此书中写道，"发展"不只是 GNP 的简单增长，而是包括整个经济、文化和社会发展过程的整体提升，"'发展'意味着整个体系的向上运动"[①]。为此他提出了发展中国家实行社会改革的政策主张。在20世纪70年代，西方学者对发展观念的认识开始从单纯的经济增长向消灭贫困、消灭不平等和失业方面转变。英国发展经济学家达德利·西尔斯在《发展的意义》一文中指出："对一个国家的发展所提出的问题是：贫困发生了什么变化？失业发生了什么变化？不平等发生了什么变化？如果这三方面都从原来的高水平上下降了，对这个国家来说这无疑是个发展时期。

---

① ［瑞典］冈纳·缪尔达尔：《亚洲的戏剧：对一些国家贫困问题的研究》，方福前译，首都经济贸易大学出版社2001年版，第305页。

如果这些中心问题的一个或两个方面的情况越来越糟，特别是，如果这三个方面的情况越来越糟，即使人均收入增加一倍，把这叫做'发展'也是不可思议的。"①美国发展经济学家迈克尔·托达罗也认为，现代社会的发展不能将其仅仅看作一个纯粹的经济问题，发展不仅包括经济问题，还应涵盖其他更为广阔的方面，应该将发展看作一个"包括整个经济和社会体制的重组和重整在内的多维过程"②。

　　进入 20 世纪 80 年代，法国经济学家弗朗索瓦·佩鲁在《新发展观》一书中也指出，发展应是整体的、综合的、内生的。经济只是发展的手段，而满足人和社会的需要（不仅是物质的需要，也包括与每个民族的价值及传统相一致的社会和文化的需要），才是社会发展的根本目标。佩鲁认为："各种文化价值'在经济增长中起着根本性的作用'，经济增长只不过是手段而已。各种文化价值是抑制和加强增长的动机的基础，并且决定着增长作为一种目标的合理性。"③佩鲁十分重视文化因素在社会发展中的作用，他要求把发展问题放在广阔的社会文化背景中去理解，要求赋予"发展"以更为丰富的内涵。他认为真正的发展观应该是包括文化价值在内的，"企图把共同的经济目标同他们的文化环境分开，最终会以失败告终，尽管有最为机灵的巧妙的智力技艺"④。

　　综合发展观提出了发展是集经济、科技、社会、政治和文化等多因素于一体的新主题，把发展看作以民族、历史、环境、资源等条件为现实基础的。具体地说，应该包括经济增长、政治民主、科学技术水平提高、文化价值观念的变迁、社会转型等方面的因素。社会综合发展观的出现，表明了人们对于发展问题认识上的重大进展。

---

①　[英] 达德利·西尔斯：《发展的意义》，提交国际发展协会第 11 届大会的论文，第 3 页。

②　[美] 迈克尔·托达罗：《经济发展与第三世界》，印金强译，中国经济出版社 1992 年版，第 50 页。

③　[法] 弗朗索瓦·佩鲁：《新发展观》，张宁等译，华夏出版社 1987 年版，第 13 页。

④　[法] 弗朗索瓦·佩鲁：《新发展观》，张宁等译，华夏出版社 1987 年版，第 168 页。

（三）可持续发展观

随着工业文明的发展，工业化对人类生存环境的影响越来越大。20世纪70年代后，全球发展中的人口、资源、环境问题日益突出，人类面临着生存环境的严重危机。特别是20世纪中叶以来世界上出现的"八大公害事件"①，进一步加剧了人们对环境污染问题的关注。可持续发展观发端于20世纪70年代初期跨国性综合发展研究组织"罗马俱乐部"②提出的"增长极限论"。1972年，罗马俱乐部发表了著名的研究报告《增长的极限》，提出了影响人类社会发展的五个重要参数，即人口增长、粮食生产、资本投资、环境污染和资源耗竭，并着力探讨了五个参数之间的内在关系。报告认为人类居住的地球资源是有限的，它的承受能力是有限的，增长也是有限的，一旦增长超过了地球资源、环境所能够承受的限度，整个人类的生态系统就面临着崩溃。"如果世界人口、工业化、污染、粮食生产和资源消耗方面现在的趋势继续下去，这个行星上增长的极限有朝一日将在今后100年中发生。"③

罗马俱乐部"增长极限论"的提出，逐渐引起了人们对人与自然、人与环境关系的高度重视。1987年，WCED（联合国世界环境与发展委员会）公开发表了一份研究报告，即《我们共同的未来》，深刻地剖析了"单纯经济发展论"的弊端，正式提出了可持续发展模式，强调要从当代和后代两个维度来谋划发展，要既满足当代的需求，又不对后代满足其需求的能力构成

---

① "八大公害事件"是指在世界范围内，由于环境污染而造成的八次较大轰动世界公害事件。这"八大公害事件"包括比利时马斯河谷事件、美国洛杉矶光化学烟雾事件、美国多诺拉烟雾事件、英国伦敦烟雾事件、日本四日市哮喘事件、日本米糠油事件、日本水俣病事件、日本富山县骨痛事件。

② 1968年，全球100多位学者和名流会聚罗马，探讨当时人类的困境和出路。与会者以人口增长、粮食生产、资本投资、环境污染和资源耗竭等人类面临的五大严重问题为研究对象，成立了一个名为"罗马俱乐部"的组织。

③ [美]德内拉·梅多斯等：《增长的极限》，李宝恒译，吉林人民出版社1997年版，第50页。

危害。1992 年，在联合国环境与发展大会上，可持续发展理念得到了与会者的一致认可。大会宣告了包含 27 条原则在内的《里约环境与发展宣言》以及《21 世纪议程》两个纲领性文件，进而标志着可持续发展观被全球持不同发展理念的各个国家所普遍接受。

可持续发展观主张以未来的发展规范现在的行动，为认识现代经济增长与发展开辟了一个全新视角。与以往的发展观相比，可持续发展观主要有以下两方面的突破：一是可持续发展观考察了人与物之间的关系。它不仅看到了物对于人的效用性，而且也看到了人的行为对于物的作用，不仅反对把单纯经济增长看作社会发展的核心，而且要求把人与社会的发展纳入整个物质世界的能量循环与转化运动的统一性中，坚持人的发展与自然生态的和谐发展。二是可持续发展观还考察了人与人之间的关系。可持续发展观提出了代际公平的理念，认为后代人拥有与当代人相同的生存权和发展权，当代人不能剥夺后代人生存和发展所需要的必要条件，包括自然环境和资源。当代人应具备可持续发展的意识，只有这样才能使人类社会得以延续和发展。不仅如此，在代际公平的基础上，可持续发展观还提出了代内公平的概念，提出了发达国家必须终止对发展中国家的"生态侵略"，发达国家应承担更多的环境修复责任。

可持续发展观的核心内容，就是要求当代社会的发展不仅要满足于现代社会人的需要，同时，它还要满足于未来社会人的发展需要，从而达到经济—社会—生态三者之间的良性循环（如图 1.1 所示）。可持续发展理念的形成，反映了人类对先前走过的发展道路的反思和检讨，它标志着当前人类对发展问题的深层次领悟与思考，也是当前我国社会主义现代化建设所应遵循的发展准则。

图 1.1　经济—社会—生态良性循环图

（四）以人为中心的发展观

从 20 世纪 80 年代开始，西方学者对社会的综合性发展问题又有了新的认识，找到了新的理论生长点，世界各国的发展实践进一步把发展观的视角由"物"转向了"人"，形成了以人为中心的发展观。这一发展观强调人既是发展的主体，也是发展的目的。1983 年，法国经济学家弗朗索瓦·佩鲁在《新发展观》一书中提出了"为一切人的发展和人的全面发展"[①]的观点，提出发展应以人的需要和价值为中心。从 1990 年起，联合国开发计划署每年向世界发布一份不同主题的《人类发展报告》。其中，1994 年的《人类发展报告》明确指出，我们所发展的根本目的就在于为人们创造出一种这样的环境和氛围，在这种环境和氛围中，人们都能施展他们各自的能力，不仅为这一代，而且也能为下一代提供发展机会。

在上述发展理论的影响下，1995 年 3 月，在丹麦首都哥本哈根召开的世界社会发展首脑会议通过了《社会发展问题哥本哈根宣言》和《行动纲领》，将人确定为社会发展的目的和中心，指出社会发展的最终目标就是提高全体人民的生活水平和生活质量。这些观点是对前期各种发展理论的创造性突破，被世界各国和地区作为拟定各自发展方略、发展思路的重要依据。

以新发展观为指导，联合国《人类发展报告》还建立了评判社会综合发展的指标体系——人类发展指数（HDI）。人类发展指数由三个指标体系构成：预期寿命指数、教育指数、生活水平指数。[②] 三个内容指数的简单平均就可得出综合的人类发展指数。人类发展指数的提出，是对以 GNP（GDP）为核心的经济实绩发展理念的有益补充和突破，反映了发展观和发展尺度的进步。著名发展经济学家、1998 年诺贝尔经济学奖获得者阿马蒂亚·森说："人类发展报告所造就的具有标志意义的 HDI，与 GNP 相得益彰，作为一种可供选择的发展度量标准，已取得相当的成功。……HDI 不仅是对 GNP 的

---

① ［法］弗朗索瓦·佩鲁：《新发展观》，张宁等译，华夏出版社 1987 年版，引言第 11 页。
② 参见王志平：《"人类发展指数"：含义、方法及改进》，《上海行政学院学报》2007 年第 3 期。

改进，或至少是对 GNP 的有益补充，而且会提高公众对人类发展报告中其他变量的兴趣。"① 阿马蒂亚·森批判了以往单纯追求 GNP 增长的狭隘发展观，提出了将发展与自由结合起来的发展观，他在《以自由看待发展》一书导论部分开宗明义地写道："本书论证，发展可以看作是扩展人们享有的真实自由的一个过程。"② 在阿马蒂亚·森看来，"自由"作为发展的重要手段，主要包括政治自由、经济条件、社会机会和透明性担保。这几种基本自由是实现发展和人类自由的前提。"发展要求消除那些限制人们自由的主要因素，即：贫困以及暴政，经济机会的缺乏以及系统化的社会剥夺，忽视公共设施以及压迫性政权的不宽容和过度干预。"③

阿马蒂亚·森对"自由"进行了创新性的理解，鲜明地表达了一种与 GNP 发展观相对立的、富有人文气息的发展观。他关于扩展人们享有的自由有助于促进发展的观点，在一定程度上克服了前面几种发展理论侧重于提出发展的基本目的和要求，而缺乏研究发展的实现方式和手段的缺陷，从而把发展的价值诉求和实现路径统一了起来。这种以人为中心、以自由为目标、以制度为载体的发展理念，将人的种种发展权利转化为了现实的能力，使发展的权利不再仅仅存在于理论中，是对以人为中心发展理念的进一步推进。

总之，当代西方学者从各自不同的视角对现代社会的发展问题进行了较为深入的研究和思考，提出了许多颇有见地的思想观点，诸如"发展不完全等同于片面的经济增长""发展应是可持续发展""发展不能以牺牲生态环境为代价""发展应以人的需要和价值为中心"等已经成为世界各国的普遍共识，重视社会的全面发展、协调发展、可持续发展也已经成为世界性的潮流，所有这些理论观点无疑对中国特色社会主义发展理论的形成演进产生了

---

① 转引自庞元正：《国外发展理论的演进与发展观的演变》，《领导科学》2004 年第 6 期。

② [印度]阿马蒂亚·森：《以自由看待发展》，任赜等译，中国人民大学出版社 2013 年版，第 1 页。

③ [印度]阿马蒂亚·森：《以自由看待发展》，任赜等译，中国人民大学出版社 2013 年版，第 2 页。

重要影响，同时也给我们提供了许多有益的思想借鉴。

三、理论基础：马克思主义经典作家的发展理论

（一）马克思恩格斯的发展理论

马克思恩格斯是无产阶级的伟大革命导师，在他们创立的马克思主义理论体系中，贯穿着极为丰富的发展思想，马克思恩格斯既从宏观层面揭示了人类历史发展的一般规律，预测了人类社会的总体发展趋势，同时也从微观层面对人类社会发展问题进行了详尽的剖析，从而奠定了中国共产党人研究社会发展问题的理论基础。

1. 人类社会的发展是一个自然史的过程

马克思在《资本论》第 1 卷第 1 版的序言中，鲜明地提出了"自然史的过程"的概念。所谓"自然史的过程"，是指人类社会的发展同自然界的发展一样，是客观存在的、不以人的意志为转移的客观规律性。他认为，人类社会的发展是一种自然历史的过程。在《资本论》中，马克思通过对西欧资本主义社会发展变化过程的分析，科学地阐释了社会经济形态的发展是一种自然史的过程。马克思说："一个社会即使探索到了本身运动的自然规律，它还是既不能跳过也不能用法令取消自然的发展阶段。"①

与此同时，马克思还看到了人类社会发展有其自身的特殊性，他在评价 18 世纪意大利思想家维柯时说，如维柯所说的那样，人类史同自然史的根本区别就在于，人类史是我们自己所创造的，而自然史不是我们自己创造的。在马克思恩格斯看来，人类社会的发展不仅同自然界的发展有着相同的一面，即都必须遵循一定的客观规律，也有同自然史发展根本不同的方面，即社会是由人所组成的，社会人的活动都带有一定的目的。正如恩格斯所

---

① 《马克思恩格斯文集》第五卷，人民出版社 2009 年版，第 9—10 页。

说:"社会发展史却有一点是和自然发展史根本不相同的。在自然界中(如果我们把人对自然界的反作用撇开不谈)全是没有意识的、盲目的动力,这些动力彼此发生作用,而一般规律就表现在这些动力的相互作用中。……相反,在社会历史领域内进行活动的,是具有意识的、经过思虑或凭激情行动的、追求某种目的的人;任何事情的发生都不是没有自觉的意图,没有预期的目的的。"①

恩格斯的这段话充分表明,他和马克思的发展思想是一致的,他们都认为,人类社会的发展是目的性和规律性的有机统一。这主要表现在:首先,人类社会的发展要遵循一定的客观规律。其次,人类社会的发展不同于自然界的发展,人在社会实践中是有目的有意识的能动活动。因此,在马克思恩格斯看来,要正确理解人类社会的发展史,就必须将两者统一起来。这一观点对于中国共产党认识人类社会发展规律有着重要的现实意义。其一,社会是由人创造的。因此,推动人类社会的不断发展,首要的就是坚持"以人为本",要充分重视人在社会发展中的作用。其二,建设中国特色社会主义必须遵循客观规律,如果片面夸大人的能动作用,忽视了规律的客观性,结果就会适得其反。

2. 社会是处在不断变化和发展中的有机整体

马克思恩格斯认为,社会是一个相互联系、相互作用的有机整体。1847年,马克思在其著作《哲学的贫困》中,针对蒲鲁东仅从经济角度把握"社会"的片面观点及单凭先验范畴、逻辑公式构筑思想体系大厦的错误倾向,首次明确提出了"社会有机体"这一概念。马克思认为,仅仅凭运动、时间和顺序的逻辑运动形式不能向人们说明一切关系在其中同时存在而又互相依存。显然,在马克思看来,社会有机体是指社会体系各个环节同时存在又相互依存的有机整体,是一个涵盖全部社会生活一切关系有机活动的总体性范畴。

其后,马克思在《〈政治经济学批判〉序言》中向人们描绘了社会有机

---

① 《马克思恩格斯文集》第四卷,人民出版社 2009 年版,第 301—302 页。

体运动变化发展的动态图景。他指出："人们在自己生活的生产中发生一定的、必然的、不以人们的意志为转移的关系，即同他们的物质生产力的一定发展阶段相适合的生产关系。这些生产关系的总和构成社会的经济结构，即有法律和政治的上层建筑竖立其上并有一定的社会意识形式与之相适应的现实基础。物质生活的生产方式制约着整个社会生活、政治生活和精神生活的过程。……社会的物质生产力发展到一定阶段，便同它们一直在其中运动的现存生产关系或财产关系（这只是生产关系的法律用语）发展矛盾。于是这些关系便由生产力的发展形式变成生产力的桎梏。那时社会革命的时代就到来了。随着经济基础的变更，全部庞大的上层建筑也或慢或快地发生变革。"[①]

马克思恩格斯还认为，社会有机体并不是停滞不前的，它是一个不断发展变化的运动体。1867 年，马克思在《资本论》一书中明确指出："现在的社会不是一个坚实的结晶体，而是一个能够变化并且经常处于变化过程中的机体。"[②] 恩格斯认为，社会有机体经历了"从少数简单形态到今天我们所能看到的日益多样化和复杂化的形态，一直到人类为止的发展系列"[③]。马克思恩格斯明确地把人类社会称作社会有机体，认为有机体经历了由少数简单形态向复杂多样化形态的转变。在马克思恩格斯看来，社会不是由各种偶然因素的机械堆积，而是一个各部分紧密联系、相互作用并不断自我更新、自我超越的有机整体。可以发现，当年马克思恩格斯提出的社会有机体理论，是为了揭示人类社会从一种形态向另一种形态的发展规律，其目的是为了从社会历史观的角度为无产阶级革命提供思想武器。但是，他们的理论中所隐含的社会形态量变过程中的社会有机体存在和发展理论，则成为当代中国共产党人探索科学发展的理论基础。

3. 各种因素、各种力量共同构成社会发展的合力

马克思恩格斯指出，人类社会是一个复杂多变的有机整体，社会的不断

---

① 《马克思恩格斯文集》第二卷，人民出版社 2009 年版，第 591—592 页。
② 《马克思恩格斯文集》第五卷，人民出版社 2009 年版，第 10 页。
③ 《马克思恩格斯文集》第九卷，人民出版社 2009 年版，第 457 页。

向前推进，是各种因素、各种力量综合作用的结果。恩格斯晚年提出了社会发展合力论的思想。他在《路德维希·费尔巴哈和德国古典哲学的终结》一书中指出："无论历史的结局如何，人们总是通过每一个人追求他自己的、自觉预期的目的来创造他们的历史，而这许多按不同方向活动的愿望及其对外部世界的各种各样作用的合力，就是历史。"①

1890 年，恩格斯在致约瑟夫·布洛赫的信中进一步指出："我们自己创造着我们的历史，但是第一，我们是在十分确定的前提和条件下进行创造的。其中经济的前提和条件归根到底是决定性的。但是政治等等的前提和条件，甚至那些存在于人们头脑中的传统，也起着一定的作用，虽然不是决定性的作用"，"但是第二，历史是这样创造的：最终的结果总是从许多单个的意志的相互冲突中产生出来的，而其中每一个意志，又是由于许多特殊的生活条件，才成为它所成为的那样。这样就有无数相互交错的力量，有无数力的平行四边形，由此就产生出一个总的结果，即历史事变。""各个人的意志……虽然都达不到自己的愿望，而是融合为一个总的平均数，一个总的合力……每个意志都对合力有所贡献，因而是包括在这个合力里面的。"②

马克思恩格斯从历史发展的实际进程出发，具体分析了影响社会发展的诸多重要因素，如物质生产、精神生产、人的生产、生产方式等，在此基础上，又将这些具体的因素抽象为具有内在本质联系的生产力、生产关系、上层建筑等，认为"社会发展的根本动力在于社会基本矛盾的运动，生产力和生产关系、经济基础和上层建筑之间的辩证矛盾运动构成了社会变迁和发展的深层根源。生产力是社会发展的最终决定力量，它根源于人们的生存和发展的需要，它总是要向前发展的，由此就导致了生产关系的不断变革，上层建筑和社会意识形态的不断变化，推动社会从低级到高级的发展"③。

---

① 《马克思恩格斯文集》第四卷，人民出版社 2009 年版，第 302 页。
② 《马克思恩格斯文集》第十卷，人民出版社 2009 年版，第 592—593 页。
③ 侯衍社：《马克思的社会发展理论及其当代价值》，中国社会科学出版社 2004 年版，第 119 页。

4. 对资本主义社会发展规律的剖析和对未来社会的一般预见

马克思恩格斯以唯物史观为指导原则和理论依据，通过运用剩余价值理论深刻剖析了资本主义社会的发展规律和运行趋势。马克思恩格斯认为，由于生产关系的私有制，资本主义社会内部存在着自身不可克服的矛盾。这种矛盾主要表现在：在资本主义社会，生产过程、劳动产品、生产资料的使用都已经社会化了，但资本和生产资料的实际占有与控制却日益集中在少数资本家手中。生产资料的私人占有和生产社会化之间的矛盾是资本主义社会内部最为主要的矛盾，也是资本主义社会中其他各种矛盾的总根源。这个最为主要的矛盾决定着资本主义社会的形成、发展和消亡。资本主义社会内部自身所具有的这种矛盾导致了资本主义社会周期性的生产过剩危机，这种周期性的经济危机表明资本主义社会已经无法有效地驾驭其自身所创造出来的社会生产力，更为重要的是，资本主义仅仅依靠自身的力量已经无法解决其社会内部存在的这种矛盾，唯一的办法只有彻底推翻以生产资料私有制为基础的资本主义制度，建立与社会化大生产相适应的新的更高的社会形态，才能从根本上消除资本主义社会的基本矛盾以及由此引起的种种社会矛盾和危机。

与此同时，马克思恩格斯也从唯物史观的高度提出了资本主义被更高级形态代替的条件。"无论哪一个社会形态，在它所能容纳的全部生产力发挥出来以前，是决不会灭亡的；而新的更高的生产关系，在它的物质存在条件在旧社会的胎胞里成熟以前，是决不会出现的。"[1]这说明，取代资本主义的新的更高的社会形态的出现，必须要建立在高度发达生产力所创造的物质基础之上。在马克思恩格斯看来，随着资本主义的逐渐消亡，未来"自由人的联合体"的社会将是取代资本主义社会的一种最为完美的社会制度。在此基础上，依据唯物史观，马克思恩格斯对未来社会的基本特征做了一般的预见。

马克思恩格斯指出，未来"自由人的联合体"的社会并不是一个一成不

---

① 《马克思恩格斯文集》第二卷，人民出版社 2009 年版，第 592 页。

变的社会，在他们看来，这种社会应当是同其他社会制度一样，是一个不断变化和发展的社会。1875年，在《哥达纲领批判》中，马克思进一步阐述了未来社会的发展阶段和主要特征。他把未来社会分为两个发展阶段，社会主义社会是未来社会的第一阶段，共产主义社会是未来社会的高级阶段，两个阶段既相互联系又相互区别，属于同一社会形态。未来社会的生产资料归全社会所有，这也是资本主义社会与未来社会最大的差别所在。在未来社会，在生产资料归全社会占有的基础上，劳动产品的分配在不同的发展阶段将实行不同的分配原则。在社会主义社会这个阶段，实行按劳分配的原则；而在到达未来社会的高级阶段时，实行按需分配的原则。

　　未来社会是人与自然和谐共处的社会。在马克思恩格斯看来，进入未来社会，实现的是人与自然的和谐共处，是人的实现了的自然主义和自然界的实现了的人道主义。"在马克思恩格斯看来，保持人与自然界的和谐关系，这既是人类社会发展的一个重要规律，又是人类到达美好的理想社会即共产主义社会必不可少的前提。"① 马克思恩格斯设想，"在未来理想社会，社会化的人联合起来的生产者，将合理调节他们和自然之间的物质变换，把它置于他们的共同控制之下，而不让它作为盲目的力量来统治自己。靠消耗最小的力量，在最无愧于和最适合于他们的人类本性的条件下来进行这种物质变换"②，以达到"人和自然界之间、人和人之间的矛盾的真正解决"③。

　　未来社会是人自由全面发展的联合体。马克思恩格斯认为，人的自由全面发展是社会发展的最高目标。在他们看来，未来社会的本质要求是实现每一个社会成员的自由全面发展。在《共产党宣言》中，马克思恩格斯将未来社会描述为："代替那存在着阶级和阶级对立的资产阶级旧社会的，将是这样一个联合体，在那里，每个人的自由发展是一切人自由发展的条件。"④ 在未来社会，每一个社会成员都能充分自由地发挥他们各自的全部才能和力

① 王怀超：《社会发展理论研究》，中共中央党校出版社2008年版，第18页。
② 《马克思恩格斯文集》第七卷，人民出版社2009年版，第928页。
③ 《马克思恩格斯文集》第一卷，人民出版社2009年版，第185页。
④ 《马克思恩格斯文集》第二卷，人民出版社2009年版，第53页。

量，他们的体力和智力获得了完全自由的发展和运用，个性获得自由的发展，最终真正成为自然的主人、社会的主人和自身的主人。

5. 不同类型国家社会发展道路选择的多样性

马克思恩格斯认为，不同国家和地区的社会发展和演进可以采取不同的发展形式和发展道路。1877年，马克思在《给〈祖国纪事〉杂志编辑部的信》中指出："他（指米海洛夫斯基——引者注）一定要把我关于西欧资本主义起源的历史概述彻底变成一般发展道路的历史哲学理论，一切民族，不管他们所处的历史环境如何，都注定要走这条路，——以便最后都达到在保证社会劳动生产力极高度发展的同时又保证人类最全面的发展的这样一种经济形态。但是我要请他原谅。他这样做，会给我过多的荣誉，同时也会给我过多的侮辱。"[①] 马克思恩格斯指出，社会历史的发展决不会沿袭任何固定的单一模式而行进，事实上，由于各个国家和民族存在着不同的内部结构、文化传统，具有不同的地理环境、外部联系，处于不同的历史环境之中，社会发展必然会呈现出多样性和丰富性的统一。正如英国历史学家霍布斯·鲍姆所说的："马克思对历史发展的观点从来就不是单线的。他也从来没有把它视为一种单纯的进步记录。"[②]

19世纪70年代后，马克思恩格斯开始从更宏观的视角来审视东方社会发展的道路问题，提出了关于东方国家跨越资本主义制度的"卡夫丁峡谷"的设想。他们认为，在满足几个基本条件的前提下，俄国有可能跨越资本主义制度的"卡夫丁峡谷"，直接过渡到社会主义。他们强调的条件主要是：第一，必须以俄国"农村公社"的存在和发展为基础。这是因为"农村公社"有助于向合作劳动过渡。第二，必须有俄国革命并且与西方无产阶级革命互相补充。这是挽救当时正受到资产阶级压迫的俄国公社并且使俄国土地公有制发展成为共产主义的必要条件。"假如俄国革命将成为西方无产阶级革命的信号而双方互相补充的话，那么现今的俄国土地公有制

---

① 《马克思恩格斯文集》第三卷，人民出版社2009年版，第466页。

② 转引自郝镇华：《外国学者论亚细亚生产方式》，中国社会科学出版社1981年版，第431页。

便能成为共产主义发展的起点。"①第三，必须有西方无产阶级革命的引发、推动和支援，俄国无产阶级革命才能胜利完成。马克思恩格斯认为，这几个条件是东方国家不经过资本主义制度的"卡夫丁峡谷"，实现跨越式发展必不可少的。

马克思恩格斯探讨了东西方无产阶级革命的道路，但从未设计一个"放之四海皆准"、适用于一切国家和民族的方案。马克思恩格斯并没有将资本主义阶段看作历史发展的必然环节，而是强调在不同的历史发展条件下，不同国家可以根据本国国情选择适合自身条件的发展道路，强调尊重社会发展道路选择的多样性。马克思恩格斯的思想也对后人产生了重要启示。他们的思想告诉我们：人类社会的发展是普遍性和特殊性有机统一。一些国家和地区由于他们所处的特定社会历史环境、文化传统等客观因素，他们的发展完全有可能不经过一种完整的社会发展形态而实现跨越"卡夫丁峡谷"式的发展。得出这一结论，从实践上看，为经济文化较为落后的国家进行社会主义革命和建设指明了方向和发展趋势，有着其重要意义。

6. "世界历史"思想

"世界历史"思想最初是由黑格尔提出来的，他在《历史哲学》的绪论中指出："哲学的世界历史不是历史学意义的世界历史，不是先从世界历史做出一些普遍的观察，再从世界历史的内容举例来证明，而是世界历史本身。"②黑格尔从哲学的高度来审视世界历史的发展，把整个人类社会历史的运动看作是"绝对精神"自我发展的体现。马克思对黑格尔的"世界历史"思想进行了扬弃。

马克思认为，资本主义时代由于高度发达的生产方式创造了先进的社会生产力，并在此基础上形成了普遍的社会交往，由此导致了"世界历史"的形成。在他看来，资本主义社会的这种发展过程是处于现实社会中的每一个社会成员都可以证明的。马克思指出："历史向世界历史的转变，不是'自

---

① 《马克思恩格斯文集》第二卷，人民出版社 2009 年版，第 8 页。
② ［德］黑格尔：《历史哲学》，王造时译，上海书店出版社 1999 年版，第 1 页。

我意识'、宇宙精神或者某个形而上学怪影的某种纯粹的抽象行动,而是完全物质的、可以通过经验证明的行动,每一个过着实际生活的、需要吃、喝、穿的个人都可以证明这种行动。"①所以,形成世界历史的根本原因就在于现实的物质生产。在"世界历史"的视野上,黑格尔着眼于日耳曼,认为人类社会历史一旦进入日耳曼民族阶段,那么也就步入了发展的最后时期,世界历史就此终结。黑格尔的这种观点最终陷入了"欧洲中心论"的窠臼。而马克思则认为,资本主义的历史发展进程,充其量也只是整个世界历史发展历程中的一个阶段、一个插曲而已。综合来看,马克思恩格斯的"世界历史"思想主要涵盖以下几种含义:

第一,"世界历史"的形成是社会生产力和社会交往普遍发展的结果。马克思认为,"各个相互影响的活动范围在这个发展进程中愈来愈扩大,各民族的原始闭关自守状态则由于日益完善的生产方式、交往以及由此自发地发展起来的各民族之间的分工消灭得愈来愈彻底,历史就在愈来愈大的程度上成为全世界的历史。"②在马克思看来,生产力和社会交往的交织不断地发展,这是人类社会历史向"世界历史"不断演进的原因。而在生产力和社会交往两者之中,生产力则起着更为关键性的作用,这是由于"只有随着生产力的这种普遍发展,人们的普遍交往才能建立起来"③。

第二,"世界历史"的最终发展趋势是共产主义,最终目标是实现全人类的解放。在马克思恩格斯看来,虽然资本主义开创了"世界历史",但这也只是资本主义社会中的统治阶级为摆脱和解除封建专制主义束缚的一种自身解放。马克思恩格斯着眼于全人类的解放,指出人类社会中任何个人的解放程度,都是与历史完完全全地转变为"世界历史"的发展程度相关联的,只有通过实现共产主义,才能实现全人类的解放。"马克思的'世界历史'思想的视野和落脚点确确实实不是一个国家、一个民族,而是全球社会、全

---

① 《马克思恩格斯文集》第一卷,人民出版社 2009 年版,第 541 页。
② 《马克思恩格斯文集》第一卷,人民出版社 2009 年版,第 540—541 页。
③ 《马克思恩格斯文集》第一卷,人民出版社 2009 年版,第 538 页。

人类。"①

第三，从人类社会发展高度来看。马克思恩格斯认为，"世界历史"的最终形成，就是"世界生产力"的融汇过程。经济欠发达的落后国家能够充分利用"世界生产力"的融合从而摆脱贫穷落后的现实状态，并实现经济社会的跨越式发展。在马克思看来，要使得世界生产力得到融合和发展，就必须要依靠国与国、地区与地区之间的紧密交往。这主要表现在：国与国、地区与地区之间的交往关系越紧密，就越有益于生产力在世界的融合与发展，也就越有益于"世界生产力"的最终形成。"某一个地域创造出来的生产力，特别是发明，在往后的发展中是否会失传，完全取决于交往扩展的情况。"②显然，社会普遍交往的日益深化，将会使得经济落后的发展中国家可以通过社会的普遍交往，进而实现超越一定发展阶段、一定社会形态的跨越式发展。

总之，马克思恩格斯关于社会发展理论的一系列论述，具有原则性和方向性的意义。例如，他们从人类社会总体发展的大视野去预测未来社会的发展走向、强调尊重发展模式的丰富性和多样性、强调把人的自由全面发展看作是未来社会的理想目标，等等。这一系列原则性的论断，成为中国特色社会主义发展理论的理论基础和思想源泉，至今仍有其重大的理论意义和当代价值。

（二）列宁的发展理论

列宁在探索俄国革命和建设道路的过程中，深刻揭示了经济落后的东方社会国家如何实现发展这一重大问题，形成了列宁的发展理论。列宁的发展理论是马克思主义社会发展理论在新的历史条件下的深化和拓展。通过结合19世纪末20世纪初世界历史发展的新特征，列宁将马克思主义的社会发展理论与东方俄国的具体国情相结合，创造性地提出了俄国社会主义革命和建

---

① 丰子义：《发展的呼唤与回应：哲学视野中的社会发展》，北京师范大学出版社2009年版，第314页。

② 《马克思恩格斯文集》第一卷，人民出版社2009年版，第559页。

设的一系列重要思想和发展思路，极大地丰富和发展了马克思主义社会发展理论。

1. 关于对俄国社会主义发展道路的探索

1918—1920 年间，由于战争的原因，为了保卫新生的社会主义政权，苏维埃俄国实行了战时共产主义政策。在农业方面，强制实行余粮收集制；在工业方面，实行中小工业企业国有化；在商业方面，对国民经济实行高度集中的管理，取消私人商业，由国营商业和合作社组织供应；在劳动方面，实行普及一切阶级的成年人劳动义务制，实行"不劳动者不得食"的原则。通过采用这些带有军事性质的手段，苏维埃俄国迅速形成严格控制整个国民经济的、高度集权的经济体制，为赢得战争的胜利提供了物质保障。

然而，在整个国内战争结束后，该政策与和平发展时期的社会主义经济运行客观规律的不相适应性日益凸显，从而引起了强烈的社会动荡。列宁也开始认识到战时共产主义政策的弊端，他说，"在经济战线上，由于我们企图过渡到共产主义，到 1921 年春天我们就遭到了严重的挫败……这次失败表现在：我们上层制定的经济政策同下层脱节，它没有促成生产力的提高"[1]，我们"做了够多的蠢事"[2]。在总结经验教训之后，列宁开始重新制定俄国的社会主义发展战略，开始提出了新的发展思路，即开始实施新经济政策。

新经济政策是列宁总结战时共产主义政策的经验教训，重新探索俄国社会主义发展道路的成果。其主要内容包括：（1）在农业方面，用粮食税代替余粮收集制，纳税后剩下的粮食归农民自己支配，有限度地允许农民租佃土地和雇佣劳工；（2）在工业方面，涉及国家经济命脉的厂矿企业仍归国有，由国家经营，允许本国和外国的资本家经营中小企业和国家暂时无力兴办的企业，恢复私人小企业；（3）在商业方面，由最初实行的产品交换转为允许自由贸易；（4）在劳动方面，实行按劳分配。新经济政策的实施表明，列宁

---

[1] 《列宁选集》第四卷，人民出版社 2012 年版，第 575—576 页。
[2] 《列宁选集》第四卷，人民出版社 2012 年版，第 125 页。

和布尔什维克党放弃了由战时共产主义政策直接过渡到社会主义的设想，开始从俄国的具体国情出发，利用商品货币关系和市场来扩大生产，改善和巩固工农联盟，逐步过渡到社会主义。

可见，新经济政策的推出是列宁对小农经济占优势的俄国如何建设和发展社会主义问题进一步探索的结果，它指出了俄国通过新经济政策实现由小农国家向社会主义过渡的新路子，鲜明地体现了列宁关于经济落后的社会主义国家如何实现社会现代化的战略布局和基本构想。列宁的发展理论是对马克思主义社会发展理论的重大创新和进一步发展。

2. 关于对社会主义发展阶段的认识

列宁明确把社会主义和共产主义社会发展阶段做了区分。在《关于自治问题的争论总结》一文中，列宁首次把马克思在《哥达纲领批判》中讲的未来共产主义社会的第一阶段称为"社会主义"。他说："人类从资本主义只能过渡到社会主义，即过渡到生产资料公有制和按每个人的劳动量分配产品。我们党看得更远些，社会主义必然会逐渐成长为共产主义，而在共产主义的旗帜上写的是'各尽所能，按需分配'。"[1]此后，列宁则经常用"社会主义"一词指称共产主义的第一阶段。在《国家与革命》中，列宁进一步明确地写道："通常所说的社会主义，马克思把它称为共产主义社会的'第一'阶段或低级阶段。"[2]

列宁还特别关注经济文化落后的俄国如何过渡到社会主义的问题。从十月革命到1921年间，列宁对社会主义过渡时期的认识经历了一个否定之否定的演变过程，即从过渡时期可能长可能短，到过渡时期可以短也应该短，再到过渡时期只能是相当长的历史时期。[3] 在1921年之后，他的思维落点最

---

① 《列宁选集》第三卷，人民出版社 2012 年版，第 64 页。

② 《列宁选集》第三卷，人民出版社 2012 年版，第 199 页。

③ 有学者指出，列宁著作中提及的社会主义过渡时期是指从资本主义到建成完全的、成熟的社会主义之间的整个过渡时期，而不是后来苏联和我国所说的狭义的、实行三大改造的短暂的过渡时期。——参见徐博涵、刘爱莲：《列宁晚期思想与当代中国》，载《科学社会主义》1994 年第 2 期。

终放在过渡时期长期性的判断上。他说，从资本主义社会走向社会主义社会必须经历"一个漫长而复杂的过渡"①，现在我们正经历着一个由资本主义到社会主义的最困难和最痛苦的过渡时期，这个时期在一切国家里都必须是很长的。他还明确提出了"发达的社会主义社会""初级形式的社会主义""完整的社会主义"等提法，在《关于星期六义务劳动的报告》中，他说："我们在剥夺了地主和资本家以后，只获得了建立社会主义那些最初级形式的可能，但是这里还丝毫没有共产主义的东西。"②

此外，列宁还第一次使用了"完整的社会主义"的提法，他说："只有经过多次的尝试……才能从一切国家无产者的革命合作中建立起完整的社会主义。"③同时，他还强调指出了过渡到社会主义社会的长期性和艰巨性。他说："在完全摆脱资本主义并开始向社会主义过渡的道路上，我们刚刚迈出了最初的几步。我们不知道，而且也不可能知道，过渡到社会主义还要经过多少阶段。"④可见，列宁关于社会主义发展阶段问题的认识及其基本理念，进一步丰富和发展了马克思恩格斯关于未来社会发展阶段的思想，为我们科学地分析社会主义社会发展阶段提供了方法论和理论基础。

3. 关于社会主义社会要全面发展的思想

列宁指出，社会主义社会应该是全面发展的社会，这主要表现在经济、政治、文化、生态等方面的全面发展。这是因为，建设社会主义首先要有丰富的物质基础作依托，否则就根本谈不上建设社会主义。因此，必须把工作重心转移到经济建设上来，通过不断发展社会生产力来促进经济增长，从而创造出比资本主义更高的劳动生产率和更富足的物质基础。他指出："无产阶级取得国家政权以后，它的最主要最根本的需要就是增加产品数量，大力提高社会生产力。"⑤此外，列宁还敏锐意识到大工业生产在巩固社会主义

---

① 《列宁选集》第四卷，人民出版社 2012 年版，第 575 页。
② 《列宁选集》第四卷，人民出版社 2012 年版，第 92 页。
③ 《列宁选集》第三卷，人民出版社 2012 年版，第 531 页。
④ 《列宁选集》第三卷，人民出版社 2012 年版，第 460 页。
⑤ 《列宁选集》第四卷，人民出版社 2012 年版，第 623 页。

物质基础中的重要地位。他说，社会主义必须建立在高度发达的大工业基础上。他把复兴和发展电气化和工业紧密地联系起来，提出了"共产主义就是苏维埃政权加全国电气化"①的著名口号。在列宁看来，只有当社会主义国家实现了电气化，为其他行业譬如工业、农业打下了现代化大工业的技术基础的时候，才能彻底取得最后的胜利。

其次，必须加强国家政权建设和执政党建设。列宁多次指出，一切工作中最大的毛病就是官僚主义，国家机关最大的危险就是变成官僚主义机构。如果我们不进行有步骤的和顽强的斗争来改革机构，那么我们一定会在社会主义的基础还没建成以前灭亡。此外，列宁还特别重视执政党的建设，他指出，执政党要保持党的先进性，保持党的机体健康，就要充分发扬党内民主，在列宁看来，没有民主，就不可能有社会主义，而"胜利了的社会主义如果不实行充分的民主，就不能保持它所取得的胜利，并且引导人类走向国家的消亡"②。

最后，要开展文化建设。列宁认为，推进社会文化的发展是关系到社会主义苏维埃建设成败的关键问题，只有发展文化才能建设新的社会主义国家。他指出："要使整个苏维埃建设获得成功，就必须使文化和技术教育进一步上升到更高的阶段。"③此外，他还强调指出，在建设社会主义的过程中，应该充分吸收和借鉴人类社会包括资本主义社会的一切优秀成果。他在《关于无产阶级文化》一文中指出："马克思主义这一革命无产阶级的意识形态赢得了世界历史性的意义，是因为它并没有抛弃资产阶级时代最宝贵的成就，相反却吸收和改造了两千多年来人类思想和文化发展中一切有价值的东西。"④

可见，在关于社会主义社会应该要全面发展的问题上，列宁鲜明地提出了一系列创造性的论述，充分反映了社会主义社会建设和发展的客观规律。

---

① 《列宁选集》第四卷，人民出版社 2012 年版，第 364 页。
② 《列宁全集》第二十八卷，人民出版社 1990 年版，第 168 页。
③ 《列宁全集》第三十八卷，人民出版社 1985 年版，第 176 页。
④ 《列宁选集》第四卷，人民出版社 2012 年版，第 299 页。

这些新的理论观点体现了社会主义社会要全面发展的理论要求，在马克思主义社会发展史上占有重要的地位。

4. 关于学习和利用资本主义发展社会主义的思想

随着新生苏维埃政权的建立，资本主义独霸天下的局面也被打破。如何正确地处理资本主义与社会主义的关系，就成为以列宁为代表的俄国共产党人必须认真面对的首要问题。随着苏维埃政权在俄国的建立，在新生政权处于资本主义的封锁与包围的环境之下，列宁提出了不要把社会主义与资本主义抽象地对立起来，不要害怕资本主义，要对"资本主义西方在经济上要千方百计地加以利用，加强和加紧利用"[1] 的战略思想。

列宁从巩固和发展社会主义的高度，剖析了经济发展水平落后的国家利用资本主义发展自身的重要意义。他认为，没有建筑在资本主义先进科学技术和管理办法上的社会主义是难以设想的。在他看来，我们最终能否实现社会主义，关键就在于我们能否将我们的管理体制与资本主义最新的进步的东西相结合。此外，列宁还给什么是社会主义下了一个简短精辟的定义："乐于吸取外国的好东西：苏维埃政权＋普鲁士的铁路秩序＋美国的技术和托拉斯组织＋美国的国民教育等等等等＋＋＝总和＝社会主义。"[2] 在资本主义与社会主义的关系中去论述社会主义的发展问题，这是列宁对马克思主义发展理论的重大创新。

此外，列宁还强调要在发展社会主义的过程中，充分发挥资产阶级专家的重要作用。他把那些知识丰富、学有专长的资产阶级专家当作社会主义发展的宝贵财富，要求党的各级领导干部要虚心向他们学习，并将这种行为看作是衡量共产党员特别是党的领导干部工作成绩的主要标准之一。他说："只有那些懂得不向托拉斯的组织者学习就不能建立或实施社会主义的人，才配称为共产主义者。"[3] 列宁还要求共产党员要向国内外资本家学习经商。他说："不要害怕让共产党员去向资产阶级专家'学习'，其中也包括向

---

① 《列宁选集》第四卷，人民出版社 2012 年版，第 486 页。
② 《列宁全集》第三十四卷，人民出版社 1985 年版，第 520 页。
③ 《列宁选集》第三卷，人民出版社 2012 年版，第 536 页。

商人，向办合作社的小资本家，向资本家'学习'"①，并且应该要比自己身旁的资产阶级专家做得更好。列宁还从未来社会主义发展的长远眼光正确地提出了如何从西方资产阶级手中夺取经济上的优势，并逐渐形成了从经济上战胜资本主义的方法策略。在列宁看来，学习和利用资本主义发展社会主义的深层次战略意义就在于："我们从奴役境地重新获得独立的愿望，我们无论如何要使俄罗斯不再是又贫穷又衰弱而成为真正又强大又富饶的国家的决心，就会愈加坚不可摧，像钢铁一样坚强。"②

总之，列宁关于发展的思想为解决东方社会的发展问题提供了一条重要的发展思路，即东方社会的发展问题必须遵循"立足本国、放眼世界"的原则，必须从本国经济社会的具体实际出发确定发展模式，充分利用各方面的资源，以实现持续发展的目的。他的发展理论对经济文化落后国家的现代化实践产生了深刻的影响，是中国特色社会主义发展理论的重要理论基础。

四、直接来源：毛泽东的发展理论

1921 年中国共产党成立后，面对积贫积弱、满目疮痍的旧中国，毛泽东把马克思主义基本原理同中国具体实际相结合，对中国社会的发展道路进行了艰辛的探索，逐步形成了独具中国特色的发展理论，并将之切实运用于中国革命和社会主义建设的实践当中，为新民主主义革命的胜利和新中国社会各项事业的发展作出了重大贡献。毛泽东的发展理论是中国特色社会主义发展理论的直接理论来源。

（一）新民主主义革命时期毛泽东的发展理论

在新民主主义革命时期，以毛泽东为核心的党的第一代中央领导集体在

---

① 《列宁选集》第四卷，人民出版社 2012 年版，第 525 页。
② 《列宁选集》第三卷，人民出版社 2012 年版，第 470 页。

领导中国人民进行革命的过程中，对未来中国建立一个什么样的新社会和怎样建设这个新社会进行了深入的研究和思考，在实践中逐步形成了新民主主义社会发展理论。新民主主义社会发展理论的提出，标志着毛泽东发展理论的初步形成。其内容主要体现在毛泽东的《中国革命和中国共产党》《新民主主义论》《论联合政府》《目前形势和我们的任务》《中国的社会经济形态、阶级关系和人民民主革命》《论人民民主专政》等文章中。在这些文章中，毛泽东对中国革命完成后应该建立一个怎样的新社会和怎样建设这个新社会进行了系统的阐述。

1. 中国共产党人的奋斗目标是建立中华民族的新社会和新国家

毛泽东在《中国革命和中国共产党》一文中，对中国社会的性质和矛盾以及中国革命的对象、任务、动力进行了详尽地分析，他指出，中国是一个地广人众、历史悠久而又富于革命传统和优秀遗产的国家，在经济社会发展上，中国历史上曾出现过"汉唐盛世""康乾盛世"等繁荣景象，有过领先世界的文明和技术。但是，自19世纪中叶后，由于西方列强的入侵，中国的社会内部结构开始逐步发生显著的重大变化。这主要表现在：在政治上，资本主义列强开始对中国的内政外交进行干涉和控制，中国的领土、司法、关税等大量主权遭到了严重破坏；在经济上，外国资本主义的侵入，破坏了中国自给自足的封建经济，传统经济结构的小农经济开始解体，中国逐渐依附于资本主义世界，沦为西方列强的商品推销市场和原料产地。与此同时，中国的民族资本主义也获得了长足发展，开始出现了工业化的趋势。

外国资本主义的侵入，虽然促使了中国封建社会的瓦解，一定程度上促进了中国民族资本主义的发展，造就了中国新的社会阶级——无产阶级的诞生。但帝国主义列强侵入中国的目的，决不是要把封建的中国变成资本主义的中国，它们的真正目的是要把中国变成其半殖民地和殖民地。帝国主义列强为了达到这个目的，采取了一系列军事的、政治的、经济的和文化的压迫手段，使中国由一个完全独立的国家一步步地变成了一个半殖民地和殖民地的国家。自1931年"九一八"事变日本帝国主义发动武装入侵中国以后，中国就彻底变成了一个半殖民地、半封建社会的国家。

毛泽东敏锐地抓住了中国社会的这个显著特点，在总结中国人民反抗帝国主义和封建主义斗争经验的基础上指出："我们共产党人，多年以来，不但为中国的政治革命和经济革命而奋斗，而且为中国的文化革命而奋斗；一切这些的目的，在于建设一个中华民族的新社会和新国家。在这个新社会和新国家中，不但有新政治、新经济，而且有新文化。这就是说，我们不但要把一个政治上受压迫、经济上受剥削的中国，变为一个政治上自由和经济上繁荣的中国，而且要把一个被旧文化统治因而愚昧落后的中国，变为一个被新文化统治因而文明先进的中国。一句话，我们要建立一个新中国。"[1] 在谈到对所建立的新中国社会内部各方面关系问题的处理时，毛泽东明确指出："新民主主义的政治、新民主主义的经济和新民主主义的文化相结合，这就是新民主主义共和国，这就是名副其实的中华民国，这就是我们要造成的新中国。"[2] 对于即将到来的未来新社会，毛泽东在《新民主主义论》一文中热情地欢呼道："新中国站在每个人民的面前，我们应该迎接它。新中国航船的桅顶已经冒出地平线了，我们应该拍掌欢迎它。举起你的双手吧，新中国是我们的。"[3]

2. 民主革命的目的是为了解放和发展生产力

在新民主主义革命时期，针对"革命的目的是什么？"的问题，很多人存在着不同的理解，大多数人从朴素的阶级感情出发，认为革命就是广大劳动人民打天下，闹翻身，求解放，对革命的本质目的没有一个清晰的了解。毛泽东则站在更高层次的理论视野，阐述了民主革命的最终目的是为了在中国解放和发展生产力，以此推进中国社会的发展。

毛泽东对生产力问题作了大量的论述。毛泽东认为，革命就是为了发展。他指出，中国之所以要进行新民主主义革命，原因就在于中国落后的封建生产关系束缚了生产力的发展，因此，必须通过革命来解放中国人民的生产力，使之获得充分的发展。他在《中国的社会经济形态、阶级关系和人民

---

① 《毛泽东选集》第二卷，人民出版社 1991 年版，第 663 页。
② 《毛泽东选集》第二卷，人民出版社 1991 年版，第 709 页。
③ 《毛泽东选集》第二卷，人民出版社 1991 年版，第 709 页。

民主革命》一文中详细阐述了这一观点，指出："生产力本身的要求，则是用革命方法解除这种旧有生产关系的束缚，推翻这种旧有生产关系，建立新的生产关系，建立新民主主义的生产关系。"[①] 在他看来，民主革命的结果就应最终表现为对社会生产力的推动上，而不是仅仅表现为人民群众在政治上翻身当家作主人，甚至人民群众的解放本身也是推动生产力发展的重要内容之一。

毛泽东还强调要以生产力标准作为制定党的政策、路线和方针的重要依据。在 1945 年党的七大政治报告中，毛泽东强调指出，要判断一个政党是否先进，是否符合广大人民群众的根本利益，其主要标准就在于这个政党在带领人民群众进行社会建设的过程中，能否推动社会生产力的发展，看它是束缚生产力，还是解放生产力。虽然在这段论述中，毛泽东并没有明确使用"生产力标准"这一词汇，但是他的这段话实际上已经内含着用社会生产力的标准来判断和衡量中国的各个政党是否先进、是否是中国社会的进步力量的思想。

在应建立何种生产关系，从而适应民主革命时期的生产力发展问题上，毛泽东也做了大量论述。毛泽东指出，生产关系虽然是由生产力决定的，但它对生产力又起着能动的反作用，相对于生产力和经济基础等方面来说，"生产关系、理论、上层建筑这些方面，在一定条件之下，又转过来表现其为主要的决定的作用。"[②] 毛泽东充分认识到，由于中国半殖民地、半封建社会的不发达的生产力发展水平，在新民主主义革命胜利后，我们要建立的生产关系应该是新民主主义的生产关系，是适合新民主主义社会生产力发展水平的生产关系。此后，在《新民主主义论》一文中，毛泽东对这种生产关系做了最初的表述，他把新民主主义的经济归结为四种经济成分：一是国有经济，这是整个国民经济的领导力量；二是私人资本经济，由于中国经济还十分落后，我们要一定程度上鼓励资本主义生产的发展；三是个体农民经济，

---

① 《毛泽东文集》第五卷，人民出版社 1996 年版，第 61 页。
② 《毛泽东选集》第一卷，人民出版社 1991 年版，第 325 页。

实行"耕者有其田"政策，彻底扫除农村中的封建关系；四是合作经济，这种经济与国有经济一样，在一定程度上具有社会主义的因素。这也就是说，新民主主义社会的生产关系，既不是资本主义的私有制形式，也不是社会主义的公有制形式，而是包括国营经济、资本主义私营经济和农民个体经济在内的一种特殊形态的生产关系。后来，毛泽东在1945年党的七大政治报告、1947年《目前形势和我们的任务》以及在党的七届二中全会上，都从不同的角度阐述了多种经济成分并存共同发展的思想。

历史也充分证明，多种经济成分并存的新民主主义生产关系，显然更适合并能更好地推动那个时期的生产力的快速发展。现在看来，这也是一个极有价值的理论成果，我们党在改革开放以后实行的多种经济成分并存共同发展的经济体制，正是在借鉴这一理论成果基础上的进一步创新和发展。

3. 领导中国革命和发展的核心力量是无产阶级及其政党

中国革命的领导力量就是中国发展的领导力量。早在1925年12月，毛泽东在《中国社会各阶级的分析》一文中就旗帜鲜明地提出："工业无产阶级是我们革命的领导力量。"[①]1929年4月，在《红军第四军前委给中央的信》中，他进一步指出："无产阶级领导是革命的唯一关键。"[②]

在毛泽东看来，虽然新民主主义革命的性质是资产阶级民主主义革命，但是，统治阶级必须要由无产阶级来领导，否则就不会有彻底的民主主义革命的胜利。这是因为，中国带买办性的大资产阶级，是帝国主义的附庸和走狗，在中国革命史上，历来不是中国革命的动力，而是中国革命的对象。而民族资产阶级是带两重性的阶级，一方面他们受帝国主义和封建主义的双重压迫，在一定时期内具有反帝反封建的革命特性。另一方面，他们在经济和政治上具有的软弱性，使得他们没有彻底反帝反封建的勇气。中国农民阶级虽然具有强烈的反帝反封建的革命性，然而由于没有科学的理论指导，再加之农民阶级身受落后生产方式的限制，因此也不可能领导中国革命取得胜

---

① 《毛泽东选集》第一卷，人民出版社1991年版，第9页。

② 《毛泽东文集》第一卷，人民出版社1993年版，第55页。

利。而中国的无产阶级，由于其身受帝国主义、封建主义和官僚资本主义的三重压迫，他们有着最彻底最革命的精神，同时又与最先进的经济形式相联系，富于组织性和纪律性，且自五四运动以后，"由于自己的长成和俄国革命的影响，已经迅速地变成了一个觉悟了的独立的政治力量"①，形成了自己的政党——中国共产党。因此，中国无产阶级的自身特点和优点，决定了无产阶级及其政党在新民主主义革命中的领导地位。

同时，毛泽东还看到了统一战线在中国革命中的重要作用。他指出，虽然中国无产阶级是一个最有觉悟性和最有组织性的阶级，但是无产阶级不能仅凭自己的力量取得革命的胜利，无产阶级必须要在革命的过程中联同一切可以团结的阶级，组成革命的统一战线。毛泽东通过对中国社会各阶级的分析，认为中国社会中的农民阶级是工人阶级的坚固同盟军，这是因为中国无产阶级大多来自于破产农民，他们和广大农民有着一种天然的固有联系，便于和农民结成亲密的同盟。其次，城市小资产阶级也是中国无产阶级可靠的同盟军。而在一定时期，中国的民族资产阶级也是中国无产阶级可以团结的同盟军。在毛泽东看来："这是现代中国革命的历史所已经证明了的根本规律之一。"②而这个现代中国革命的根本规律，也决定了在统一战线中，中国共产党作为中国无产阶级的先锋队，必然成为统一战线的领导者。

4."新社会"的未来发展方向是社会主义社会和共产主义社会

中国社会的性质决定了中国革命的性质。中国半殖民地半封建社会的特殊国情决定了中国革命的首要任务，就是要通过新民主主义革命推翻帝国主义、封建主义和官僚资本主义的反动统治，从而实现国家的独立，建立新民主主义这个"新社会"。然而，毛泽东并不满足于建立这个"新社会"，在他看来，这个"新社会"只能是一个过渡性的社会，这个"新社会"的出现也只是为了终结殖民地和半殖民地的中国现状。随着社会的不断向前发展，这个"新社会"将来必然要被社会主义社会和共产主义社会所取代。毛泽东

---

① 《毛泽东选集》第二卷，人民出版社 1991 年版，第 673 页。
② 《毛泽东选集》第二卷，人民出版社 1991 年版，第 645 页。

指出："这个中国革命的第一阶段（其中又分为许多小阶段），其社会性质是新式的资产阶级民主主义的革命，还不是无产阶级社会主义的革命……这个革命的第一步、第一阶段，决不是也不能建立中国资产阶级专政的资本主义的社会，而是要建立以中国无产阶级为首领的中国各个革命阶级联合专政的新民主主义的社会，以完结其第一阶段。然后，再使之发展到第二阶段，以建立中国社会主义的社会。"[1]

毛泽东明确指出了新民主主义社会向社会主义社会过渡的可能性。毛泽东指出，要想实现新民主主义向社会主义的过渡，必须要在满足一定条件的基础上才能得以实现。在《论联合政府》一文中，毛泽东指出，在现阶段的中国，中国人民的首要任务还是反对民族压迫和封建压迫，且由于中国社会经济的必要条件也不具备，因此现阶段中国人民不可能实现社会主义的国家制度。在毛泽东看来，在经济政治没有达到一切应有条件时，我们不能轻易去谈国家制度的转变。在新中国成立之初，毛泽东对新民主主义社会向社会主义社会过渡的可能性做了具体的分析：一是要具备有利的国内环境，即新民主主义社会中的社会主义因素在不断地增长；二是要具备有利的外部环境，即国外社会主义运动的向上高涨和资本主义的向下低落。

毛泽东还强调指出了新民主主义社会向社会主义社会过渡的必要性。在他看来，新民主主义社会作为一个过渡性质的社会，其未来的发展趋势面临着两种可能性：一是走向资本主义；二是走向社会主义。毛泽东从中国现实的特殊国情出发，鲜明地提出并实践了从新民主主义向社会主义转变的理论。他说："我们是革命转变论者，主张民主革命转变到社会主义方向去。"[2]他告诫所有中国共产党人，中国革命的历史特点决定了中国革命必须要分两步走，第一步是民主主义革命，第二步是社会主义革命。民主主义革命是社会主义革命的应有准备，而社会主义革命是民主主义革命的必然发展旨归。在此基础上，所有一切马克思主义者的最终目的，都是在于力争通过努力最

---

[1]　《毛泽东选集》第二卷，人民出版社 1991 年版，第 671—672 页。
[2]　《毛泽东选集》第一卷，人民出版社 1991 年版，第 276 页。

终达到共产主义社会。他还把两个革命之间的关系形象地描述为文章上下篇的关系，他说："只有上篇做好，下篇才能做好。坚决地领导民主革命，是争取社会主义胜利的条件……现在的努力是朝着将来的大目标的，失掉这个大目标，就不是共产党员了。"[①]毛泽东通过将马克思主义基本原理同中国革命的具体实践相结合，从而创造性地解决了中国社会发展的出路和方向选择问题，为新民主主义革命在全国的胜利指明了方向。

（二）新中国成立后毛泽东的发展理论

新民主主义革命时期，毛泽东虽然已初步提出了一些关于社会主义发展的思路与观点，但真正全面关注社会主义建设还是在新中国成立后。新中国成立后，围绕把我国从一个经济落后的传统农业大国建设成为社会主义现代化国家，毛泽东进行了艰辛的理论探索，形成了一系列关于发展的重要思想，集中体现了中国共产党人对发展问题的最初探索和有益成果。

1. 建设"四个现代化"的社会主义国家

中国共产党人孜孜追求的中国发展的奋斗目标就是建设社会主义现代化强国。新中国成立后，社会主义的建设目标是什么？这是毛泽东深入思考的问题。针对我国落后的基本国情，毛泽东首先提出了社会主义工业化的总任务。1953 年 6 月，毛泽东指出："现在是在打社会主义之仗，要完成社会主义工业化和对农业、手工业、资本主义工商业的社会主义改造。这是全国人民的总任务。"[②]

然而，随着世情、国情的不断发展，毛泽东深刻地认识到一个国家的整体发展目标仅仅停留在工业现代化上还是远远不够的。1954 年，周恩来在一届人大一次会议上作的《政府工作报告》中，根据党的过渡时期总路线的要求和毛泽东的意见，第一次明确提出了实现"四个现代化"的宏伟目标。他说："如果我们不建设起强大的现代化的工业、现代化的农业、现代化的

---

① 《毛泽东选集》第一卷，人民出版社 1991 年版，第 276 页。
② 《毛泽东文集》第六卷，人民出版社 1999 年版，第 280 页。

交通运输业和现代化的国防，我们就不能摆脱落后和贫穷，我们的革命就不能达到目的。"①1957年3月，毛泽东在中国共产党全国宣传工作会议上，在谈到如何巩固社会主义制度时，指出："我们一定会建设一个具有现代工业、现代农业和现代科学文化的社会主义国家。"②在这里，毛泽东把"现代的交通运输业"改为"现代科学文化"，这是对现代化内涵的进一步补充，它提高了科学文化在中国发展中的战略地位。

1959年底至1960年初，毛泽东在读苏联《政治经济学教科书》时又提出了"国防现代化"的思想，他说："建设社会主义，原来要求是工业现代化，农业现代化，科学文化现代化，现在要加上国防现代化。"③1964年底的三届人大一次会议上，周恩来根据毛泽东的提议，在政府工作报告中正式提出要把我国建设成为一个具有现代农业、现代工业、现代国防和现代科学技术的社会主义强国。尽管现在看来毛泽东提出的"四个现代化"的建设目标仅限于物质层面，但他所制定的实现"四个现代化"的发展目标曾激励了一代人为之奋斗，它为以后我国社会主义建设勾画了宏伟蓝图，指明了前进的方向。

2. 走自己的路

新中国成立初期，在社会主义建设方面，由于我们没有经验，毛泽东和中国共产党人选择了计划经济体制为主要特征的苏联发展模式。1956年苏共二十大以后，苏联模式的弊端日益为社会主义阵营所正视和认识。随着中国的发展实践，毛泽东也发现了苏联经验并不能完全适合于中国国情。鉴于苏联工业化发展之路的经验教训，毛泽东在《论十大关系》中提出了中国要走自己的路的思想。他指出："最近苏联方面暴露了他们在建设社会主义过程中的一些缺点和错误，他们走过的弯路，你还想走？过去我们就是鉴于他们的经验教训，少走了一些弯路，现在当然更要引以为戒。"④

---

① 《周恩来选集》（下卷），人民出版社1986年版，第132页。
② 《毛泽东文集》第七卷，人民出版社1999年版，第268页。
③ 《毛泽东文集》第八卷，人民出版社1999年版，第116页。
④ 《毛泽东文集》第七卷，人民出版社1999年版，第23页。

随后，毛泽东在一系列文章中进一步阐述了具有中国自身发展特色的社会主义现代化建设之路，其内容主要包括以下方面：（1）在经济体制和经济运行方面，提出公私兼营的理念，提出要充分重视价值规律；（2）在经济管理体制方面，提出要扩大地方和企业自主权，充分发挥中央和地方两个积极性；（3）在工业化道路方面，提出要以农业为基础、以工业为主导，以农、轻、重为序安排国民经济的发展总方针；（4）在政治体制方面，提出要充分发挥党内民主，实行民主集中制。在如何处理中国共产党与其他民主党派的关系问题上，毛泽东提出了"长期共存、互相监督、肝胆相照、荣辱与共"的十六字方针；（5）在文化领域上，提出了"百花齐放，百家争鸣"的方针。

可以看到，毛泽东的这些论述都是对苏联发展模式的重要突破。虽然此后由于种种原因这种探索没有能够继续坚持下去，但是，这些探索为改革开放以后的中国经济政治文化体制的改革，为以邓小平核心的党的第二代中央领导集体创建以社会主义市场经济体制为主要特征的有中国特色的社会主义发展模式，奠定了重要的理论基础。

3. 中国将经历不发达社会主义与比较发达社会主义两个发展阶段

马克思主义经典作家都曾经对社会主义发展阶段问题进行过系统的研究和阐释，在继承前人论述的基础上，毛泽东对发展阶段问题进行了新的探索和思考。他不止一次地强调指出，在社会主义制度确立以后，还需要一个不断巩固和完善的过程，"我国的社会主义制度还刚刚建立，还没有完全建成，还不完全巩固"[1]，应该把确立社会主义制度同建成社会主义区别开来，要建立社会主义社会，不是一个一劳永逸的事情。

1959年底至1960年初，毛泽东在读斯大林的《苏联社会主义经济问题》和苏联《政治经济学教科书》的谈话中指出，我们可以将社会主义分为两个发展阶段：第一个发展阶段，我们称之为不发达或者较为落后的社会主义阶段；第二个发展阶段，我们称之为较为发达或者各方面建设较为先进的社会

---

[1] 《毛泽东文集》第七卷，人民出版社1999年版，第214页。

主义阶段。要进入较为发达的社会主义阶段，我们可能还需要花费较长的一段时间。在较为发达的社会主义阶段，生产力的发展水平已经比较发达，人们的文化素质及觉悟已经得到了极大的提高，随着物质产品极为丰富和人们共产主义觉悟的极大提高，社会的发展就可以进入共产主义社会了。他指出，在中国这样一个经济文化落后的国家，要想彻底地完成社会主义现代化建设，将会是一个长期且艰巨的任务，我们不能言之过早地强调建成了社会主义。

同时，毛泽东还指出，要随着社会的不断向前发展，人们也要不断地拓展对社会主义发展阶段的认识。"社会主义会有缺点的，将来还要发展到共产主义，共产主义也要分阶段。旧的制度不行了，新的制度就要起来代替。"①"现在我们说共产主义社会分两个阶段，即低级阶段和高级阶段。这是马克思在当时社会发展条件下所做的科学预见。进到高级阶段以后，共产主义社会的发展一定会出现新的阶段，新的目标一定又会提出来。"②毛泽东这些极富创见的理论成果，丰富和发展了马克思主义社会发展阶段论，成为后来党的社会主义初级阶段理论的重要思想来源。

4."两步走"发展战略

毛泽东在确定"四个现代化"发展目标的同时，开始谋划实现现代化发展目标的大概时间和战略步骤。对此，毛泽东进行了反复的、深入的思考。新中国成立初期，毛泽东对于中国现实国情的认识是比较清醒的，认为在中国实现现代化是一个长期且艰巨的任务，并设想过50年、75年、100年等多种时间表。1955年3月，他在党的全国代表大会上说："我们可能经过三个五年计划建成社会主义社会，但要建成为一个强大的高度社会主义工业化的国家，就需要有几十年的艰苦努力，比如说，要有五十年的时间，即本世纪的整个下半世纪。"③毛泽东把建设一个社会主义现代化强国的目标分成

---

① 《毛泽东文集》第六卷，人民出版社1999年版，第490页。
② 《毛泽东读社会主义政治经济学批注和谈话》（下），中华人民共和国国史学会编印1998年版，第706页。
③ 《毛泽东文集》第六卷，人民出版社1999年版，第390页。

头 15 年和 50 年两个发展阶段、两个战略步骤。1955 年 10 月，在党的扩大的七届六中全会上，毛泽东又把 50 年的时间改为大约 50 年到 75 年。然而，1956 年后，毛泽东的认识出现了急于求成的倾向，开始追求社会主义建设的高速度、高指标，提出并实施了"超英赶美"的赶超战略，结果导致了脱离实际的"大跃进"和"人民公社化"运动，使中国的现代化建设遭受了重大打击。

20 世纪 60 年代以后，毛泽东总结经验教训，开始重新思考现代化建设的时间步骤问题。他指出："建设强大社会主义经济，在中国，五十年不行，会要一百年，或者更多的时间。"[①] 此后，在 1963 年 9 月的中央工作会议上，毛泽东对我国的发展进程和目标作出了一系列规划，提出了"两步走"发展战略的设想，即第一步，建立一个独立的完整的工业体系和国家经济体系；第二步，全面实现农业、工业、国防和科学技术的现代化，使我国经济走在世界前列。1964 年 12 月，在三届人大一次会议的《政府工作报告》中，周恩来"遵照毛主席的指示"，正式提出了"两步走"发展战略，并明确了"两步走"的时间，即用大约 15 年时间实现第一步目标，力争到 20 世纪末实现第二步目标。1975 年 1 月，周恩来在四届人大一次会议上所做的《政府工作报告》中，重申了"两步走"发展战略。"两步走"发展战略的提出，在当时发挥了调动社会各种资源和激发人民群众主动性、积极性的重要作用，也为后来邓小平"三步走"发展战略的提出奠定了坚实的理论基础。

5. 矛盾动力论

社会主义改造基本完成后，毛泽东开始对社会主义社会发展动力问题进行了深入探索和思考，毛泽东旗帜鲜明地指出生产关系与生产力、上层建筑与经济基础的矛盾是一切社会的基本矛盾，并认为社会主义基本矛盾是推动整个社会主义社会发展的内在力量，形成了"矛盾动力论"的思想。毛泽东的"矛盾动力论"思想主要表现为四个方面：其一，社会主义社会并不是没

---

① 《毛泽东文集》第八卷，人民出版社 1999 年版，第 301 页。

有矛盾，而是时刻充满矛盾的。生产力与生产关系、经济基础与上层建筑之间的矛盾仍然是社会主义社会的基本矛盾；其二，社会主义社会发展的根本动力就是社会主义社会的基本矛盾；其三，社会主义基本矛盾是在人们利益相一致的基础上产生的非对抗性的矛盾，在这一问题上我们要有清醒的认识，"它不是对抗性的矛盾，它可以经过社会主义制度本身，不断地得到解决"①；其四，敌我矛盾和人民内部矛盾是社会主义社会中的两类不同性质的矛盾，对此要有正确的区分。在我国，社会主义社会的基本矛盾更多地表现为人民内部矛盾。

毛泽东的"矛盾动力论"揭示了社会主义社会基本矛盾规律，"不仅认为社会基本矛盾贯穿于人类社会发展的始终，在不同的社会形态有不同的性质及表现，每一社会的逐渐进步和社会形态的变革，从根本上说都是基于社会基本矛盾的运动推动的；而且还着眼于社会主义物质生产对于政治生活和精神生活以至整个社会生活的内源性，着眼于社会主义的变化发展，以矛盾的正确解决与处理来推动这一过程"②。从这个意义上说，毛泽东的"矛盾动力论"思想是对马克思主义社会发展动力论的进一步丰富和发展，这一发展理论的提出，为改革开放以后中国共产党人发展动力理论的确立奠定了理论基石。

然而，由于受主客观历史条件的制约，20 世纪 50 年代末、60 年代初，毛泽东对我国社会主义社会主要矛盾的这一问题产生了认识上的偏差，他把阶级斗争看作是推动社会主义社会发展的直接动力，这直接导致了解决我国社会主义社会主要矛盾的方式和途径发生了错误的转变，从而也导致了我们党在社会主义现代化建设过程中的迷失。毛泽东晚年对社会主义发展动力的错误认识，为改革开放以后中国共产党人对社会主义社会发展动力问题的探索提出了进一步发展的要求。

---

① 《毛泽东文集》第七卷，人民出版社 1999 年版，第 213 页。

② 章越松：《从矛盾动力论到和谐动力论——兼论中国特色社会主义发展动力理论》，《中共福建省委党校学报》2009 年第 3 期。

（三）毛泽东探索社会主义建设过程中的经验与教训

胡绳主编的《中国共产党的七十年》一书中曾指出，中国共产党八大以后的十年探索中，党关于中国社会主义建设的指导思想存在两个发展趋向。一个发展趋向是正确的和比较正确的发展趋向，这就是党在社会主义现代化建设的过程中，形成了一些正确的和比较正确的理论观点和政策举措。另一个发展趋向是错误的发展趋向，这就是党在社会主义现代化建设的过程中，形成了一些错误的理论观点、政策举措和实践经验。十年中"左"倾错误的发展和积累，最终错误的发展和积累暂时压倒了正确的发展趋向，导致了"文化大革命"，给党、国家和各族人民带来了严重灾难。[①] 作为党的第一代中央领导集体的核心，毛泽东对怎样认识和规划社会主义国民经济发展的速度与规模，怎样认识和处理社会主义条件下的阶级斗争，显然存在着认识上的误区和明显偏差。

1. 严重扩大化的反右派斗争

1957 年开始的反右派斗争及其严重扩大化，是我国 50 年代后期一个涉及全局、影响深远的事件。虽然一定的事实表明，在社会主义改造基本完成后的中国，反对社会主义制度和党的领导的敌对势力确实存在，对极少数右派分子的进攻予以反击，也是正确的和必要的。但是，由于党在阶级斗争过程中对形势的错误判断，从而导致反右派斗争在其深入扩展的进程中被严重地扩大化了。这主要表现在：（1）划为"右派分子"的人数不断扩大。到 1958 年秋，整个运动结束时，全国共划了"右派分子"55 万多人；（2）大量人民内部矛盾被错误地作为敌我矛盾批斗和处理。在被划为"右派分子"的人中，除极少数是反党、反社会主义的右派外，许多人只是向共产党的工作和干部提出批评意见，却也被视为反党、反社会主义；（3）对划为"右派分子"的人处分过于严厉。反右派斗争的扩大化，败坏了社会主义民主的形象，挫伤了广大人民群众建设社会主义的积极性，造成了国内政治生活的不

---

① 参见胡绳：《中国共产党的七十年》，中共党史出版社 1991 年版，第 414—421 页。

正常和无秩序。这一大教训也充分说明，把握社会主义社会主要矛盾的不易，驾驭不熟悉的复杂政治局势的不易，实现国家政治生活历史性转变的不易。

2. 忽视经济运行规律的"大跃进"和人民公社化运动

在反右派斗争结束以后，毛泽东作出判断，认为我们思想战线上的社会主义革命斗争已经取得了阶段性的胜利。因此，在经济发展上，经济建设的发展速度可以加快一些。而与此同时，党的八届三中全会又背弃了党的八大中所确立的在经济发展上既反保守又反冒进的政策，背离了实事求是的原则。全会决定在农村开展关于农业生产建设的大讨论活动，从而以此来推动农业的快速发展。由此，全国范围内掀起了以兴修水利为中心的冬季农业生产高潮，这实际上拉开了"大跃进"运动的序幕。此后，1958年8月，中央政治局作出《关于在农村建立人民公社问题的决议》，《决议》中写道："看来，共产主义在我国的实现，已经不是什么遥远将来的事情了，我们应该积极地运用人民公社的形式，摸索出一条过渡到共产主义的具体途径。"① 这次会议把"大跃进"和人民公社化运动迅速推向高潮。此后，为了在剩下的几个月的时间内完成钢产量的目标，全国范围内快速兴起了大炼钢铁的群众式运动。与此同时，没有经过认真试验，全国农村普遍建立起人民公社，且在短短几个月的时间中就基本实现了公社化。大办人民公社的过程，实际上是大刮以"一平二调"② 为基本形式的"共产风"的过程，使农村生产力遭受了严重破坏。"大跃进"和人民公社化运动，是中国共产党人在社会主义建设实践中所经历的一次严重挫折，它带给我们的教训是深刻的，它告诫我们，经济的发展和生产关系的变革都有它所必须遵循的客观规律，要想卓有成效地推进经济建设，就必须要按客观经济规律办事。

---

① 《建国以来重要文献选编》第十一卷，中央文献出版社1995年版，第450页。
② "一平二调"是人民公社化运动中"共产风"的主要表现，即在"人民公社"内部实行贫富拉平的平均分配（一平），对生产队（包括社员个人）的劳力、财物无偿调拨（二调）。参见刘俊奇：《20世纪的社会主义》，广东经济出版社2007年版，第493页。

3. 破坏党内民主生活的"反右倾"运动

毛泽东一直认为,"大跃进"和人民公社化运动的方向是正确的,成绩是主要的,而缺点错误属于工作中的问题,是"十指中的一指"。从1958年11月第一次郑州会议起,党中央采取了一系列措施,纠正和解决"大跃进"和人民公社化运动中"左"倾错误,但是从1959年7月庐山会议后,纠"左"转向了反右,错误地发起了对彭德怀等人的批判,从而又在党内发起了"反右倾"的错误斗争。在这场运动中,一大批干部、党员被错误地划定为"右倾机会主义分子",受到组织处分。"据1962年甄别平反时的统计,被重点批判和错划为'右倾机会主义分子'的党员干部共三百几十万人;如加上当时被错定为'阶级异己分子'等罪名干部、党员、群众则多达六百多万人。"①"反右倾"斗争在政治上造成严重的后果,它使得党内民主氛围遭受到了严重破坏,它也在经济上中断了纠"左"的积极进程,掀起了继续"跃进"的高潮,使"左"的错误延续了更长时间。邓小平后来指出:"从一九五八年批评反冒进、一九五九年'反右倾'以来,党和国家的民主生活逐渐不正常,一言堂、个人决定重大问题、个人崇拜、个人凌驾于组织之上一类家长制现象,不断滋长。"②党内个人专断和个人崇拜的进一步发展,导致党内政治生活被严重扭曲,使得党更难以通过充分发挥党内民主的形式来抵制和防止后来发生的更大失误。

4. 阶级斗争扩大化至极的"无产阶级文化大革命"

中国共产党八大以后的十年探索中,由于"左"倾错误的不断积累和发展,最终导致了"无产阶级文化大革命"③出现。"文化大革命"是党在新中国成立后"左"倾理论与实践发展的结果,是一场由中国领导人错误发动,被一些反革命分子阴谋利用,给党和国家各项事业带来严重破坏的内乱性运动。历史证明,"文化大革命"是错误理论指导下的错误实践。毛泽东发动

---

① 于幼军:《社会主义五百年》第三卷,广东教育出版社2011年版,第404页。

② 《邓小平文选》第二卷,人民出版社1994年版,第330页。

③ 应当指出的是:"无产阶级文化大革命"以前的错误,在性质、规模和复杂程度上都不能同"无产阶级文化大革命"的错误等量齐观。

"文化大革命"的论点是完全错误的，它既不符合马克思主义，也不符合中国具体实际。虽然在人民民主专政的国家政权建立之后，社会主义革命的最终任务还没有完成，但是革命的性质和内容已经同过去有着本质性的不同，对于党和国家肌体中存在的某些阴暗面，当然需要采取符合国家宪法和党章的正确措施加以解决，但决不应该采取过去那种盲目运用"群众运动"和"政治挂帅"的方式来进行所谓的"一个阶级推翻一个阶级的"政治大革命，既没有经济基础，也没有政治基础。长达十年的"文化大革命"，是我们党的历史上"左"倾错误持续时间最长、带来危害最大的时期。

实践证明，"文化大革命"不是也不可能是任何意义上的社会革新或社会进步，它为我们留下了极其深刻的历史经验与教训，"文化大革命"从反面为中国共产党探索社会主义现代化建设之路提供了经验借鉴，实事求是地总结、消化和吸收这一教训，对当前我们建设有中国特色的社会主义事业具有极为重要的意义。正如恩格斯所说："伟大的阶级，正如伟大的民族一样，无论从哪个方面学习都不如从自己所犯错误的后果中学习来得快。"①

---

① 《马克思恩格斯文集》第一卷，人民出版社 2009 年版，第 379 页。

第二章　中国特色社会主义发展理论的
现实逻辑基础

马克思指出："一切划时代的体系的真正的内容都是由于产生这些体系的那个时期的需要而形成起来的。"[①] 因此，所有这些划时代理论体系的形成，既是这个时代和社会历史自身发展的内在需要，同时又是以一定的时代要求和社会历史的自身条件作为其现实逻辑基础。研究中国特色社会主义发展理论的现实逻辑基础，实际上就是要分析它是在哪些条件的基础上形成的。本书拟从中国特色社会主义发展理论形成的世情基础、国情基础和党情基础三方面来展开论述。

一、中国特色社会主义发展理论形成的世情基础

（一）和平与发展成为世界两大战略主题

所谓时代主题，概括地说，就是在一定历史时期内世界上带有战略性和全局性的重大问题，它是国际社会的主流，并代表着国际社会的发展趋势。对时代主题的认识，是马克思主义立论的基础和基点。在认识和把握时代主题的问题上，我们党有一个认识的过程。

1949 年新中国成立后，中国的发展面临着严峻的考验，在东西方的社会主义阵营与资本主义阵营对抗以及美苏两极冷战的国际环境下，以美国为

---

① 《马克思恩格斯文集》第二卷，人民出版社 2009 年版，第 36 页。

代表的西方资本主义国家为遏制共产主义蔓延，给中国的发展设置了重重障碍，对中国实行了层层经济封锁和武力威胁。1950 年朝鲜战争爆发后，西方资本主义国家进一步加剧了对中国的压制。另一方面，50 年代中期以后，社会主义苏联也开始对外推行霸权主义，以社会主义阵营老大哥自居，妄图对其他社会主义国家进行政治和经济上的干预和控制，甚至进行军事威胁，这也导致了中苏关系的恶化，最终导致了后期中苏关系的破裂。在这种复杂的国际环境下，我们党作出了两个判断，即"世界大战不可避免"，甚至"迫在眉睫"；"当代世界的主要倾向是革命"，要"用革命制止战争"。

战争与革命的时代主题使得毛泽东的发展思想自然而然地表现出与当时的时代主题相符合的时代特征，他鲜明地提出了"抓革命，促生产""深挖洞，广积粮，备战备荒为人民"的发展思想。在毛泽东看来，一方面我们要积极备战，另一方面要大力发展社会生产。"如果不在今后几十年内，争取彻底改变我国经济和技术远远落后于帝国主义国家的状态，挨打是不可避免的……我们应当以可能挨打为出发点来部署我们的工作，力求在一个不太长久的时间内改变我国社会经济、技术方面的落后状态，否则我们就要犯错误。"[1] 在这样一个特殊的发展环境下，借鉴苏联社会主义的发展模式和经验，确定社会主义工业化发展战略目标，建立国家工业化基础，集中主要力量优先发展重工业，采取高度集中的计划经济体制和管理模式就成为毛泽东发展思想在特殊时代的必然选择。在经历了大半世纪的战争和对峙，进入20 世纪 70 年代以后，整个世界格局和国际形势发生了根本性的变化，东西对抗和南北矛盾出现了新的发展趋势，社会主义和资本主义两种制度斗争的方式，由过去的以武力争夺、军备竞赛及意识形态为主要斗争方式转变为以和平发展、综合国力竞争为主要斗争方式。和平与发展逐渐成为世界的主题和时代的主旋律。

这里所讲的和平，是指在一定时期内不会发生大规模的世界性战争。这主要是因为：首先，美苏两个超级大国随着双方实力对比的彼此消长，双方

---

① 《毛泽东文集》第八卷，人民出版社 1999 年版，第 340—341 页。

关系已由紧张对抗转向缓和对话，国际紧张局势趋于缓和；其次，两种社会制度长期并存已成为不争的事实，西方资本主义国家也意识到如果继续坚持冷战和对社会主义国家搞遏制战略，是违背世界潮流的；再次，世界和平力量在不断发展，和平力量已超过了战争力量，特别是"第三世界国家的地位和作用不断增强，改变了国际上的力量对比，也改变了超级大国肆意妄为、任意摆布别国命运的局面"[1]；最后，在国际交往中的经济因素越来越占据着重要地位和作用。由于第三次科技革命浪潮的兴起，经济全球化态势的日益明显，使得世界各国的经济交往越来越频繁。一方面，世界各国不论是发达国家还是发展中国家，都把振兴国家和民族经济摆在发展的首要位置；另一方面，大国之间也逐步形成了一种既相互合作又相互竞争的双向关系，从而避免了全面对抗。

世界的另一个主题是发展，发展已成为世界各国尤其是第三世界国家所面临的一个突出问题。这是因为：第一，在世界保持相对和平的情况下，经济的发展繁荣就成为各国人民特别是第三世界国家人民的强烈愿望和要求；第二，随着时代的发展，一个国家的国际地位和作用越来越取决于其以经济实力为核心的综合国力的较量，尤其是第三世界的国家更面临着如何加快发展，尽快摆脱落后贫困这个急迫且根本的问题；第三，随着人类社会的不断发展，当前人类面临着诸如环境污染以及粮食短缺等全球性问题，而解决这些问题从根本上来说，其本质又是一个发展问题。因此，在和平与发展的时代主题中，发展这个主题显然处于更为突出和核心的关键位置。发展问题已经成为世界各国共同关注的重大而紧迫的理论和实践问题。

列宁曾指出，只有"首先考虑到各个'时代'的不同的基本特征（而不是个别国家的个别历史事件），我们才能够正确地制定自己的策略；只有了解了某一时代的基本特征，才能在这一基础上去考虑这个国家或那个国家的更具体的特点。"[2]一个时代的特征是由时代主题所决定的，时代的主题是由

---

① 《邓小平外交思想学习纲要》，世界知识出版社 2000 年版，第 27 页。
② 《列宁全集》第二十六卷，人民出版社 1988 年版，第 143 页。

时代所需要解决的主要问题或主要矛盾所规定的，把握时代主题又实际成为把握当今世界形势及其变化发展的基本路径和方向，成为规定一个国家自身内政外交的主要任务。因此，正确认识和科学把握自身所处的时代主题与特征，是确立正确发展理论的一个极为重要的前提和基础。和平与发展世界战略主题的确立，对指导中国社会主义建设的发展理念和发展思路提出了新的更高的要求。在这样的时代背景下，谁偏离了时代主题，谁就会被时代所抛弃，在历史发展的长河中被淘汰。在新的历史条件下，时代主题的转换，必然要求新的发展理论来适应该时代的要求。

（二）世界新技术革命浪潮蓬勃兴起

新技术革命又称为第三次科学技术革命。大多数学者认为，新技术革命兴起于 20 世纪 40—50 年代，以原子能、电子计算机、空间技术和生物工程的发明和应用为主要标志。与前两次技术革命相比较①，新技术革命有着发展速度快、科技的发现和发明呈节奏加速化趋势、科技成果呈爆炸性增长的突出特点。

根据中国社会科学院罗文东教授主编的《中国特色社会主义理论体系新论》中的统计数据显示：在 16 世纪、17 世纪、18 世纪的世界重大科学发现、技术发明的总数分别是 26 项、106 项、156 项。但到 20 世纪中期仅仅 50 年的时间世界重大科学发现、技术发明的数量就增加了 961 项，到 60 年代后期，其数值总量则超过了前两千年的总和。与此相适应，知识更新周期也大大缩短，如果从 18 世纪中期开始算起，知识积累翻一番用了 150 年的时间，即从 1750 年开始到 1900 年结束；而人类知识的第二个翻番用了 50 年，即从 1900 年开始到 1950 年结束；第三个翻番仅用了 10 年，从 1950 年开始到 1960 年结束。② 希腊著名学者德库西亚迪斯教授认为，20 世纪 50 年代初到 80 年代初，人类社会 30 年内开发出来的知识、信息、技术的总量与前 1970

---

① 前两次科技革命分别是以"珍妮"纺纱机和蒸汽机的发明为标志的第一次科技革命和以电力的发明与广泛使用为标志第二次科技革命。

② 参见罗文东主编：《中国特色社会主义理论体系新论》，人民出版社 2008 年版，第 31 页。

年的总量大致相等。此外，英国科学家詹姆斯·马丁也认为，人类的科学技术，19 世纪，每 50 年增一倍；20 世纪中叶，每 10 年增一倍；20 世纪 70 年代，每 5 年增一倍。19 世纪一项新科技成果转化为生产力的时间大约为 10 年，20 世纪前半期为 5 年，20 世纪 50—60 年代为 1—3 年，80 年代为数月。①

新技术革命的另一显著特点是世界交往多元化和教育全民化。随着世界各国发展步伐的加快，世界发展越来越呈现多元化特征。由于科学技术的迅猛发展，人们的交往可借助于信息技术和世界市场。因此，人类社会在交往的方式上实现了质的飞跃和提升，交往方式的便利达到了先前社会都无法比拟的程度，世界逐步融合为一个整体。从整体上来看，人类社会在交往的形式上，显然已不仅仅满足于那些普遍的政治性交往以及物质交往，而是在先前的社会交往基础上，进一步拓展到文化的交往以及情感方面的交往等新型交往形式。另一方面，随着科学技术的不断发展，知识水平越来越成为提高综合国力和衡量国际竞争力的关键性因素，人才的重要性表现得越来越明显，人力资源也日益成为一种极为重要的资源，它起到了推动经济社会发展的基础性、全局性作用和地位。"教育的投资也不再被视为没有经济效益的消费性投资，而被看作是具有积极意义的生产性投资。而且这种投资的经济效益往往超过物的投资所产生的效益。"② 各国都把教育摆在了优先发展的重要战略地位，终身教育论、教育全民论得到越来越多的国家的赞同和支持。

此外，新技术革命涉及的领域之广、影响之广也是空前的。以往的科学技术革命基本上都是科学技术在单个学科领域的革命或者是某个方面的突破，如发电机、电动机是电磁学范围内的技术革命，蒸汽机是热力学范围内的技术革命，它们对社会影响的广度也是有限的。而新技术革命是科学技术在多学科领域的革命，它涉及的领域比过去的技术革命要广泛得多，从而也给世界各国及各地区之间的交往形式和方式产生了深远的改变和影

---

① 参见教育部改革开放 30 年中国教育改革与发展课题组：《确立教育优先发展的重要战略地位》，《中国教育报》2008 年 10 月 11 日。

② 吴忠民：《论公正的初次分配规则》，《文史哲》2004 年第 2 期。

响。第三次科技革命在创新发展不同领域的同时，又将不同领域相互整合，从而实现了不同领域之间的共同发展和相互促进。这也导致在先前已有学科的基础上衍生出大量的新兴学科。据不完全统计，至新技术革命产生以来，学科的分支已经从 20 世纪初的 600 多门发展到 20 世纪 80 年代初的5600 多门。

新技术革命对世界的影响是巨大的，它不仅导致了生产力水平的迅速提高，而且也使社会的经济结构、阶级结构、生产管理方法以及人们的消费理念、价值取向、生活方式等随之发生了巨大的变化，从而最终引起了整个社会的变革。新技术革命以其迅猛发展的势态，给人类生活的每一个领域都带来深刻的影响和改变，给世界的各个角落都带来强烈的震撼和冲击。世界各国都试图抓住技术革命发展的机遇，促使本国经济的迅速发展或向更高水平的跃升，特别是 20 世纪 60、70 年代东亚和东南亚的一些国家抓住当代科学技术发展的重要机遇，从而找到了适合于本国具体国情的发展模式，实现了经济的快速发展。

对中国来说，新技术革命给中国的发展提供了千载难逢的大好机会：一方面，我们可以充分发挥落后发展中国家的"后发优势"，学习和借鉴发达资本主义国家的先进技术和发展经验，让我们在发展过程少走弯路、错路，从而以最少的成本支出获取最大的发展效益；另一方面，在体制建设和社会制度方面，由于社会主义制度在世界上确立的时间并不很长，没有太多可以直接借鉴的经验总结，加上建立在几千年传统农业社会基础上的社会主义中国生产力发展水平还比较低，因而在体制机制和社会制度方面存在一定程度的不足就成为一个不可避免的现实。因此，在社会主义现代化建设过程中，必须要充分吸收和借鉴西方资本主义国家一些先进的体制机制，学习他们先进的管理模式和管理经验，这也是我国社会主义现代化建设的一种现实需求。世界新技术革命浪潮的兴起，引起了世界交往的多元化发展，使得中国的发展和世界的发展融为一体，彼此交织、互为影响。新的时代特征发展变化的现实需求，迫切要求当代中国共产党人要确立与之相适应的发展战略和发展模式。

（三）世界发展模式呈现多样化特点

所谓发展模式，指的是一个国家或地区在实现现代化过程中对政治、经济、文化体制及发展方式、发展战略等方面的特有选择，它是一个国家和地区的经济发展、政治发展和文化发展等特点的集中反映和体现。第二次世界大战以后，随着时代主题的转换，无论是发达国家还是发展中国家，都面临着一个发展和继续发展的问题。对于发达国家来说，经历了第二次世界大战之后，急需恢复国内经济；而对于那些刚获得独立的广大发展中国家来说，如何改变国家经济落后的面貌，重新确立自己在世界体系中的地位，更成为这些国家迫切需要解决的重大课题。但是，在怎样选择发展，究竟如何发展的问题上，世界各国又呈现出了各自不同的发展模式和发展道路。

随着战后新技术革命浪潮的兴起，现代教育、科技和文化得到了迅速发展，世界整体化和交往多元化特征日益凸显，使得世界的发展越来越呈现多样化特点。在当今社会，不管是发达国家还是发展中国家，世界各国的发展都呈现出形式多样的发展态势，其中表现在：可供人们选择的发展模式也越来越多样化，现存社会已不存在一个一成不变的发展道路或发展模式。就拿现今已完成现代化的资本主义社会的国家来说，由于各方面历史条件和文化传统上的差异，这些国家和民族走了不尽相同的发展道路，形成了各具特色的发展模式，如以美国、英国为代表的"盎格鲁—撒克逊"模式；以日本、韩国和东南亚国家为代表的"东亚模式"；以德国、瑞士为代表的"莱茵模式"；以巴西等一些南美国家为代表的"拉美模式"等多种形式。这些发展模式的形成，有的利用了不可多得的发展时机，有的是基于特定的历史条件，有的是得益于独有的地理环境，有的则采取了独特的发展措施。这些形式各异发展模式的形成，在马克思看来，正是由于各民族和国家社会发展过程中所依据的各种条件的差异性和特殊性，才构成了其所选择发展道路的多样性，"相同的经济基础——按主要条件来说相同——可以由于无数不同的经验的情况，自然条件，种族关系，各种从外部发生作用的历史影响等等，而在现象上显示出无穷无尽的变异和色彩差异。"①

　　可见，从发展的单一化特性到发展的多样化特性的转变，从可选择发展模式的单一化特性到可选择发展模式的多样化特性的转变，这本身就是人类社会发展的进步。马克思早在《德意志意识形态》一书中就论证过，交往活动是生产发展的前提和基础，在一个交往活动不够密切、社会生产力发展水平不够发达的国家或地区，要想社会经济的发展取得较为快速的增长是极为困难的，一旦在这样的国家或地区里出现一些重大性的不可预知事件，比如战争、瘟疫等等，都有可能会导致这个国家或地区的经济发展出现减缓，甚至出现倒退。而随着人类社会的不断向前发展，在当代社会发展中呈现出"非单一化"的、可供选择的发展模式的多样性，实际是在社会生产力水平发展到一定阶段、一定程度上的"显性"特征表现，在科学技术发展水平如此快速的今天就更是如此。从单个主体来说，一方面，社会的不断向前发展也使得人们的知识水平日益丰富，人们科学文化素质的不断提升以及知识结构的不断拓展，都使得人们的行为方式和生活方式呈现出了多样化的特点；另一方面，从国家或地区的发展层面来说，业已形成的现代化国家的多样化发展模式，还不能够完全涵盖和解决广大第三世界国家走向现代化的问题，这也使得在世界现代化的总体图景中，经济文化比较落后的后发展中国家的现代化成为一个空白点。

　　因此，中国作为一个后发展中国家，在社会主义现代化建设过程中，必须要坚持从本国的具体国情出发，在结合中国文化传统、历史条件和基本国情的基础上，吸收和借鉴人类社会创造的一切优秀文明成果，走出一条具有自身特色的现代化发展之路。正如 2013 年 8 月习近平总书记在全国宣传思想工作会议上所指出的："独特的文化传统，独特的历史命运，独特的基本国情，注定了我们必然要走适合自己特点的发展道路。"② 这既是一个现实价值选择，同时也是一种多样性特征的充分展现。

---

① 《马克思恩格斯文集》第七卷，人民出版社 2009 年版，第 894 页。
② 《习近平谈治国理政》，外文出版社 2014 年版，第 156 页。

（四）国际共产主义运动在探索中曲折发展

"世界社会主义运动是扎根于社会生活的现实运动，它总是处在不断发展和变化的过程中。"[①] 自20世纪五六十年代以来，全球范围的社会主义运动逐步陷入发展的低潮，集中体现为苏联模式的弊端暴露及其带来的一系列严重后果。苏联模式是指苏联在斯大林领导时期逐步建立的社会主义政治、经济及文化管理体制，是社会主义在苏联的实现形式。这一模式在历史上曾发挥过巨大的作用，显示出巨大的优越性，二战以后，它又以"唯一正确"的体制嫁接到欧亚一些社会主义国家，并在各国经济的恢复过程中发挥过很好的积极作用。

然而，随着历史的发展和时代主题的转换，这一模式在实践过程中所形成的发展观却带有严重的弊端，其单一化的公有制发展形式和不相协调的产业结构，以及管理体制上所表现出的高度集权等，都日益成为苏联社会生产力发展的严重阻碍，使得社会经济的发展难以持续。后斯大林时代的苏联和东欧领导人不成功的政治经济体制改革进一步引发了整个东欧和苏联社会主义制度的危机，这些国家在经济、政治和社会生活各个领域长期实行的高度集中统一的领导与管理体制遇到了严重的挑战。经济上，这些社会主义国家出现了经济发展的停滞或倒退，社会矛盾加剧，甚至出现了社会的动荡，和资本主义国家的经济发展差距进一步拉大；政治上，不少社会主义国家由于自身原因及西方资本主义国家推行的和平演变政策，一些社会主义政党相继失去了政权，世界社会主义事业因之遭遇了空前挑战，社会主义进入艰难探索阶段。

此外，随着20世纪中叶新技术革命浪潮的兴起，使得社会阶级结构发生了巨大的变化。由于经济全球化、信息化和社会智能化的发展，人类社会开始迈入了以知识为依托、以高科技为产业支柱的新经济时代，这种发展趋向的转变使得社会中从事体力劳动的蓝领阶层的比重逐步下降，而从事脑力

[①] 聂运麟：《世界社会主义运动在低潮中奋进》，《求是》2013年第21期。

劳动白领阶层的比重逐渐上升，这也就意味着社会阶级结构中的中间阶层人数的比重在不断上升，而产业工人人数的比重在逐步减少。"以法国为例：法国中间阶层上升很快，从 1962 年占总人口的 16.5%，上升到 1989 年的 26.7%，再到现在的 30%。法国产业工人却在减少，从 1962 年占总人口的 39.1%，下降到 1989 年的 30%，再到现在是 27%。法国总工会会员从 1981 年的 200 万人减少到 1997 年的 40 万人。"①

　　社会阶级结构的上述显著变化，意味着原来以从事体力劳动的中下层劳动群众为主要阶级基础的各国共产党，其主要的依靠力量开始慢慢萎缩，这一发展趋势对发达资本主义国家的共产党、对国际共产主义运动的发展不能不产生深远的影响。与此同时，西方资本主义国家普遍采取人民资本主义和国家资本主义政策，对经济发展和社会生活进行广泛干预，并推行了一系列诸如"社会福利政策""工人参与管理"和"工人持股"等改良主义措施，使得资本主义国家内部的社会矛盾得到较大程度缓解，资产阶级统治也变得较为稳固。而在资本主义和平发展时期，社会主义国家的经济发展却开始出现减缓，甚至出现停滞不前的发展态势。此外，原来社会主义国家尽管经济发展水平相对落后，但发展速度远远超过发达资本主义国家，现在发达资本主义国家的经济发展速度也赶上甚至超过了社会主义国家，这就使得社会主义制度的生命力、活力和优越性受到严重挑战。上述种种情况的转变都一定程度上导致了国际共产主义运动的发展陷入低迷。在这种时代背景下，中国的发展该往何处去？中国社会主义能否坚持下去？就成为了全世界关注的焦点。摆在中国共产党人面前的一项庄严任务是必须认真总结其他社会主义国家在现代化建设过程中的经验及教训，通过不断解放思想，不断深化对社会主义的本质和根本任务的认识，对社会主义发展动力和发展规律的认识和理解，积极探索并努力找到一条适合中国现实国情的现代化发展之路。

　　总之，中国特色社会主义发展理论的形成，有着其现实的世情基础。对时代主题和时代特征的正确把握，是建设和发展中国特色社会主义的基本出

---

① 李周：《法国共产党衰退的原因》，《国外理论动态》2003 年第 3 期。

发点和立足点。也正是在对时代主题和时代特征科学判断和清醒认识的基础上，才生发了中国改革开放以来几代中国共产党人关于发展的各种思想理论观点。正确认识和把握改革开放初期中国所处的时代背景，不仅有益于增强中国共产党人制定政策措施的科学性和针对性，也是深刻认识和理解中国特色社会主义发展理论的一个重要前提和基础。

二、中国特色社会主义发展理论形成的国情基础

（一）新中国成立以来前三十年社会主义建设道路的曲折探索

新中国成立后，中国的社会主义建设是建立在"一穷二白"基础上的，人口多、底子薄是我国的基本特点，中国所进行的社会主义现代化建设的起点极低，远不及早期马克思主义创始人对社会主义所进行的初始构想。在我国这样一个经济文化落后的东方大国搞现代化建设，不仅没有现成的经验模式作为借鉴和参考，而且在马克思主义的"本本"里也找不到可以照抄照搬的处方，因此只能由中国的马克思主义者来进行不断的探索和实践。既然是探索，那么在探索的过程中当然会有成功，同样也会有可能遭受挫折。新中国成立以来前三十年社会主义建设道路的曲折历程告诉我们，事实也正是如此，在社会主义现代化建设的实践过程中，中国共产党对社会主义建设道路的探索既留给世人以成功的经验，也留下挫折和教训，这些经验和教训从正反两个方面为后人走上改革开放的正确发展之路提供了有益借鉴。

新中国成立之后，中国共产党的领导、人民民主专政的国家制度、马克思列宁主义在社会主义意识形态领域的指导地位等这些上层建筑，保障了我国社会主义改造的胜利。正因为有了这些制度性保障，在党的过渡时期总路线指引下，我国在"一五"时期工业发展所取得的成就，大大地超过了旧中国的一百年，就是同世界其他国家包括发达资本主义国家工业起飞时期的

增长速度相比，中国在"一五"时期工业发展所取得的成就也是名列前茅。"一五"计划期间，"我国工业总产值平均每年增长 18%，农业总产值年平均增长 4.5%，均是历史上增长最快的时期。1957 年工农业总产值比 1952 年增长 67.8%，其中工业总产值比 1952 年增长 128.6%，国民收入比 1952 年增长 53%。"[1]"一五"计划的顺利完成为我国社会主义工业化奠定了初步的物质技术基础。在 1956 年提前完成"一五"计划的同时，我国还完成了对农业、手工业和资本主义工商业的社会主义改造，为生产力的进一步发展创造了更为有利的物质基础。

社会主义三大改造完成以后，在社会主义现代化建设的实践过程中，我们取得过巨大的成就。党的八大对社会主义社会主要矛盾的阐释，以及围绕着解决这个主要矛盾而提出的一系列方针和措施，实践证明是正确的，是符合当时现实国情的。而鉴于苏联在社会主义发展道路进程中所经历的重大挫折，毛泽东提出了"十大关系"的重要论述，实际明确了中国在社会主义现代化过程中必须根据本国国情走自己道路的发展思想。毛泽东指出，我们要学习马克思主义经典作家中那些具有普遍真理的东西，并且一定要将这些普遍真理的东西与中国的具体实际相结合，不能犯"本本主义"错误。对于西方国家的发展经验，我们既不能全盘地给予否定、一味排斥，也不能完全照搬照抄。尤其要注意的是，我们不能走国外在社会发展过程中走过的那些弯路、错路，要鉴于他们的经验教训，少走弯路、错路。

中国共产党八大以后的十年，是党领导我们社会主义现代化建设在探索中发展前进的十年。虽然在此过程中遭受了挫折与阻碍，但在这十年发展过程中，还是形成了一些正确的和比较正确的理论观点和方针政策，积累了一些成功的发展经验。在这十年中，工业、农业和科教文卫事业等方面均取得了很大的成就与发展。"1965 年与 1955 年相比，工业固定资产增长 3 倍，电子工业、石油化工等一批新兴工业部门得以建设和发展，农业机械增长 6

---

① 于幼军：《社会主义五百年》（第三卷），广东教育出版社 2011 年版，第 293 页。

倍,农村用电增长70倍,高校毕业生增长4.9倍。"[①] 正如党的十一届六中全会决议所指出的,我们现在赖以进行现代化建设的物质技术基础,大多都是在这个时期建设起来,全国经济文化建设等方面的骨干力量和他们的工作经验,大部分也是在这个期间培养和积累起来的。在以后的"文化大革命"十年期间,广大干部群众通过共同努力使农业、工业交通、科学技术,特别是在核工业技术、运载火箭、人造卫星等高科技技术方面取得了一系列重要成就,包括成功地进行了导弹核武器发射试验、爆炸了第一颗氢弹、发射了第一颗人造地球卫星等。

诚然,在探索社会主义现代化建设过程中也出现了不少偏差和失误。首先表现在对社会基本矛盾的判断上。1957年党的八届三中全会改变了在党的八大上作出的关于社会主义主要矛盾的判断,提出了"政治战线和思想战线上的社会主义革命"的思想,为"阶段斗争扩大化"提供了理论和政策依据。从1957年起,党内出现了"左"的严重错误,在政治上搞反右扩大化斗争。随着党内"左"倾错误的不断积累,最终导致了"文化大革命"的爆发,"文化大革命"完全背离了社会主义以经济建设为中心的根本任务;其次表现在对社会发展阶段和发展战略的认识上。对"什么是社会主义"以及"如何建设社会主义"没有完全搞清楚,1958年开始发动了"大跃进"和人民公社化运动思想,大刮"共产风""浮夸风",并制定了一系列脱离中国实际的方针政策,这些完全违反自然规律和客观经济规律的做法,极大地阻碍了我国经济社会的快速发展和人民生活水平的提高。最终,这些"左"的错误的积累导致"文化大革命"这一场持续十年之久的内乱,使得社会主义现代化建设事业遭受到灾难性破坏,国民经济几乎到了崩溃的边缘。

我们若要以发展这一主题来阐释中国的现代化进程,在1949年新中国成立后的前三十年中,我国为了尽快实现社会主义现代化这一目标,我们党领导的社会主义建设实践中的现代化是历经波折。

---

① 刘海藩:《新中国经济体制的探索与实践》,《求是》2009年第19期。

　　1956 年，在"三大改造"基本完成之后，中国发起了第一次社会主义现代化运动。毛泽东及时向全党提出："我们的根本任务已经由解放生产力变为在新的生产关系下面保护和发展生产力"[1]，要"将我国建设成一个具有现代工业、现代农业和现代科学文化的社会主义国家。"[2]刘少奇也一再强调现时期发展生产力的重要性，提出要尽可能迅速地把我国建设成一个伟大的社会主义国家。但是，以毛泽东为主要代表的中国共产党人对现代化建设的理论准备并不充分，仅仅是在"向自然开战"的片面意义上理解现代化，而对现代化的内涵、标准与特性的理解并不深刻。很快，提出了一系列急于求成的口号，比如 15 年"超英赶美"。在这种思想推动下，我国发起了"大跃进"和人民公社化运动这种脱离实际的群众化运动的方式来发展社会主义，这种做法显然违背了客观自然规律，不仅没能给中国经济带来发展，反而给中国带来了巨大的灾难，伤害了整个发展的机制、机体。

　　1964 年，中国又开始了第二次的现代化运动。在 1964 年底的三届人大一次会议的《政府工作报告》中，周恩来总理第一次正式提出要在 20 世纪末实现四个现代化的发展目标。也就是从这时起，我国的现代化标准经全国人大会议通过，正式定名、定位、定格、定向为涵盖农业、工业、国防和科学技术的"四个现代化"。可是，由于党内"左"倾思想的不断发展，在这种特殊的复杂环境之下，"以阶级斗争为纲"的理念纵横贯穿于国家政治生活的各个领域，要搞现代化就要否定"以阶级斗争为纲"，所以，这也决定了中国的第二次社会主义现代化运动只能是短暂的。1966 年"文化大革命"的错误发动，使得中国的第二次现代化运动又归于流产。此后邓小平在总结这次现代化运动失败的经验教训时指出，这归根到底还是党的指导思想出现了问题。"因为'左'的指导思想并没有根除，一九六五年又提出党内有走资本主义道路的当权派。以后就搞了'文化大革命'，走到了'左'的极端。"[3]最终，极左思潮的泛滥导致了第二次现代化建设的失败。

---

[1] 《毛泽东文集》第七卷，人民出版社 1999 年版，第 218 页。
[2] 《毛泽东文集》第七卷，人民出版社 1999 年版，第 268 页。
[3] 《邓小平文选》第三卷，人民出版社 1993 年版，第 137 页。

1975 年初，中国开始了第三次社会主义现代化运动。在四届人大一次会议上，周恩来总理重申了三届人大一次会议提出的分两步走、在本世纪末实现"四个现代化"的构想，并认为中国今后十年的发展，是实现两步走战略设想的关键的十年，"在这个时期，我们不仅要建成一个独立的比较完整的工业体系和国民经济体系，而且要向实现第二步设想的宏伟目标前进"①。同年 3 月，中央再次强调指出，现在的大局是在本世纪末（指 20 世纪），要把我国建设成为具有"四个现代化"的社会主义强国，并批评了党内有些同志只敢抓革命，不敢抓生产的错误做法，明确提出要反对派性。在此基础上，中央连续抓了几大方面的"整顿"，包括铁路、煤炭、钢铁、军工、教育科技以及党风建设等方面，以此来为社会主义现代化建设开辟道路。然而，中央的此种做法又触犯了"阶级斗争为纲"这根"高压线"，1975 年底，邓小平因主持整顿，在"批邓、反击右倾翻案风"的运动中受到批判，被停止工作，1976 年 4 月又被诬蔑为"天安门事件"的"黑后台"，在政治生涯中第三次被打倒。这样，中国的第三次社会主义现代化再次遭致流产。

纵观新中国成立以来前三十年毛泽东领导社会主义建设的历程，可以发现三次社会主义现代化运动失败的根本性原因主要表现在以下三方面：

1. 没有搞清楚"什么是社会主义"

追寻毛泽东艰辛探索社会主义现代化的历程，不难发现，从对社会主义的认识来看，毛泽东对"什么是社会主义？"这一问题的理解存在着认识上的偏差。

一是没有正确认识和理解社会主义本质和社会主义基本特征之间的关系，对马克思主义经典作家关于未来社会基本特征的某些理论构想作了教条式的片面理解。马克思和恩格斯曾对未来社会的基本特征作了某些预测，即未来社会是消灭了私有制，没有剥削，没有商品和货币交换，生产资料归全社会所共有，在马克思恩格斯所设想的这个社会中，任何人都可以获得自由全面的发展。但是，我们必须要清楚地认识到，马克思和恩格斯这些设想的

---

① 中共中央文献研究室编：《邓小平年谱》（上），中央文献出版社 2004 年版，第 5 页。

前提是，未来社会必须是要建立在高度发达的社会生产力基础之上的。而在中国社会主义建设过程中，毛泽东没有正确认识到中国现实的基本国情，教条式地理解了马克思、恩格斯对未来社会的构想，从"大跃进"运动、人民公社化运动，到"文化大革命"运动，再到 1974 年和 1975 年两次关于理论问题的谈话①，都明确地反映了毛泽东对在中国建设一个什么样的社会主义的理想蓝图。在他看来，从解放军到党政机关、工农学商，都应办成一种"大学校"，学政治，学文化，学军事，既从事生产活动，又批判资产阶级。很明显，对"什么是社会主义"这个问题的理解，更多地都还只是停留在对社会主义基本特征认识的层面上，而忽视了从社会主义本质的高度去认识和把握。

二是没有全面认识和理解社会主义与资本主义的关系，在判断是非的标准上被姓"社"姓"资"问题所困扰。在中国社会主义建设过程中，那些本属于现代社会化生产所共有的经济手段，都被毛泽东视为资本主义所独有的经济特征而加以排斥。此外，还把一些本不应归结为资本主义的东西归于资本主义，从而加以抵制，比如八级工资制、按劳分配、货币交换等。上述出现的这些对"什么是社会主义"这一问题认识的偏差，表明了毛泽东忽视了对社会主义制度建立和完善必须要经历一个艰难漫长的过程的实际。

2. 缺乏对"怎样建设社会主义"的正确思路和方法

由于对"什么是社会主义"这一问题缺乏正确的理解，因而对"怎样建设社会主义"就缺乏正确的思路和方法。

一是片面地理解生产力和生产关系、经济基础和上层建筑之间的关系。在所有制结构、分配形式以及经济管理体制方面，毛泽东没有看到我国初级阶段生产力的实际状况，简单地采取"一刀切"的方法，误认为公有制程度越高、规模越大，其所内在的生产关系就越会有益于社会生产力发展，从而也导致了我们日常生活中所实行的一系列政策方针就会脱离于我国生产力的

---

① 参见毛泽东在 1974 年理论问题的谈话，见《建国以来毛泽东文稿》第十三卷，中央文献出版社 1998 年版，第 413—414 页；毛泽东在 1975 年关于理论问题的谈话，见《建国以来毛泽东文稿》第十三卷，中央文献出版社 1998 年版，第 486—490 页。

实际要求在对上层建筑作用的认识上，毛泽东过分地强调上层建筑的反作用，提出"以阶级斗争为纲"的政治路线，试图通过阶级斗争来推动生产力的发展和社会的进步。

二是片面地理解人的能动作用，试图依靠和运用革命战争时期大规模群众化运动的方式来推动生产力发展。毛泽东过高地估计了人的主观能动性对社会生产力发展的作用。在他看来，只要把广大人民群众充分地动员起来，组织起来，集中广大人民群众的力量，我们就一定能够快速地推动社会生产力的发展，从而尽早地建成社会主义现代化强国。而客观事实证明，这种完全忽视客观经济发展规律的做法反而起到了相反性质的作用，它不仅没能快速地推动社会生产力的发展，相反还起到了延缓和阻碍生产力发展的作用。

三是片面地对西方资本主义的优秀成果加以排斥，尤其是大大地忽视了科学技术这一重要的生产力的发展。由于中国是经济文化落后的后发展中国家，因此，在社会主义现代化建设过程中，我们可以大胆地吸收和借鉴西方资本主义的优秀文明成果，使之为社会主义服务。然而，毛泽东没有充分认识到这一点，这在 1970 年 8 月毛泽东接见英国客人的谈话中可以明显感受得到，他说："我们是社会主义国家，既然叫社会主义，就不应要求跟你们搞合营，这个道理很清楚。"[①] 很显然，这是一种误解。事实上，在马克思主义看来，社会主义要取代资本主义，首先社会主义就必须要取得与资本主义相比较的优势，这除了要依靠本国广大劳动人民的聪明才智和艰苦奋斗以外，也必须大胆吸收和借鉴发达资本主义国家的优秀文明成果，包括一切反映现代社会化大生产规律的先进管理方法、经营方式。

3. 错误判断社会主义现代化建设所面临的环境

社会主义现代化建设是在世界历史发展的大环境下进行的，对国内外环境的正确判断是无产阶级政党采取有效的政策和措施的前提。在探索社会主义现代化建设发展道路的实践进程中，毛泽东曾提出过不少有益于改革发展的理论观点，但由于对社会主义各国发生的危机和改革缺乏了解，特别是在

---

① 转引自顾龙生：《毛泽东经济年谱》，中共中央党校出版社 1993 年版，第 648 页。

苏共二十大及"波匈事件"后，毛泽东过分注重了苏共及其领导人赫鲁晓夫在具体做法上的错误，把苏共二十大揭露和批判斯大林个人崇拜看成是苏共"丢掉了斯大林这把刀子"，认为赫鲁晓夫是在"刮台风""闹风潮"，是在搞修正主义。

1963 年 3 月至 1964 年 10 月，中共中央先后发表了"九评"苏共中央公开信，以社会主义社会始终存在着马克思主义和修正主义两条路线、无产阶级和资产阶级两个阶级的激烈斗争的观点为出发点，去分析和论断苏联以及东欧社会主义国家所处的状况。这样，从苏共二十大以来同赫鲁晓夫的分歧和斗争，就进一步转化为马克思主义同修正主义、无产阶级同资产阶级之间的斗争。更为严重的是，毛泽东在得出修正主义集团已经占据苏联共产党领导层这个结论后，又转而用这种"左"的思想考察当时中国共产党的党内状况，从而得出了我们党内也有可能出现修正主义的论断。这一论断的得出进一步增加了在中国进行"反修""防修"斗争任务的紧迫性，随着"反修""防修"这根弦越绷越紧，最后使得中国进入了"以阶级斗争为纲"的错误歧途，我国的社会主义现代化建设遭受到了重大的挫折。

恩格斯曾说："没有哪一次巨大的历史灾难不是以历史的进步为补偿的。"[1]历史的曲折，通常会以历史的进步作为补偿。上述这些对社会主义现代化建设探索过程中有关挫折及经验教训的总结分析，既能使人们正视现实，以史为鉴，又能"促使人们思考，促使人们认识我们的弊端在哪里"[2]，这也实际都成为后继中国共产党人对中国发展问题进行进一步思考、规划的现实逻辑支点和参照体系。

（二）改革开放初期中国现实的国情特点

所谓国情，是指一个国家的社会性质、政治、经济、文化等方面的基本情况和特点，也特指一个国家某一时期的基本情况和特点。早在新民主主义

---

① 《马克思恩格斯文集》第十卷，人民出版社 2009 年版，第 665 页。
② 《邓小平文选》第三卷，人民出版社 1993 年版，第 172 页。

革命时期，党的第一代中央领导核心毛泽东就指出："认清中国的国情，乃是认清一切革命问题的基本的根据。"[①] 中国共产党自成立以来进行的马克思主义中国化事业，都是在中国国情基础上所展开的现实运动。改革开放初期中国现实的基本国情，形成了中国实行改革发展的内生动力。

1. 经济方面：中国面临改变贫穷落后面貌的现实需要

1979 年 3 月，邓小平在党的理论工作务虚会上曾精辟地概括了改革开放初期中国的经济现状，即"由于底子太薄，现在中国仍然是世界上很贫穷的国家之一。"[②] 这主要表现在：第一，在经济社会发展水平上。与发达国家相比，中国和主要的发达资本主义国家人均国民生产总值的差距相当惊人。根据 1978 年国家统计局提供的资料显示，1978 年以美元为单位计算的人均年国民生产总值，美国是 11360 美元，日本是 9890 美元，联邦德国是 13590 美元，英国是 7920 美元，法国是 11730 美元，而中国仅为 290 美元。[③] 前五个发达资本主义国家人均年国民生产总值的平均数是 10588 美元，相对比值是中国的 36.5 倍，可见差距是相当明显的；第二，经济效益低下。虽然在苏联的帮助下我国的工业发展取得了一定成就，但工业附加值水平不高，工业品在世界贸易市场上竞争能力不强，更主要的是，一些关键性工业部门的劳动生产率水平远低于西方发达资本主义国家，甚至不及拉美一些发展中国家。在农业生产上，仍以劳动密集型为主，机械化程度不高，生产效率低下；第三，经济结构严重失衡。第一、二、三产业发展不平衡，统计数据显示，新中国成立后，对工业发展的过度重视导致了第三产业在内的其他产业的发展滞后，"1953—1957 年，国内生产总值和第一、二、三产业的年均增长速度分别为 9.2%、3.8%、19.7% 和 9.6%；这期间第一产业占国内生产总值的比重，由 1952 年的 50.5% 下降到 1957 年的 40.3%，第二产业比重由 20.9% 上升到 29.7%，第三产业比重由 28.6% 上升到 30.1%。1958—1978 年，

---

① 《毛泽东选集》第二卷，人民出版社 1991 年版，第 633 页。
② 《邓小平文选》第二卷，人民出版社 1994 年版，第 163 页。
③ 参见中国社会科学院世界经济与政治研究所：《世界经济统计简编 1978》，生活·读书·新知三联书店 1979 年版，第 35 页。

国内生产总值和第一、二、三产业增加值的年均增速分别为 5.4%、1.6%、9.1% 和 4.5%；这期间第一产业比重由 1957 年的 40.3% 下降到 1978 年的 28.1%，第二产业比重由 29.7% 上升到 48.2%，第三产业比重由 30.1% 下降到 23.7%。"[①]"贫穷不是社会主义。"改革开放初期中国贫穷落后的现实状况迫切要求我们实行一系列的经济体制改革，只有通过改革现行生产关系中不适应生产力发展要求的环节和方面，社会生产力才有可能得到更好更快的发展，社会主义制度的优越性才能得到更好彰显。

2. 政治方面：中国面临拨乱反正加快发展的迫切需要

中国共产党八大以后的十年探索中，由于受"左"的错误思想的影响，党的工作重心坚持"以阶级斗争为纲"，最终酿成了"文化大革命"。"文化大革命"使得我国民主和法制遭到严重的践踏，人民权利丧失殆尽，国家法律形同虚设，国家政治生活及党的政治生活极不正常，整个国家陷入了"无政府主义"状态。1976 年"文化大革命"结束以后，全国人民迫切希望吸取历史教训，实现拨乱反正。1978 年 12 月，党中央召开了负有拨乱反正历史使命的一次重要会议即十一届三中全会，三中全会毅然抛弃了"以阶级斗争为纲"的错误方针，强调要以经济建设为中心全面推进社会主义现代化建设，并在较短时间内迅速实现了党的路线上的拨乱反正。从三中全会开始，中央坚决纠正"左"的错误，特别是坚决而迅速纠正十年"文化大革命"的错误，确立起以邓小平为核心的党的第二代中央领导集体，同时，也确立了社会主义初级阶段的基本路线。改革开放初期的拨乱反正有着其重要的历史意义：其一，表现在它实行了以思想路线问题的拨乱反正为动力和先导的方针，重新确立并提出了新的思想路线，即解放思想、实事求是，完成了思想路线的拨乱反正；其二，表现在它实现了社会主义建设时期指导思想的根本转变，即抛弃了长期推行的"以阶级斗争为纲"的错误指导方针，将全党的工作重心转移到现代化建设上来，树立了正确的政治路线；其三，表现在它突出了健全党的民主集中制和集体领导制原则，反对个人崇拜，并确立了以

---

① 汪海波：《对第三产业发展严重滞后原因的分析》，《经济学动态》2007 年第 4 期。

邓小平为核心的党的第二代中央领导集体，完成了组织路线的拨乱反正。思想路线的拨乱反正是完成拨乱反正历史任务的根本前提，政治路线的拨乱反正是完成拨乱反正历史任务的关键所在，组织路线的拨乱反正是实现正确的思想路线和政治路线的重要保证。改革开放初期的拨乱反正为中国社会主义现代化建设的全面推进奠定了坚实的思想基础和体制基础。

3. 文化方面：中国面临文化选择主题转移的战略需要

20世纪50年代中期以后，党在文化发展方面的错误认识，最终导致了20世纪60年代"文化大革命"的发生，"文革"的发动使我国的文化建设事业遭受重大挫折，造成我国文化发展的畸形和文化价值的失落。"'文化大革命'这个名称从字面上看，似乎是要促进中国的文化教育、科学技术的发展。而这场'革命'所带来的却是文化大破坏，使我们的国家和人民，受到严重的内伤。"[1]党的十一届三中全会以后，以邓小平为核心的党的第二代中央领导集体经过拨乱反正，重新恢复和确立了党的解放思想、实事求是的思想路线，党的实事求是思想路线的重新确立和发展，解决了中国先进文化选择的思想路线和方法论问题，推动了改革开放初期文化事业的繁荣和发展。1979年10月，邓小平在文艺工作者第四次代表大会祝词中指出："我们在建设高度物质文明的同时，提高全民族的科学文化水平，发展高尚的丰富多彩的文化生活，建设高度的社会主义精神文明"[2]，鲜明地确立了现代化建设过程中"两个文明"一起抓的战略构想，并在1982年9月党的十二大报告上首次对"两个文明"作出了科学界定，指出物质文明建设是精神文明建设的基础和前提，社会主义精神文明对物质文明建设不但起巨大的推动作用，而且还能保证它的正确发展方向。两个文明建设互为条件，互为影响。改革开放初期文化建设事业的发展还体现在对知识分子历史地位的再认识上，党的十一届三中全会以后，党对大批知识分子冤假错案的平反逐步展开。1979年2月26日，文化部党组作出决定，为所谓资产阶级服务的"旧文化部""帝

---

① [美] 塞缪尔·亨廷顿：《文明的冲突》，周琪等译，新华出版社2013年版，第77页。
② 《邓小平文选》第二卷，人民出版社1994年版，第208页。

王将相部""才子佳人部""外国死人部"的错案彻底平反，将一切污蔑不实之词统统推倒。知识分子终于赢得了应有的社会地位。改革开放初期对知识分子的重新认识和定位为此后提出"科学技术是第一生产力""科教兴国"和"人才强国"等发展战略奠定了基础。

　　总之，改革开放初期中国现实的基本国情决定了中国必须要打开国门，实行改革开放，必须要针对中国现实的国情特点开辟中国特色社会主义的新道路。实践也充分证明，只有走中国特色的社会主义发展道路，中国才能不断强大，才能稳步向前，社会才能和谐发展，对人类才能有所贡献。

三、中国特色社会主义发展理论形成的党情基础

　　改革开放初期，中国共产党所面对的党情发生了巨大变化。党所肩负的历史任务和党员队伍结构的现实状况都发生了深刻的变化。我们党从一个在受到外部封锁的状态下领导国家建设的党，变成了一个面临改革开放条件下领导国家建设的党；从一个仅有几十名党员的小党，变成了一个拥有 3965 万（截至 1982 年）① 党员的大党。改革开放初期中国共产党党情的深刻变化，是改革开放必须要持续深化的重要现实基础。

（一）党所肩负的历史任务发生了新的变化

　　明确党所肩负的历史任务，有助于明确党的执政目标，凝聚人心、鼓舞斗志，激励全党全国各族人民更好地进行社会主义建设。党的十一届三中全会以后，我们党由一个在受到外部封锁的状态下领导国家建设的党，变成了一个面临改革开放条件下的领导国家建设的党。显然，党所肩负的历史任务发生了深刻的变化。

---

① 参见中国社会科学院中国特色社会主义理论体系研究中心：《90 年来中国共产党党员数量与结构的变化与发展》，《光明日报》2011 年 7 月 5 日。

在建设新中国的实践中，以毛泽东为核心的党的第一代中央领导集体在实行第一个五年计划时，第一次提出了社会主义工业化的前进目标，指出我们的工业化是向社会主义过渡的主体内容。1954年6月，毛泽东进一步提出建设伟大社会主义国家的奋斗目标。在此基础上，1954年9月，周恩来总理在一届人大一次会议上提出了"四个现代化"建设的宏伟目标。他指出："我国的经济原来是很落后的。如果我们不建设起强大的现代化的工业、现代化的农业、现代化的交通运输业和现代化的国防，我们就不能摆脱落后和贫困，我们的革命就不能达到目的。"[1]"我们一定可以经过几个五年计划，把中国建设成为一个强大的社会主义的现代化的工业国家。"[2]这是中国共产党的领导人最初提出的"四个现代化"发展目标。这个思想作为全党的意志载入了1956年党的八大通过的党章中。此后，毛泽东对"四个现代化"的理论内涵作了进一步的补充，他说："建设社会主义，原来要求是工业现代化，农业现代化，科学文化现代化，现在要加上国防现代化。"[3]由此，毛泽东在党的历史上首次较为完整地阐述了"四个现代化"的发展思想。"四个现代化"作为以毛泽东为核心的党的第一代中央领导集体领导全国人民进行社会主义建设的奋斗目标，在当时极大地激发了中国人民投身社会主义建设的积极性。

党的十一届三中全会以后，中国共产党人为了坚持和发展社会主义事业，正确引导社会主义现代化建设，作出了改革开放这个决定当代中国前途命运和社会主义事业兴衰成败的关键抉择。由此，党所肩负的历史任务进而也发生了新的变化，1980年1月，邓小平在中共中央召集的干部会议上审视国际和国内形势，第一次系统地提出了中国共产党和中国人民在20世纪80年代所要做的三件大事，即"第一件事，是在国际事务中反对霸权主义，维护世界和平……第二件事，是台湾归回祖国，实现祖国统一……第三

---

① 《周恩来选集》下卷，人民出版社1984年版，第132页。
② 《周恩来选集》下卷，人民出版社1984年版，第136页。
③ 《毛泽东文集》第八卷，人民出版社1999年版，第116页。

件事，要加紧经济建设，就是加紧四个现代化建设"①。1982年9月，他在中国共产党第十二次全国代表大会开幕词中把这三件大事改称为"三大任务"，并强调指出，"这三大任务中，核心是经济建设，它是解决国际国内问题的基础"②。

可以看出，改革开放的逐步深入，使得党所肩负的历史任务发生了新的变化，而新的变化了的历史任务，又要求我们党要进一步加大改革开放的力度，变革不适应社会主义生产力发展要求的生产关系，建立社会主义市场经济体制，只有这样，才能更好更快地实现新时期党所肩负的历史任务。

（二）党员队伍结构发生了新的变化

自1949年新中国成立之初到改革开放初期，中国共产党党员队伍结构发生了巨大的变化，这主要表现在：

一是党员队伍稳步壮大，党员数量持续增加。1921年中国共产党成立时，当时只有50多名党员，到1982年底，中国共产党党员总数已达到3965万名。新中国成立后至"文化大革命"前入党的人数为760.6万名，"文化大革命"期间入党的人数为1211.5万名，"文化大革命"结束至1982年底入党的人数为1925.4万名，党员数量呈现逐步扩大的趋势。

二是党员的队伍结构趋于优化。1949年，女党员占党员总数的比例仅为11.9%，新中国成立后，特别是20世纪80年代以来，女性党员入党人数显著增加，截至1982年底，女党员占党员总数的比例达到13.4%。此外，党员队伍的学历结构也有了显著变化，1949年，高中以上学历的党员仅占0.92%，其中大学学历的党员占0.32%，1987年，党员中高中以上文化程度的占28.5%，其中大学学历的党员占4%。③从职业构成来看，与党员的学历结构相适应，党员队伍中从事技术、管理等脑力劳动的党员比重平稳上升，体力劳动者的比重逐步下降，来自工人、农民、知识分子、军人的党员

---

① 《邓小平文选》第二卷，人民出版社1994年版，第239—240页。
② 《邓小平文选》第三卷，人民出版社1993年版，第3页。
③ 数据来源于张宝林：《党员队伍结构分析和思考》，《党政干部论坛》2001年第6期。

依然是党员队伍最基本的组成部分和骨干力量。

三是党员的年龄结构趋向年轻化。毛泽东曾经说过，青年是早晨七八点钟的太阳。如果将党员按年龄层次划分，可以划分为老、中、青三个年龄阶段（分别对应 56 岁以上、36—55 岁、35 岁以下），自 1949 年新中国成立之初到改革开放初期，35 岁以下的青年党员在党员队伍中的比重已从 1949 年的 14.7% 上升至 1985 年底的 18.5%，年轻党员在党员队伍中的比重不断提高。

通过以上数据分析可以发现，从总体上看，党员数量在不断增加，党员队伍结构逐步呈现年轻化、知识化的特征，这一趋势给党带来了生机和活力，为党增添了新鲜血液，有利于党始终走在时代前列。但另一方面，也给党的执政能力建设带来了新的问题和挑战。改革开放初期，中国共产党党员队伍结构发生的新变化，呈现出来的新的发展趋势，对进一步加强中国共产党的先进性和纯洁性建设，提高党的执政能力，巩固党的执政基础，增强党在全社会的凝聚力和影响力，保持党执政的合法性提出了新的更高要求。

第三章　中国特色社会主义发展理论的
内在逻辑结构

任何一个理论体系都有比较严密的逻辑结构，否则，就不能称其为理论体系。中国特色社会主义发展理论以"解放思想、实事求是"的理论精髓为思想动力，以社会主义初级阶段的基本国情为立论基础，以社会主义本质的内在规定为理论核心，构筑起了中国特色社会主义发展理论的理论基石。同时，以改革开放以来我们党不断探索和回答的"什么是社会主义、怎样建设社会主义""建设什么样的党、怎样建设党""实现什么样的发展、怎样发展"这三大基本问题的实践创造为其纵向思维结构，通过逻辑的形式，揭示了改革开放以来中国共产党人的发展理论及其所固有的横向内容结构，即社会主义市场经济论、社会主义民主政治论、社会主义先进文化论、社会主义和谐社会论和社会主义生态文明建设论。"理论基石"层面上的基本原理、"纵向思维结构"层面上的基本原理和"横向内容结构"层面上的基本原理，这三个层面彼此相互联系、有机统一，共同构筑中国特色社会主义发展理论的内在逻辑结构。

一、中国特色社会主义发展理论的理论基石

所谓理论基石，是指一个理论的逻辑起点，是一个理论体系赖以建立、形成和发展的理论根据，是承载一个理论大厦之全部负荷的基础。因此，基石的性质如何，是否结实，直接关系到理论体系大厦的坚固性。综观近年来国内专家学者对中国特色社会主义发展理论的理论基石研究，可谓见

仁见智，成果丰硕。其中有"一基石论"①：社会主义社会矛盾理论；"二基石论"②："解放思想、实事求是"和社会主义市场经济理论；"三基石论"③："解放思想、实事求是"、社会主义本质论、社会主义初级阶段论；"四基石论"④：社会主义本质论、社会主义初级阶段论、社会主义发展动力论、中国共产党思想路线论，等等。笔者认为，中国特色社会主义发展理论的理论基石主要由三大理论结构所组成，即社会主义精髓论、社会主义初级阶段论和社会主义本质论。"社会主义精髓论"提供了中国特色社会主义发展理论的科学指南，为不断开创中国特色社会主义事业新局面提供了强有力的思想保证和精神动力；"社会主义初级阶段论"奠定了中国特色社会主义发展理论的立论基础，反映了社会主义社会基本矛盾和主要矛盾在初始阶段解决的现实程度和可能达到的程度；"社会主义本质论"确立了中国特色社会主义发展理论的理论核心，是解决社会基本矛盾和主要矛盾的总体要求。三者相互作用、相互影响、相互支撑，共同构成中国特色社会主义发展理论的理论基石。

（一）社会主义精髓论提供了发展理论的科学指南

所谓精髓，对于某一理论体系而言，指的是能使这一理论体系得以形成和发展并贯穿其始终，同时又体现在这一理论体系各个组成要素和基本观点中的世界观方法论的基础。中国特色社会主义发展理论坚持了解放思想、实事求是的思想路线，这一思想路线是邓小平在党的十一届三中全会上对新时期党的思想路线的高度概括，集中展现了马克思主义世界观的理论精髓，为不断开创中国特色社会主义事业新局面提供了强有力的思想保证和精神动

---

① 赵曜：《中国特色社会主义理论体系是最宝贵的精神财富》，《光明日报》2008 年 12 月 9 日。
② 聂运麟：《论中国特色社会主义的理论基石》，《马克思主义研究》2009 年第 11 期。
③ 田克勤：《深入研究中国特色社会主义的几点思考》，《马克思主义研究》2008 年第 6 期。
④ 参见田瑞兰：《中国特色社会主义理论体系逻辑建构研究》，人民出版社 2013 年版，第 146—162 页。

力，是中国特色社会主义发展理论的第一块理论基石。

1.“解放思想、实事求是”思想路线的提出

一个政党的思想路线，是指这个政党确定自己的指导思想并支配自己行动的认识路线和行动纲领。“实事求是”是我们党的优良传统，是遵义会议后毛泽东为党所制定的思想路线。在这条思想路线的正确指引下，中国共产党人克服了前进道路上的重重障碍，找到了中国革命新的发展道路，最终取得了新民主主义革命的胜利，成立了新中国。新中国成立后，我们党又在这条思想路线的指引下，成功地开辟了一条适合中国国情的社会主义改造道路，建立了社会主义基本制度。然而，自20世纪50年代中期后，党内“左”的思想逐步发展起来，在“左”的路线的直接指导下，导致了一些脱离实际、超越阶段而急于求成、急躁冒进的错误决策，逐步偏离了实事求是的思想路线，使得社会主义建设事业长期徘徊不前。这种“左”的思想路线的主要表现就是“唯上、唯书”而不“唯实”，毛泽东虽然在发现这一错误并加以纠正时，号召全党“大兴调查研究之风”，把实事求是精神恢复起来，但是党在实际工作中偏离实事求是思想路线的问题并没有真正得到解决，以致最终又导致“文化大革命”的爆发。

进入20世纪70年代以来，为了打破思想僵化、思想保守和思想禁锢的局面，破除个人迷信和个人崇拜对全党和全国人民的思想束缚，肃清“文化大革命”的有害影响，在同“两个凡是”错误思想进行斗争的过程中，以邓小平为核心的党的第二代中央领导集体把“解放思想”与“实事求是”并提，重新确立了“实事求是”的思想路线，同时又为这一思想路线增添了“解放思想”的新内容，开启了改革开放的历史新时期。这就从根本上彻底否定了20世纪50年代中期以后，党内盛行的“唯上、唯书”的“左”的思想路线，“重新恢复和确立了辩证唯物主义和历史唯物主义作为整个马克思主义理论基础的地位，重新恢复和确立了辩证唯物主义和历史唯物主义在我国社会主义现代化建设中的指导地位。”[①]

---

① 　聂运麟：《论中国特色社会主义的理论基石》，《马克思主义研究》2009年第11期。

2."解放思想、实事求是"思想路线的发展和完善

思想路线问题的解决并非一劳永逸。进入 20 世纪 90 年代，面对国内国际形势的显著变化，伴随着社会主义现代化建设实践的不断推进，以江泽民为核心的党的第三代中央领导集体在坚持"解放思想、实事求是"思想路线的基础上，针对党内外存在的一些自满和懈怠的情绪，特别强调弘扬"与时俱进"的时代精神，鲜明指出"与时俱进"是马克思主义的理论品质，并在党的十六大报告中将党的思想路线完整地表述为"解放思想、实事求是、与时俱进"，这一新的表述形式，进一步体现了我们党坚持理论创新的精神实质，是对辩证唯物主义和历史唯物主义的根本认识路线作出的合乎时代发展需要的新概括，再一次丰富和发展了我们党的思想路线。

随着改革的推进，新世纪新阶段，我国已经进入全面建成小康社会时期，对现代化建设的要求也进一步提高。摆在我们党面前的有两个主要的现实问题：一是怎样抓住新时期发展机遇，带领全国人民艰苦奋斗，实现全面建设小康社会的历史任务；二是怎样加强和改进党的建设，提高党的领导水平和执政水平。在纷繁复杂的国内外发展形势之下，面对国内改革的艰巨任务，面对我们党所肩负的重大历史使命，党应该怎样在新的历史形势下改进党和国家的各项工作，不断夺取改革开放和现代化建设的新胜利呢？

以胡锦涛为总书记的党中央在提出和强调科学发展观的同时，针对党员干部中出现的一些不思进取、工作不实、急功近利、弄虚作假、贪图享受、脱离群众等亟须解决的突出问题，及时提出大力弘扬求真务实精神，大兴求真务实之风的思想，从端正工作作风入手，把工作作风和思想路线紧密联系一起来，将"求真务实"视为党的思想路线的切入点和核心内容，进一步丰富和发展了党的思想路线。党的十八大以后，在我国改革进入攻坚期的历史关头，以习近平为总书记的党中央强调要以科学态度对待马克思主义，不唯书、不唯上、只唯实，始终坚持真理、修正错误，勇于变革、勇于创新，永不僵化、永不停滞，要继续解放思想，坚持实事求是，冲破思想观念的障碍、突破利益固化的藩篱，正确处理好解放思想和实事求是的关系，要用发展着的马克思主义指导新的实践，努力在全面深化改革上取得新突破，反映

了我们党对思想路线认识的进一步深化。

3.中国共产党思想路线确立的重要意义

思想路线起着统一思想、把握方向、指导行动的巨大作用。正如德国哲学家黑格尔所说："思想走在行动的前面，就像闪电走在雷鸣之前一样。"坚持辩证唯物主义和历史唯物主义的思想路线，反对唯心主义、形而上学的思想路线，对于正确地制定和贯彻无产阶级政党的政治路线和各项方针政策，具有决定性的意义。改革开放三十多年以来的发展经验证明，坚持正确的思想路线，坚持理论的不断创新，是中国特色社会主义事业不断取得新的胜利的重要法宝。中国共产党思想路线的确立，为中国特色社会主义发展理论的形成提供了科学指南。

一是它在最根本的世界观和方法论意义上构成了社会主义事业不断取得胜利的思想基础。思想路线问题说到底是个哲学问题，是一个政党代表一个阶级或社会阶层在推行其施政方针政策时的认识路线，也就是运用什么样的世界观、方法论、价值观去认识世界、改造世界的问题。马克思主义唯物辩证法告诉我们，人类社会是在不断变化发展的，在这个过程中，人们对客观世界的认知也是随着客观世界的变化而不断变化。因此，这就要求我们在认识事物和改造事物的过程中，要随时随地根据变化了的客观世界作出相应的变化调整，就必须要在坚持解放思想、实事求是的基础上，与时俱进地创新我们的思想和观点。解放思想、实事求是、与时俱进三者以求真务实为核心内容，是紧密联系、密不可分的科学整体，充分体现了辩证唯物主义和历史唯物主义相结合的鲜明特征。坚持这一思想路线，对于我们在新的历史条件下全面建成小康社会，加快推进社会主义现代化建设，实现中华民族伟大复兴的中国梦都有着极为重要的方法论意义。

二是它为党继续朝着新的目标前进提供了坚实的思想动力。党领导人民在革命、建设和改革中取得的一切胜利，从根本上说，都是因为坚持了正确的思想路线，从而制定并贯彻了合乎中国实际的路线、方针和政策。党的思想路线是我们战胜挫折、胜利前进的思想保证。坚持"解放思想、实事求是、与时俱进、求真务实"的思想路线，要求我们党必须认清时代特征，正确把握社会发展的前进方向，顺应世界发展大局，科学地反映客观世界和人类实践发展变化的规律，坚定地站在时代潮流的前头，使党的全部理论、各项工作紧扣时代发展要求，使党的全部理论和各项工作合乎规律性，根据时代的变化和社会的发展，不断地研究新情况，解决新问题，使党永葆先进性。党的思想路线来自于实践，又指导着实践，既是伟大实践的真实记录，又是理论认识的思想结晶；既深刻反映了党的理论一脉相承的思想源流，又生动体现了勇于创新的理论品质；既有鲜明的时代特征，又具有深远的历史意义。在改革开放的新时期，党的思想路线依然是我们战胜一切困难、胜利前进的思想保证。

（二）社会主义初级阶段论奠定了发展理论的立论基础

在中国特色社会主义发展理论的理论体系中，承载其理论全部负荷的正是社会主义初级阶段理论。社会主义初级阶段理论，是党在改革开放以来推进马克思主义中国化过程中取得的一个重大理论创新，为开创和发展中国特色社会主义发展理论奠定了立论基础，其他相关理论都是竖之于这个基石之上并与其相辅相成，共同构成了体系的主要内容。

1. 社会主义初级阶段论的提出

对社会主义发展阶段的正确划分，是正确认识社会主义发展道路，确定党在社会主义一定阶段的路线方针政策的根本前提和重要依据，对社会主义现代化建设事业的成功与否起着至关重要的作用。历史上马克思主义经典作家都试图对共产主义、社会主义进行阶段划分，但从马克思主义的经典作家到前苏联共产党的一些领导人，他们在对社会主义社会所处发展阶段的认识上，都存在着估计偏高的问题，对社会主义社会发展的多阶段性、长期性和艰巨性认识不足。如斯大林在 1936 年苏联确立社会主义制度后不久，就提出了向共产主义过渡的设想，没有从实际出发深入研究社会主义的发展阶段问题。第二次世界大战结束后，经过一段时间的社会主义建设，1952 年，他又宣布党的主要任务是从社会主义过渡到共产主义，这种脱离实际、急于求成的发展理念，对苏联和其他社会主义国家的发展造成了极为消极的影响。

新中国成立后，毛泽东曾比较正确地提出了我国社会主义发展阶段的问题，指出我国社会主义制度只是"刚刚建立"，还没有"完全建成"。20 世纪 50 年代末 60 年代初，在初步总结社会主义建设的经验教训后，毛泽东意识到了中国建设社会主义的艰巨性、复杂性和长期性，认为我们完成社会主义建设是一个艰巨的任务，建成社会主义不要讲得过早了。但是，随着 60 年代后"左"的倾向不断发展，毛泽东在我国社会主义发展阶段问题的认识上开始出现了严重偏差，进而将社会主义理解为"从资本主义社会到共产主义社会的革命转变时期"。

党的十一届三中全会以后，党在总结新中国成立以来历史经验的基础上，对我国社会主义所处的历史阶段进行了新的探索，逐步作出了我国还处于并将长期处于社会主义初级阶段的科学论断，从而准确地把握了我国的基本国情。1979 年，叶剑英在《庆祝建国 30 周年大会上的讲话》中指出：我国社会主义制度还处于幼年时期，在我国实现现代化，必须要有一个由初级到高级的过程。虽然这里还没有提及"初级阶段"这几个字，但初级阶段的理念已在酝酿之中。党的十一届六中全会通过的《关于建国以来党的若干历史问题的决议》，系统概括了新中国成立以来我们党在认识社会主义发展阶段这个问题上的经验教训，指出"我们的社会主义制度还是处于初级阶段……任何否认这个基本事实的观点都是错误的"[①]，从而在党的历史上第一次提出"社会主义初级阶段"这一概念。1982 年，党的十二大报告在谈到我国社会主义社会所处的发展阶段时，又首次明确地把物质文明不发达作为社会主义初级阶段的基本特征，并再次肯定我国的社会主义"还处在初级发展阶段"。此后，党的十二届六中全会通过的《关于社会主义精神文明建设指导方针的决议》不仅重申了我国目前正"处于社会主义初级阶段"的重要论点，而且还对社会主义初级阶段的一些特征作出了说明，指出："我国还

---

① 《十一届三中全会以来党的历次全国代表大会中央全会重要文件选编》（上），中央文献
　出版社 1997 年版，第 208 页。

处在社会主义的初级阶段，不但必须实行按劳分配，发展社会主义的商品经济和竞争，而且在相当长历史时期内，还要在公有制为主体的前提下发展多种经济成分，在共同富裕的目标下鼓励一部分人先富裕起来。"①虽然以上对社会主义初级阶段的描述一次比一次深刻，但都未作出系统性的阐述。

1987年召开的党的十三大集中了全党的智慧，从理论涵意、主要内容、主要矛盾以及党在这个历史阶段的基本路线等方面对社会主义初级阶段作了全面阐释，表明社会主义初级阶段理论的正式形成。社会主义初级阶段包括两个方面的内涵：一是从社会性质上讲，我国已经是社会主义社会，因此从这个层面出发，我们必须坚持社会主义的道路和发展方向；二是从发展程度来讲，我国社会主义社会的发展程度还很低，还很不发达，仅是初级阶段，一切都要从这个实际出发，根据这个实际来制订规划。我国社会主义初级阶段的起点是1956年底社会主义三大改造任务的基本完成，终点是要在21世纪中叶基本实现社会主义现代化。这个理论的提出，第一次把社会主义初级阶段作为事关全局的基本国情加以把握，明确了这一问题是党制定路线、方针、政策的出发点和根本依据，使得人们对社会主义发展阶段和基本国情有了清醒认识，使得理论有了坚固的"事实"依据和实践场景。

2.社会主义初级阶段理论的发展和完善

自党的十三大以后，党的历次代表大会都重申和强调社会主义初级阶段问题，并且不断丰富和发展社会主义初级阶段理论。党的十四大报告在论述建设有中国特色社会主义理论时，将初级阶段理论作为"中国特色社会主义"理论的重要内容。党的十四大通过的《中国共产党章程》（修正案）和八届人大一次会议通过的《中华人民共和国宪法修正案》，将"社会主义初级阶段"的概念和理论以党和国家两个根本大法的形式确定了下来。党的十五大报告对初级阶段如何发展社会主义的问题进行了探索，对社会主义初级阶段理论作了进一步的丰富和完善，报告在总结十一届三中全会以来改革开放和现代化建设丰富的实践经验的基础上，第一次较为系统地提出了党在

---

① 《十二大以来重要文献选编》（下），人民出版社1988年版，第1180页。

社会主义初级阶段的基本纲领，即建设有中国特色社会主义的经济、政治、文化的基本目标和基本政策，反映了我们党在很多方面对基本国情认识的深化，是对社会主义初级阶段理论的新拓展，使我们更加明确什么是初级阶段的社会主义以及怎样建设社会主义初级阶段的经济、政治和文化，进一步统一了全国人民的思想。

进入新世纪新阶段，面对新的形势和任务，以胡锦涛为总书记的党中央适时制定了更加具体的发展战略和指导方针。党的十六大坚持认为，尽管我国人民的生活水平总体上已经达到了小康水平，但我国还是处于并将长期处于社会主义初级阶段，指出现在达到的小康还是低水平的、不全面的、发展很不平衡的小康，巩固和提高目前达到的小康水平，还需要进行长时期的艰苦奋斗。在此基础上，党的十六大确定了全面建设小康社会的奋斗目标。党的十七大进一步指出："我国仍处于并将长期处于社会主义初级阶段的基本国情没有变，人民日益增长的物质文化需要同落后的社会生产之间的矛盾这一社会主要矛盾没有变。"[1] 两个"没有变"思想的提出，再次明确了当前我国所处的历史方位。党的十八大以来，以习近平为总书记的新一代中央领导集体用发展的眼光对国情进行了深刻分析和准确把握，进一步强调要认清我国仍处于并将长期处于社会主义初级阶段的基本国情没有变，要坚持把它作为推进改革、谋划发展的根本依据。习近平总书记在十二届全国人大一次会议闭幕会上的讲话中指出："我国仍处于并将长期处于社会主义初级阶段，实现中国梦，创造全体人民更加美好的生活，任重而道远，需要我们每一个人继续付出辛勤劳动和艰苦努力。"[2]

3.社会主义初级阶段确立的重要意义

社会主义初级阶段理论作为当代中国马克思主义的重要组成部分，它的确立，具有伟大的创造性意义，充分体现了我们党对中国具体国情的正确

---

① 胡锦涛：《高举中国特色社会主义伟大旗帜 为夺取全面建设小康社会新胜利而奋斗——在中国共产党第十七次全国代表大会上的报告》，人民出版社2007年版，第14页。
② 《十八大以来重要文献选编》（上），中央文献出版社2014年版，第236页。

认识。

第一，它进一步丰富和发展了马克思主义关于社会主义发展阶段的理论。在马克思恩格斯看来，社会主义应当是生产力高度发达的社会主义，它是建立在资本主义充分发展基础之上的。这是马克思恩格斯按照人类社会发展的一般规律得出的基本结论，它给我们提供了认识社会主义社会所处历史阶段的起点和指南。但历史在按照一定方向发展的同时，具体情形又是富于变化的。中国社会主义制度的建立就与马克思恩格斯的设想有着很大出入，由于历史和现实的原因，像我们这样的经济文化都很落后的国家在进入社会主义之后，不可能成为如马克思恩格斯所说的共产主义第一阶段那样的社会主义。长期以来，我们对这一点问题的认识都很不足，我们很多"左"的做法都超越了现实的要求，这同对马克思主义的教条理解有着直接关系。党的十一届三中全会以后，邓小平在深刻总结社会主义现代化建设经验教训的基础上，鲜明地提出了像我国这样经济文化比较落后的国家进入社会主义后，必然要经历一个很长的初级阶段的论断，并且赋予这一观点以明确的含义和比较完备的内容以及适宜的政策规定，从而创造性地解决了国际共产主义运动中长期悬而未决的一个重大的理论和实践问题。因此，从这个意义上来说，社会主义初级阶段论的确立，是对马克思主义关于社会主义发展阶段理论的重大发展、重大突破，同时又是马克思主义发展史上的新观点和新结论。

第二，它是制定和执行党在现阶段的正确路线、方针、政策的重要依据。建设中国特色社会主义，必须从我国的基本国情出发，把握社会主义初级阶段这一最大国情，就要在推进任何方面的改革发展过程中牢牢立足于这个最大实际，坚持从这一最大实际出发，而不能从主观愿望出发，不能从这样那样的不符合中国国情的外国发展模式出发。在改革开放以前，我们党在现代化建设过程中所犯的一些错误的重要原因之一，就在于我们没能正确认识到我们所处的社会发展阶段，因此所制定的方针政策脱离了现实的基本国情。而在党的十一届三中全会以后，我们的现代化建设取得举世瞩目成绩的重要原因之一，就在于纠正了那些超越阶段的观念和做法，真正做到了一切从社会主义初级阶段的实际出发。历史的经验教训警示我们，在中国这样经济文化比较落后的国家建设社会主义既不能照搬书本，也不能照搬外国模式，只能从中国的基本国情出发。社会主义初级阶段论正是对我国基本国情的本质概括，是被实践证明了的对我国当代社会性质和发展阶段的正确把握。因而这一论断的确立，必然成为我们研究和解决中国社会主义建设问题的根本立足点和出发点。经过 30 多年的发展，虽然中国社会发生了极大变化，但是仍然处于并将长期处于社会主义初级阶段的这一基本国情没有变，它依然是我们今后相当长一个时期内进行现代化建设的立足点和出发点，是我们制定和执行党在现阶段正确路线、方针、政策的重要依据。

（三）社会主义本质论确立了发展理论的理论核心

怎样建设社会主义，首要的基本问题就是要搞明白什么是社会主义。社会主义本质是正确认识什么是社会主义，如何建设社会主义的首要基本问题。从内在逻辑层次性分析，社会主义本质论是处于三大理论基石中的核心，是中国特色社会主义发展理论的理论核心。

1.社会主义本质论的提出

在经典马克思主义作家的词典中，并没有"社会主义本质"这一概念。"社会主义本质"这个概念是由邓小平首先提出的。邓小平对社会主义本质的思考源自于对国内外社会主义建设的经验教训的总结。新中国成立初期，由于缺乏经验以及当时所处的国内外形势，我国的社会主义建设基本上是以苏联模式为学习对象，仿照苏联模式进行的。然而，随着苏联社会主义发展模式局限性的显露，毛泽东又提出了"以苏为鉴"，走中国自己的社会主义建设道路。但实践证明，我们的尝试并未取得成功。这可以从一些相关数据中得到说明。如 1955 年，我国 GNP 占世界的 4.7%，经过二十多年的发展，到 1978 年初期却下降到 2.5%；1960 年，我国 GNP 与日本相当，而到 1978 年初期却只有日本的四分之一。[1] 虽然数字不能说明全部问题，但不管

---

[1]　数据来源于孔祥云：《中国特色社会主义新编》，清华大学出版社 2009 年版，第 103 页。

怎样，社会主义不能越发展越落后，这也是与社会主义性质相背离的。1978年改革开放这一基本国策确立以后，很大程度上激发了广大人民群众投身于社会主义建设的主动性和积极性，但由于长期受"左"的错误思想影响，也由于对社会主义自身认识不足，人们对改革开放政策的态度，一开始就存在姓"资"姓"社"的争议，为了使中国刚刚开始的改革开放得以深入推进下去，对"什么是社会主义，怎样建设社会主义"这一重大问题的认识和回答就急迫地摆在了中国共产党人的面前。

正是基于这一背景，邓小平提出了社会主义本质这一概念。1980年5月，在会见几内亚总统杜尔时，邓小平指出："社会主义是一个很好的名词，但是如果搞不好，不能正确理解，不能采取正确的政策，那就体现不出社会主义的本质。"①在这里，邓小平第一次提到了社会主义本质这一概念。同时，邓小平对违背社会主义本质的错误思潮也进行了深刻剖析，指出贫穷不是社会主义，发展太慢不是社会主义，平均主义不是社会主义，两极分化不是社会主义。1985年8月，在一次会见外宾的谈话中，邓小平再次强调，我们在建立社会主义经济基础以后，多年没有制定出为发展生产力创造良好条件的政策。社会生产力发展缓慢，人民的物质和文化生活水平得不到理想的改善，国家也无法摆脱贫穷落后的状态。在这次谈话中他也再次提到了社会主义本质，指出："对内搞活经济，是活了社会主义，没有伤害社会主义的本质。"②1992年春，在"南方谈话"中，他深刻地阐述了社会主义本质这一理论。他说："社会主义的本质，是解放生产力，发展生产力，消灭剥削，消除两极分化，最终达到共同富裕。"③在这里，邓小平坚持了马克思主义辩证唯物主义的基本思想，从生产力和生产关系两者辩证统一的视角，对社会主义的本质内涵作出了科学的完整的概括。

2. 社会主义本质论的发展和完善

我们应该看到，实现社会主义现代化是要经历一个相当长的历史时期

---

① 《邓小平文选》第二卷，人民出版社1994年版，第313页。
② 《邓小平文选》第三卷，人民出版社1993年版，第135页。
③ 《邓小平文选》第三卷，人民出版社1993年版，第373页。

的，因而对社会主义本质的认识应该有一个逐步深化的历史过程。社会主义本质的体现是一个动态的过程，人们对社会主义本质的认识也应随着实践的推进逐步深入。新世纪以来，随着社会主义现代化建设实践的不断深入，我们党对社会主义本质的认识也实现理论上的进一步升华。江泽民在《庆祝中国共产党成立八十周年大会上的讲话》中指出："我们建设有中国特色社会主义的各项事业，我们进行的一切工作，既要着眼于人民现实的物质文化需要，同时，又要着眼于促进人民素质的提高，也就是要努力促进人的全面发展。这是马克思主义关于建设社会主义新社会的本质要求。"①

党的十六大以来，以胡锦涛为总书记的党中央在提出科学发展观和构建社会主义和谐社会等重大战略思想的过程中，也进一步丰富了对社会主义本质这一科学内涵的认识，提出了"社会和谐是中国特色社会主义的本质属性"的重要论断。这一重要科学论断的提出，既不是对邓小平提出的社会主义本质论的替代，更不是对它的否定，而是我们党在总结社会主义实践新鲜经验的基础上，所取得的理论创新成果，是沿着社会主义本质论断思路的进一步探讨。党的十八大以来，以习近平为总书记的新一代中央领导集体也不止一次地强调指出，消除贫困、改善民生、实现共同富裕，是社会主义的本质要求，又将"必须坚持走共同富裕道路"纳入夺取中国特色社会主义新胜利的基本要求，进一步深化了我们党对社会主义建设规律的认识，表明了我们党对社会主义本质的认识达到了一个新的更高境界。

3. 社会主义本质论确立的重要意义

社会主义本质论的确立，是中国共产党人探索建设中国特色社会主义最伟大的理论成果之一，是对科学社会主义的重大发展，让我们对中国特色社会主义发展道路的认识更加清晰明确，对于我们在坚持社会主义基本制度的基础上进一步推进改革开放和社会主义现代化建设，具有极为重大的理论和实践意义。

---

① 江泽民：《论"三个代表"》，中央文献出版社 2001 年版，第 179 页。

一是它从最根本上回答了"什么是社会主义"这一根本问题。深化了对科学社会主义的认识，解开了长期以来传统思想观念的束缚，使人们对社会主义的本质和规律有了更为清醒的认识。社会主义本质论告诉我们，在建设中国特色社会主义事业过程中，不要把计划经济等非本质的东西当作社会主义的本质来固守。"计划多一点还是市场多一点，不是社会主义与资本主义的本质区别。计划经济不等于社会主义，资本主义也有计划；市场经济不等于资本主义，社会主义也有市场。计划和市场都是经济手段。"[①]同时，它还在所有制这个问题上给我们指明了方向。一方面，要坚定不移地坚持发展公有制，维护公有制的主体地位，这是彰显社会主义本质的前提和基础；另一方面，完善和发展公有制就是为了体现社会主义的本质和特征。邓小平对社会主义本质的科学认识，既突出了生产力目标和人民利益目标，又包含了公有制和按劳分配等社会主义基本特征。这一理论把手段和目的统一起来，不仅廓清了拘泥于社会主义某个发展模式和某些特征的认识，而且克服了忽略社会主义本质要求的思想困惑和实践障碍，进一步明确了建设社会主义的根本目的，使我们对社会主义的认识上升到一个全新的高度，从而使社会主义具有了强大活力和无限前程。

二是它对探索"怎样建设社会主义"具有重要的实践意义。历史经验告诉我们，理论乃行动之先导，理论对行动起着指引性作用，错误的理论必然导致错误的行动。只有在理论上完全搞明白"什么是社会主义"，才能在实践中最终明白"怎样建设社会主义"。很长一段时期以来，由于对社会主义的本质和社会主义的任务认识不清，甚至存在着极大的误解，我国在探索社会主义建设道路的过程中走了不少的弯路，发生了不少错误。社会主义本质论明确指出了要以经济建设为中心，社会主义的首要目标就是要不断发展社会主义生产力，不断改善人民的生活水平和生活质量。在不断解放生产力的同时，要始终坚持解放思想，不断进行理论创新，推动中国特色社会主义伟大事业奋勇向前。中国特色社会主义现代化建设的根本目的不是让穷的更

---

① 《邓小平文选》第三卷，人民出版社1993年版，第373页。

穷，富的更富，不是要产生两极分化，而是要消除两极分化，最终实现共同富裕，形成高度的物质基础，从而为实现共产主义创造一切条件。总之，邓小平对社会主义本质作出的科学理论概括，揭示了实现社会主义本质与建设社会主义道路之间的内在逻辑关系，为我们从更高层次上搞清楚"什么是社会主义、怎样建设社会主义"，为开辟一条发展更好、人民享受成果更多、能够充分体现出比资本主义更优越的中国特色社会主义道路，奠定了重要的理论基础。

总之，社会主义精髓论、社会主义初级阶段论和社会主义本质论三者相辅相成、有机统一，共同建构了中国特色社会主义发展理论的理论基石。三者都有各自的特点和作用，但它们又是有机的不可分割的统一整体。社会主义精髓论提供了中国特色社会主义发展理论的科学指南，它贯穿于中国特色社会主义现代化建设事业的全过程，是具有创新性、关键性和影响的全局性的重要理论；社会主义初级阶段理论准确地判断了中国社会现阶段的历史方位，奠定了中国特色社会主义发展理论的立论基础；社会主义本质理论确立了中国特色社会主义发展理论的理论核心，是对马克思主义社会发展理论的更深层次的揭示和理解，是三大理论基石中的核心。研究理论基石，深刻理解把握理论基石的涵意和功能，有助于我们更深刻、更准确地把握中国特色社会主义发展理论的科学内涵和精神实质。

二、中国特色社会主义发展理论的纵向思维结构

改革开放以来，几代中国共产党人领导人民进行社会主义现代化建设的主题，就是要建设有中国特色的社会主义。而对"什么是社会主义、怎样建设社会主义""建设什么样的党、怎样建设党""实现什么样的发展、怎样发展"这三大基本问题的认识，始贯穿于中国特色社会主义现代化建设事业的全过程。中国特色社会主义发展理论中所包含的所有理论问题，都是围绕这三大基本问题所展开的。

（一）"什么是社会主义、怎样建设社会主义"是发展理论的认识基点

"什么是社会主义、怎样建设社会主义"的问题，是中国共产党人在社会主义现代化建设实践中需要作出不断探索和回答的一个基本问题，是每一个时代的社会主义者都必须回答的一个首要的基本问题。因此，对这个问题的探索和回答，是中国特色社会主义发展理论的认识基点。

改革开放伊始，作为党的第二代中央领导核心，邓小平就反复强调指出，我们过去对于"什么是社会主义、怎样建设社会主义"这个问题，没有完全搞清楚。我国社会主义在改革开放前所经历的曲折和失误，归根到底就是对这个问题没有完全搞清楚。邓小平在总结分析国内外社会主义建设经验教训的基础上，指出："我们冷静地分析了中国的现实，总结了经验，肯定了从建国到一九七八年三十年的成绩很大，但做的事情不能说都是正确的。我们建立的社会主义制度是个好制度，必须坚持。""但问题是什么是社会主义，如何建设社会主义。我们的经验教训有许多条，最重要的一条，就是要搞清楚这个问题。"① 随着社会主义现代化建设事业的不断向前推进，这一基本问题得到了不断的探索和回答，以邓小平为核心的党的第二代中央领导集体，坚持把马克思主义基本原理与中国的具体实际相结合，深化了对社会主义本质的认识，指出贫穷不是社会主义，发展太慢也不是社会主义；平均主义不是社会主义，两极分化也不是社会主义；没有民主就没有社会主义，没有法制也没有社会主义；物质文明不发展不叫社会主义，精神文明搞不上去也不叫社会主义，等等。在对当今时代特征作出准确判断的前提下，立足于现实国情，对中国所处阶段的发展任务、发展目的、发展道路、发展特征、发展要求等等一系列基本问题做了系统而全面的阐述，第一次比较系统地在当代中国社会发展史上回答和解决了在中国这样一个经济文化比较落后、人口众多的国家怎样建设社会主义、如何巩固和发展社会主义这一重要的理论问题，成功地开辟了建设中国特色社会主义的正确发展之路。

---

① 《邓小平文选》第三卷，人民出版社 1993 年版，第 116 页。

　　党的十三届四中全会以后，以江泽民为核心的党的第三代中央领导集体，在继承和坚持邓小平具有普遍意义的科学论断的基础上，深化了对"什么是社会主义、怎样建设社会主义"这一问题的认识，逐步形成了"三个代表"重要思想。以江泽民为核心的党的第三代中央领导集体把着眼点放在我国初级阶段的社会主义，强调指出："要搞清楚'什么是社会主义、怎样建设社会主义'，就必须搞清楚什么是初级阶段的社会主义，在初级阶段怎样建设社会主义。"[①]在这一思想的指导下，以江泽民为核心的党的第三代中央领导集体着重对什么是初级阶段的社会主义，在初级阶段怎样建设社会主义的问题进行了大胆的探索和思考，提出了一系列富有创新意义的理论观点。在党的十五大报告中，江泽民全面系统地阐述了社会主义初级阶段的基本矛盾、任务目标；揭示了社会主义初级阶段的基本特征；明确了"什么是社会主义初级阶段有中国特色社会主义的经济、政治和文化，怎样建设这样的经济、政治和文化"[②]等重大理论问题；提出了社会主义初级阶段建设有中国特色社会主义的经济、政治、文化的基本目标和基本政策，确立了党在社会主义初级阶段的基本纲领，从而全面系统地初步回答了什么是初级阶段的社会主义，在初级阶段怎样建设社会主义的问题，进一步丰富和发展了邓小平对这一问题的认识，并将这一基本问题的认识提高到一个新的理论境界。

　　党的十六大以来，以胡锦涛为总书记的党中央站在历史的高度对"什么是社会主义、怎样建设社会主义"这一基本问题作了进一步的阐释和回答。在建设中国特色社会主义的伟大实践中，以胡锦涛为总书记的党中央领导集体坚持与时俱进，在综合分析时代背景和国内外形势的情况下，继承和创新了前人的发展理论，提出了"科学发展观"和"构建社会主义和谐社会"等重大战略理论，指出我们要建设的共同富裕的社会主义就是和谐的社会主义，即民主法治、公平正义、诚信友爱、充满活力、安定有序、人与自然和谐相处的社会。党的十七大也指出，中国特色社会主义发展道路的发展特征

---

① 《十五大以来重要文献选编》（上），中央文献出版社 2000 年版，第 14 页。
② 《十五大以来重要文献选编》（上），中央文献出版社 2000 年版，第 18 页。

是科学发展、和谐发展、和平发展，进一步揭示了中国特色社会主义发展道路是物质文明、政治文明、精神文明与和谐社会建设的有机统一，是促进经济社会全面进步和实现人的全面发展的有效途径。以胡锦涛为总书记的党中央按照科学发展观的总体要求，提出的社会主义和谐社会理论，是对中国特色社会主义价值目标的新的理论概括，把对"什么是社会主义、怎样建设社会主义"这一基本问题的认识推进到了一个新的理论境界，进一步丰富和发展了邓小平的社会主义本质论。

党的十八大以来，以习近平为总书记的党中央强调指出："坚持社会主义，一定要有发展的观点，一定要以我国改革开放和现代化建设的实际问题、以我们正在做的事情为中心，着眼于马克思主义理论的运用，着眼于对实际问题的理论思考，着眼于新的实践和新的发展。"① 中国特色社会主义，是科学社会主义理论逻辑和中国社会发展历史逻辑的辩证统一，是根植于中国大地、反映中国人民意愿、适应中国和时代发展进步要求的科学社会主义，是全面建成小康社会、加快推进社会主义现代化、实现中华民族伟大复兴的必由之路。建设中国特色社会主义，总依据是社会主义初级阶段，总布局是五位一体，总任务是实现社会主义现代化和中华民族伟大复兴。在这里，强调总依据，表明党中央充分认识到了当代中国最大的国情、最大的实际；强调总布局，表明党中央充分把握住社会主义的本质属性，即建设全面发展的社会主义；强调总任务，表明党中央充分认识到中国共产党所肩负的历史使命以及我们国家的奋斗目标。以习近平为总书记的党中央对"什么是社会主义、怎样建设社会主义"这一基本问题的认识，表明我们党对社会主义建设规律的认识达到了一个新的高度。

（二）"建设什么样的党、怎样建设党"是发展理论的主线

"建设什么样的党、怎样建设党"，是中国特色社会主义道路进程中需要解决好的一个重大课题。我们党历来都十分重视党的建设问题，认为加强

① 《十八大以来重要文献选编》（上），中央文献出版社2014年版，第114页。

党的自身建设是关乎党的执政地位，保持党的先进性和纯洁性的重要保证。因此，对这一问题的认识和回答，就像一条"红线"始终贯穿于几代中国共产党人探索社会发展的全过程，是中国特色社会主义发展理论的主线。

改革开放之初，面对国内外新的形势和任务，以邓小平为核心的党的第二代中央领导集体就指出："执政党应该是一个什么样的党，执政党的党员应该怎样才合格，党怎样才叫善于领导？"①这是同党的政治路线密切相关的问题。在邓小平看来，要把中国的事情办好，关键在党。因此，邓小平尤其重视党的建设，他一方面恢复和坚持毛泽东的建党思想和党的优良传统。另一方面，他把新形势下党的建设称作"新的伟大工程"，正是有了对这个问题的鲜明认识，邓小平提出了一系列加强和改进党的建设的新观点和新论断，作出了与时俱进的理论创新和制度创新。在深刻总结历史经验教训的基础上，邓小平特别强调指出制度建设在党的建设中的重要地位，认为制度建设关乎到党与国家的前途命运，"领导制度、组织制度问题更带有根本性、全局性、稳定性和长期性。这种制度问题，关系到党和国家是否改变颜色，必须引起全党的高度重视"②。他强调要改善党和国家的领导制度，要使这种制度和法律不因领导人的改变而改变，不因领导人的看法和注意力的改变而改变。邓小平认为，只有将党的三大建设（思想建设、作风建设与制度建设）互为结合、有机统一起来，才能使党的建设与改革开放的实践进程相适应。总之，邓小平既继承了毛泽东科学的建党思想，又坚持解放思想，实事求是，与时俱进，进行了大量的理论创新，把执政党建设推进到了一个新的水平。

新世纪新阶段，面对世情、国情、党情的新变化，以江泽民为核心的党的第三代中央领导集体继往开来、与时俱进，对"建设什么样的党、怎样建设党"的这一问题进行了进一步的探索和思考。江泽民密切结合改革开放和当前我国现代化建设的相关实际，将执政党的建设上升到了更加理性的层面

---

① 《邓小平文选》第二卷，人民出版社 1994 年版，第 276 页。
② 《邓小平文选》第二卷，人民出版社 1994 年版，第 333 页。

进行宏观思考。在深刻分析当前我国所处时代背景和时代特征的基础上，明确提出了"三个代表"重要思想，强调中国共产党要始终保持先进性，要始终代表中国先进生产力的发展要求，始终代表中国先进文化的前进方向，始终代表中国最广大人民的根本利益，这"是我们党的立党之本、执政之基、力量之源，是我们加强新时期党的建设的基本方针"①。"三个代表"与马克思列宁主义、毛泽东思想、邓小平理论一脉相承，顺应时代的发展趋势和我国社会发展进步的要求，遵循人类历史发展进步的普遍规律，充分反映了全国各族人民的根本利益和愿望，是在继承我党优秀传统基础上作出的适应时代和国情的重大创新，是对中国共产党执政规律的高度总结。

进入 21 世纪，以胡锦涛为总书记的党中央，继承和发展了执政党建设的理论成果，坚持以邓小平理论和"三个代表"重要思想为指导，贯彻落实科学发展观，以加强党的执政能力建设和先进性建设为主线，以提高党的执政能力为重点，以改革创新精神全面推进党的建设新的伟大工程，对新的历史时期如何进一步推进党的建设提出了一系列重要的新思想、新论断。在党的十六届四中全会上通过的《关于加强党的执政能力建设的决定》，系统阐明了加强党的执政能力建设的一系列重大问题。《决定》在深刻总结我们党执政 55 年来主要经验的基础上，对新时期新阶段加强党的执政能力建设的总体目标和主要任务作了进一步的规定，强调指出要进一步加强党的执政能力建设、先进性建设和纯洁性建设，保证党始终走在时代前列，不断提高科学执政、民主执政、依法执政的水平，提高党拒腐防变和抵御风险能力，等等，并第一次提出了建设学习型政党的重大战略任务。党的十八大报告再次强调指出，要"牢牢把握加强党的执政能力建设、先进性和纯洁性建设这条主线，坚持解放思想、改革创新，坚持党要管党、从严治党，全面加强党的思想建设、组织建设、作风建设、反腐倡廉建设、制度建设"，"建设学习型、服务型、创新型的马克思主义执政党"②，为党的建设进一步指明了前进

---

① 江泽民：《论"三个代表"》，中央文献出版社 2001 年版，第 71—72 页。

② 《十八大以来重要文献选编》（上），中央文献出版社 2014 年版，第 39 页。

方向。

党的十八大以来，面对实现"两个一百年"奋斗目标和"中国梦"的艰巨任务，中国共产党提出了全面从严治党。以习近平为总书记的党中央提出了一系列新思想、新观点、新要求。这些新的理论观点主要有：（1）从严治党才能治好党。习近平总书记指出，党要管党，才能管好党；从严治党，才能治好党。强调要增强党的自我净化、自我完善、自我革新、自我提高能力。（2）坚定中国共产党人的理想信念。习近平总书记在党的十八届三中全会第一次全体会议上的讲话中指出，理想信念是共产党人精神上的"钙"，理想信念坚定，骨头就硬，没有理想信念，或理想信念不坚定，精神上就会"缺钙"，就会得"软骨病"。（3）着力培养选拔党和人民需要的好干部。选人用人始终是关系党和人民事业的关键性、根本性问题。对此，习近平鲜明提出并深刻回答了如何培养选拔党和人民需要的好干部这一重大问题。他强调指出，怎样是好干部？好干部要做到信念坚定、为民服务、勤政务实、敢于担当、清正廉洁。怎样成长为一个好干部？一要靠自身努力，二要靠组织培养。怎样把好干部用起来？要坚持党管干部原则，坚持正确用人导向。这些重要论述，指明了培养人、选拔人的主要途径和方向，为建设一支宏大的高素质干部队伍提供了科学指南。（4）把权力关进制度的笼子里。不受约束的权力必然导致腐败。以习近平为总书记的党中央高度重视反腐倡廉建设，特别强调要发挥制度在反腐倡廉中的重要作用。习近平指出，要加强对权力运行的制约和监督，把权力关进制度的笼子里，形成不敢腐的惩戒机制、不能腐的防范机制、不易腐的保障机制，以零容忍态度惩治腐败，反腐既没有"特区"，也没有"禁区"，坚持"老虎""苍蝇"一起打，"以猛药去疴、重典治乱的决心，以刮骨疗毒、壮士断腕的勇气，坚决把党风廉政建设和反腐败斗争进行到底"[①]。这些重要论述，体现了以习近平为总书记的党中央反对腐败，铲除腐败现象滋生蔓延土壤的坚定决心，进一步丰富了马克思主义建党学说，为全面提高党的建设科学化水平提供了新的理论指导。

---

① 《习近平谈治国理政》，外文出版社 2014 年版，第 394 页。

（三）"实现什么样的发展、怎样发展"是发展理论的主题

发展是当今时代的主题，也是当代中国的主题。谋求国家的富强、民族的复兴、人民的幸福、社会的和谐，是中国共产党人始终不渝追求的价值目标。"实现什么样的发展、怎样发展"，这是建设和发展中国特色社会主义道路必须要明确的一个根本性问题。如果将中国特色社会主义发展理论体系比喻为一个"圆圈"的话，那么对"实现什么样的发展、怎样发展"这个问题的认识就好比是这个"圆圈"中的"圆点"，其他所有部分和结构都必须紧紧围绕着这个"圆点"。因此，在笔者看来，"实现什么样的发展、怎样发展"是中国特色社会主义发展理论的主题，也是建设和发展中国特色社会主义的主题。因为中国特色社会主义发展道路有没有优越性，关键还是要看其是否能实现经济社会的又好又快发展，特别是当前我国正处在并将长期处在社会主义初级阶段的基本国情，国家富强、民族振兴、人民幸福、社会和谐，最终都要靠又好又快的发展来解决，社会主义本身也要靠发展来巩固和推进。围绕当代中国应该如何发展这个主题，几代中国共产党人进行了长期不懈的探索和实践。

作为我国改革开放总设计师的邓小平高度关注发展问题，他的整个理论体系都是紧紧围绕着发展这一主题展开的。把发展放在什么地位，提到什么高度决定着发展理论的本质和方向。邓小平站在党和国家前途命运的高度，明确提出中国解决所有问题的关键是要靠自己的发展。他鲜明指出："中国的主要目标是发展，是摆脱落后，使国家的力量增强起来，人民的生活逐步得到改善。"[①]发展是解决当代中国所有问题的关键。1992年，在"南方谈话"中他进一步指出："对于我们这样发展中的大国来说，经济发展得快一点，不可能总是那么平平静静、稳稳当当。要注意经济稳定、协调地发展，但稳定和协调也是相对的，不是绝对的。发展才是硬道理。"[②]"发展才是硬道

---

① 《邓小平文选》第三卷，人民出版社 1993 年版，第 244 页。
② 《邓小平文选》第三卷，人民出版社 1993 年版，第 377 页。

理"，这是邓小平对社会主义建设规律的科学理解和准确把握。在此基础上，以邓小平为核心的党的第二代中央领导集体还从发展战略、发展动力、发展路线、发展规律、发展方法、发展道路、发展机遇、发展主体等方面对发展问题作了一系列的有益探索和实践，从而取得了对发展问题认识的新境界。

随着人类社会发展进入到 21 世纪，发展问题日益凸显，成为社会进步的决定性因素。面对这样的态势，世界各国都形成了自身的发展观，纷纷调整面向新世纪的发展战略和发展政策。这样的时代趋势对我国的社会发展提供了难得的机遇，同时也使我们面临着严峻的挑战。以江泽民为核心的党的第三代中央领导集体在准确把握新时期时代特征的基础上，鲜明地提出了"发展是党执政兴国的第一要务"的执政理念，把发展同执政兴国、执政为民和巩固党的执政地位结合起来，把发展同体现社会主义制度的优越性、党的先进性、社会的进步性和国家的竞争性结合起来，强调发展是解决我们一切问题的关键所在，是巩固党的执政地位、加强党的执政能力建设以及实现民族复兴的重要途径，明确提出要在推进经济社会发展的同时，推进先进文化的发展，以此来实现最广大人民的根本利益，推动社会的全面进步，不断促进人的全面发展。"发展是党执政兴国的第一要务"这一重要论断的提出，把对发展问题的认识提高到了一个新的高度，突出了发展在党的执政目的、执政内容、执政过程、执政基础中的重要地位。它从保持党的先进性、发挥社会主义制度优越性、实现中华民族伟大复兴的高度来阐述发展问题，是对"发展是硬道理"思想的进一步深化，是马克思主义发展理论在当代中国的理论创新。把发展作为"第一要务"公开提出，这在中国共产党发展理论史上还是首次，它既强调了发展的重要性和必要性，又突出了发展的紧迫性和必然性，进一步拓展了邓小平的发展思想。

进入新世纪新阶段，以胡锦涛为总书记的党中央不断重申发展的重要性，在继承前人关于发展问题论述的基础上，鲜明地提出了科学发展观这一重要战略思想，强调科学发展观的第一要义是发展，全面而深刻地阐述了"实现什么样的发展、怎样发展"的问题。科学发展观是立足中国现实国情，适应时代发展潮流，总结我国社会发展实践，借鉴国外发展经验的基础上提出来的，是发展中国特色社会主义必须长期坚持和贯彻的重大战略思想。它要求我们在社会主义现代化建设中坚持以人为本，实现全面、协调、可持续的发展观，促进经济社会和人的全面发展。科学发展观的提出，是党的理论创新的最新成果。这一成果极大地丰富了党指导思想的科学内涵，标志着党对社会主义现代化建设规律认识的新的飞跃。在科学发展观的指导下，社会主义的中国形成了一条符合本国国情、体现时代特征的发展道路。这是一条经过实践检验的正确道路，这条道路的基本理念就是要求我们在中国特色社会主义现代化事业的建设过程中，要始终坚持科学发展、和谐发展、和平发展。这一发展理念既是对中国共产党领导社会主义建设实践经验的科学总结，也是对人类社会发展经验的科学总结，反映了中国共产党人对时代主题和当今世界与当代中国发展趋势的深刻洞察和准确把握，是顺应时代潮流的明智选择，表明了中国共产党人宏远开阔的世界眼光和积极负责的宽广胸怀。

站在新的历史起点上，以习近平为总书记的党中央对"实现什么样的发展、怎样发展"这一问题作出了一系列重要论述，并将发展与实现"中国梦"紧密联系起来，强调"我们要坚持发展是硬道理的战略思想，坚持以经济建设为中心，全面推进社会主义经济建设、政治建设、文化建设、社会建设、生态文明建设，深化改革开放，推动科学发展，不断夯实实现中国梦的物质文化基础。"①习近平指出，历史经验充分表明，经济发展是国家富强的决定性条件，但不是充分必要条件。中国特色社会主义是全面发展的社会主义，我们要在经济不断发展的基础上，协调推进政治建设、文化建设、社会建设、生态文明建设以及其他各方面建设。此外，以习近平为总书记的党中央还指出要全面深化改革，认为改革开放是当代中国发展进步的活力之源，是我们党和人民大踏步赶上时代前进步伐的重要法宝，是坚持和发展中国特色社会主义的必由之路。"改革开放只有进行时没有完成时。没有改革开放，就没有中国的今天，也就没有中国的明

---

① 《十八大以来重要文献选编》（上），中央文献出版社 2014 年版，第 236 页。

天。改革开放中的矛盾只能用改革开放的办法来解决。"① 在此基础上，党
的十八届三中全会通过了《中共中央关于全面深化改革若干重大问题的决
定》，《决定》对全面深化改革作出了战略部署，提出全面深化改革的总目
标是完善和发展中国特色社会主义制度，推进国家治理体系和治理能力现
代化。党的十八届三中全会既提出了全面深化改革的总目标，也在总目标
统领下明确了经济体制、政治体制、文化体制、社会体制、生态文明体制
和党的建设制度等方面深化改革的目标。

　　总之，改革开放以来几代中国共产党人对"什么是社会主义、怎样建设
社会主义""建设什么样的党、怎样建设党""实现什么样的发展、怎样发展"
这三大基本问题的科学探索和回答，形成了中国特色社会主义发展理论的纵
向思维结构，进一步深化了我们党对社会主义建设规律、共产党执政规律、
人类社会发展规律的认识，丰富了中国特色社会主义的理论内涵，充分体现
了中国共产党人对中国特色社会主义发展战略的深刻认识和全面把握，标志
着我们党对发展问题的认识提升到了一个新的高度。

三、中国特色社会主义发展理论的横向内容结构

　　中国特色社会主义发展理论内容丰富、博大精深。它除了包括上述所涉
及的三大"理论基石"、三大"基本问题"之外，还包括由一系列紧密联系
的科学论断所构成的具体理论内容。国内不少专家学者曾对这个理论体系的
横向内容结构作过不同的理论概括，如郑德荣教授将其归纳为经济建设论、
政治建设论、文化建设论、社会建设论、国际战略论、改革开放论等主要内
容；韩振峰教授将其归纳为发展道路、发展战略、经济建设、政治建设、文
化建设、社会建设等主要内容，等等。笔者认为，中国特色社会主义发展理
论的横向内容结构主要涵盖以下五个方面的内容。

---

① 《十八大以来重要文献选编》（上），中央文献出版社 2014 年版，第 69 页。

（一）社会主义市场经济论

怎样建设社会主义，首要解决的问题就是要建设社会主义的经济。因为经济是社会发展的基础，要解决中国的发展问题，归根到底还是要靠经济的发展。而要建设社会主义的经济，首先就要建立起一套适合于我国实际情况的经济体制。社会主义市场经济理论的提出，从根本上解决了我们现阶段的经济体制问题，它是对我国改革开放实践中创造的新鲜经验和理论探索成果的总结，是对马克思主义政治经济学的进一步发展和创新，更是对中国特色社会主义的客观经济规律的科学反映。

1.社会主义市场经济论的形成和发展

很长一段时期以来，人们一直认为马克思在社会主义与商品经济问题上是主张消灭商品经济的，并把它教条化、绝对化。因此，新中国成立后，由于对市场经济与社会主义能否相结合的问题存在认识上的误区，导致了我国经济发展增长缓慢，甚至在一定时期内还出现经济发展的徘徊不前。虽然在党的十一届三中全会以前，党在探索社会主义现代化建设的过程中，曾有过市场经济体制的思想火花和某些决策，如陈云在党的八大上就提出过"三个主体、三个补充"①的设想，使得八大以后的私营经济取得了一定的发展，但从总体上看，中国经济发展路径基本还是按照计划经济的思路运行的。

最早提出社会主义可以和市场经济相结合的是邓小平。1979年11月26日，邓小平在会见美国不列颠百科全书公司副总裁吉布尼等人时谈道："说市场经济只存在于资本主义社会，只有资本主义的市场经济，这肯定不正确的。社会主义为什么不可以搞市场经济，这个不能说是资本主义。我们的计划经济为主，也结合市场经济，但这是社会主义的市场经济。""社会主义也

---

① "三个主体、三个补充"是指在工商经营方面，以国家经营和集体经营为主，附有一定数量的个体经营为补充；在生产计划方面，全国工农业产品的主要部分按计划生产，附有一部分计划外的生产为补充；在市场方面，以国家市场为主体，附有一定范围的由国家领导的自由市场作为补充。

可以搞市场经济。"①邓小平的上述思想，既为我国社会主义改革和发展开拓了新的思路，又为社会主义是有计划的商品经济提出奠定了理论基础。到1982年党的十二大，提法已经由原来完全的计划经济变成了"计划经济为主，市场调节为辅"。由此，我国实际上已经开始了局部向社会主义市场经济的转变。1984年，党的十二届三中全会通过了《关于经济体制改革的决定》，《决定》充分论述了发展商品经济的重要性，确立了"在公有制基础上的有计划的商品经济"的新体制。1987年2月，在筹备十三大的过程中，邓小平又提出："为什么一谈市场就说是资本主义，只有计划才是社会主义呢？计划和市场都是方法嘛。只要对发展生产力有好处，就可以利用。"②在这里，邓小平强调要用生产力标准来观察和评价计划与市场问题，促使人们对市场经济的认识又向前推进了一大步。

1992年初，在著名的"南方谈话"中，邓小平把市场经济问题讲得更为简明透彻，为党的十四大确立社会主义市场经济体制的改革目标彻底扫清了障碍。他指出："计划多一点还是市场多一点，不是社会主义与资本主义的本质区别。计划经济不等于社会主义，资本主义也有计划；市场经济不等于资本主义，社会主义也有市场。计划和市场都是经济手段，与社会基本制度无关。"③根据邓小平的这些思想，党的十四大报告正式把建立社会主义市场经济体制确立为我国经济体制改革的目标，提出要使市场在国家宏观调控下对资源配置起基础性作用，从而也标志着我们党对社会主义理论和改革开放实践的认识发生了质的飞跃。

根据党的十四大确立的社会主义市场经济体制的改革目标和基本原则，以江泽民为核心的党的第三代中央领导集体进一步设计了社会主义市场经济体制的基本框架和实现途径，并且深刻论述了现代化建设过程中建立社会主义市场经济体制的重要性和必要性。江泽民指出："中国的社会主义市场经济体制，必须与我们的国情相结合，不可能与西方国家的完全一样，不能照

①　《邓小平文选》第二卷，人民出版社1994年版，第236页。
②　《邓小平文选》第三卷，人民出版社1993年版，第203页。
③　《邓小平文选》第三卷，人民出版社1993年版，第373页。

搬照抄。"① 他特别指出："我们搞的是社会主义市场经济，'社会主义'这几个字是不能没有的，这并非多余，并非画蛇添足，而恰恰相反，这是画龙点睛。所谓'点睛'，就是点明我们的市场经济的性质。"② 并且反对"不要计划"、削弱宏观调控的一些错误观点和做法，提出要坚持社会主义市场经济的改革方向。

进入新世纪新阶段，经过多年的探索实践，我国已初步形成了社会主义市场经济体制的基本框架，党的十六届三中全会明确提出了发展和完善社会主义市场经济体制的目标、任务、原则和方法。以胡锦涛为总书记的党中央创造性地提出了科学发展观这一重大战略思想。这一新理念的提出是对社会主义市场经济规律认识的升华，反映了社会化生产力与社会化生产关系及交换方式矛盾统一的客观必然性。党的十八大以来，以习近平为总书记的党中央也不止一次地强调指出，要坚持社会主义市场经济的改革方向，要更加尊重市场规律，"理论和实践都证明，市场配置资源是最有效率的形式"③。党的十八届三中全会通过的《中共中央关于全面深化改革若干重大问题的决定》中，把市场在资源配置中的"基础性作用"改为"决定性作用"，虽只有两字之差，但对市场作用是一个全新的定位，实质上反映了以习近平为总书记的党中央对社会主义市场经济规律认识的进一步深化，是理论和实践上的重大推进。

建立和完善社会主义市场经济体制，是一项前无古人的开创性事业，既是一个长期的发展过程，也是一项艰巨复杂的系统工程。我们一定要坚持从中国具体国情出发，解放思想、实事求是、与时俱进，勇于改革创新，敢于攻坚克难，更好地把握改革发展规律，以顺利推动社会主义市场经济体制不断完善、社会主义市场经济更好发展。

2. 社会主义市场经济论的理论内涵

从邓小平提出"社会主义也可以搞市场经济"的科学论断到社会主义市

---

① 江泽民：《论社会主义市场经济》，中央文献出版社 2006 年版，第 28 页。
② 江泽民：《论社会主义市场经济》，中央文献出版社 2006 年版，第 203 页。
③ 《十八大以来重要文献选编》（上），中央文献出版社 2014 年版，第 499 页。

场经济理论在中国的确立，从建立社会主义市场经济体制到完善社会主义市场经济体制，社会主义市场经济理论逐渐形成了具有丰富内涵的科学体系。

（1）社会主义市场经济的科学内涵和基本特征

社会主义市场经济具有特定的科学内涵，它并不是"社会主义"和"市场经济"二者简单的叠加，而"是一个完整的概念"①。社会主义市场经济中的"社会主义"，并非意味着市场姓"资"或姓"社"，也不意味着资本主义或社会主义是市场经济本身所固有的属性，而是说明了市场经济存在的制度条件。与社会主义制度相结合，就要体现坚持以公有制和以按劳分配为主体、坚持以实现共同富裕为最终价值目标。如果离开了这些社会主义所固有的本质特征，就不是社会主义市场经济。因此，在坚持社会主义市场经济这一发展道路上，最为重要的一个原则就是要始终坚持社会主义基本制度与市场经济的结合。社会主义市场经济突出市场在社会资源配置中的决定性作用，强调整个社会经济运行和活动的传承者是市场，计划只能依据市场而对市场运行进行导向。实践也充分证明，市场经济和社会主义能够有机结合。市场经济为社会主义注入蓬勃生机和活力，社会主义为市场经济提供崭新的新境界和制度优势。

社会主义市场经济体制的基本特征主要表现在：

一是在所有制结构上，社会主义市场经济坚持以公有制为主体、多种所有制经济共同发展。公有制为主体、多种所有制经济共同发展的基本经济制度是社会主义市场经济体制的根基。在以公有制为主体的前提下，其他非公有制企业和公有制企业在市场经济中公平合理地进行竞争、相互促进、共同发展。

二是在分配制度上，社会主义市场经济坚持以按劳分配为主体、多种分配方式并存。马克思主义认为，分配方式是由生产方式决定的，有什么样的生产方式，就有什么样的分配方式。公有制为主体、多种所有制经济共同发展的基本经济制度，决定了收入分配领域必然实行按劳分配为主体、多种分

---

① 江泽民接受《朝日新闻》社会采访时的谈话，见新华社 1998 年 8 月 8 日电。

配方式并存的分配制度，即通过鼓励先进，在防止两极分化的基础上合理拉开收入差距，从而最终逐步实现社会主义的共同富裕。

三是在宏观调控上，社会主义市场经济注重将局部利益与整体利益、当前利益与长远利益结合起来，以最终实现最广大人民的根本利益为价值归宿，使市场在资源配置中发挥决定性作用，同时通过宏观调控克服市场经济的盲目性和自发性等弱点，更好地发挥计划和市场两种手段的长处，使社会主义制度的优越性能够充分得到发挥。

（2）社会主义市场经济体制改革的目标

党的十四届三中全会提出了建立社会主义市场经济体制的基本框架和目标。在这一目标下，党的十六届三中全会又进一步提出了完善社会主义市场经济体制的总体目标和任务。经过多年来的不断探索和实践，我国社会主义市场经济体制改革的目标越来越清晰明确。

第一，坚持和完善社会主义基本经济制度。要不断完善以公有制为主体、多种所有制经济共同发展的基本经济形式。要毫不动摇地巩固和发展公有制经济，同时也要毫不动摇地鼓励和支持非公有制经济的发展，进一步放宽市场准入。要坚持权利平等、机会平等、规则平等，废除对非公有制经济各种形式的不合理规定，消除限制非有公有制经济的各种隐性壁垒。总之，只有将两者相结合统一于社会主义现代化建设的进程中，才能使各种经济形式在市场竞争中充分发挥各自优势和特点，从而实现共同发展。

第二，正确处理好政府和市场的关系。一方面，要充分发挥市场在资源配置中的决定性作用，这是市场经济规律的客观要求，也是中国社会主义市场经济实践的经验总结。另一方面，也要充分发挥政府在宏观经济运行中的调控作用，政府不是市场的对立物，而是市场经济稳定运行和健康发展的必要条件，政府的职责和作用主要是保持宏观经济稳定，加强和优化公共服务，保障公平竞争，加强市场监管，维护市场秩序，推动可持续发展，促进共同富裕，弥补市场失灵。

第三，深化收入分配制度改革，形成公平合理的收入分配制度。要始终坚持和完善以按劳分配为主体、多种分配方式并存的分配制度。一方面，在国民收入的初次分配环节上，要完善按劳分配和按生产要素分配的实施机制。另一方面，在国民收入的再分配环节上，要综合运用税收、社会保障、转移支付等手段，规范收入分配秩序，完善收入分配的调控体制机制和政策体系。保护合法收入，调节过高收入，清理规范隐性收入，取缔非法收入，增加低收入者收入，扩大中等收入者比重，努力缩小城乡、区域、行业收入分配差距，逐步形成橄榄型分配格局。

第四，全面推进财税体制改革。财税体制在治国安邦中始终发挥着基础性、制度性、保障性作用。财税体制改革关乎国家治理体系和治理能力现代化，是立足全局、着眼长远的制度创新。一是要建立全面规范、公开透明的现代预算制度；二是要深化税收制度改革，建立有利于科学发展、社会公平、市场统一的税收制度体系；三是要建立事权和支出责任相适应的制度，调整中央和地方政府间财政关系，在保持中央和地方收入格局大体稳定的前提下，进一步理顺中央和地方收入划分，合理划分政府间事权和支出责任，促进权力和责任的统一。

3.社会主义市场经济论确立的重要意义

社会主义市场经济论是中国特色社会主义发展理论的重要组成部分，它反映了初级阶段社会主义的客观经济要求和经济规律，它在中国特色社会主义建设实践中占有重要的地位，具有重要的意义。

一是社会主义市场经济论发展和创新了马克思主义政治经济学理论。马克思主义经典作家曾设想社会主义革命应当是在资本主义较为发达的几个国家内同时取得胜利的，因此新建立社会主义国家可以取消商品交换，实行单一的公有制。列宁根据马克思恩格斯的设想，把市场经济和资本主义剥削制度联系在一起，并且把它看作是未来计划经济制度的对立物。斯大林则进一步对计划经济作了具体规定和阐述，认为计划经济体制是社会主义制度的特征，无产阶级国家的新职能是实行计划经济，计划经济的形式只能是指令性计划，这也是不同于资本主义"某种类似于计划的东西"的根本区别。而事实证明，这种集权的"统制主义"经济模式只适用于战时特殊情况和原始积累的工业化准备时期，不能当作和平年代社会主义建设时期资源配置的常态。但是，由于长期以来人们对经典作家理论的教条式地理解，误认为只有坚持计划经济才是"正宗"社会主义的基本特征，才导致"商品经济"这一概念与社会主义格格不入。邓小平以辩证唯物主义者的科学态度，冲破禁区，对社会主义本质进行了科学界定，创造性地提出社会主义与商品经济之间不存在根本矛盾，市场经济同样也适合于社会主义的科学论断。这一理论创新是当代中国共产党人对马克思主义理论宝库的重大贡献。

二是社会主义市场经济论对推进我国社会主义现代化建设事业具有重大的实践意义。社会主义市场经济体制在中国的确立与完善，使现存中国的经济体制机制发生了显著的改变。在所有制结构上，我们通过所有制改革，已初步形成了以公有制为主体、多种所有制经济共同发展的格局；通过分配制度改革，在分配形式上，我们已形成与社会主义市场经济体制相适应的以按劳分配为主体、多种分配形式并存，体现效率优先、兼顾公平原则，既合理拉开收入差距又防止贫富两极分化，逐步实现共同富裕的分配格局；通过不断强化市场机制在资源配置中的决定性作用，使经济活动遵循价值规律、竞争和供求规律的要求，适应供求关系的变化，等等。这些经济体制上的显著转变，极大地促进了我国社会生产力的发展，使我国的国民经济综合实力得到了明显增强，人民的物质文化生活水平也得到了很大的提高，进一步缩小了我国与世界经济强国之间的差距。

（二）社会主义民主政治论

发展社会主义民主政治，建设社会主义政治文明，是中国特色社会主义发展理论中的重要内容。中国特色社会主义民主政治制度是马克思主义国家学说与中国具体实际相结合的产物，它既坚持了马克思主义关于民主理论的基本规定，又吸收了人类政治文明发展的优秀成果，具有鲜明的优势和特点。

1.社会主义民主政治论的形成和发展

中国共产党人一贯重视社会主义民主政治建设。新中国成立后，我国实行了人民民主专政的国体和人民代表大会制度的政体，实行了共产党领导的多党合作和政治协商制度以及民族区域自治制度，奠定了我国政治建设和政治发展的基础。但是，我国的民主政治建设在发展的过程中也出现过曲折，走过弯路，特别是"文化大革命"的十年内乱，严重地破坏了社会主义民主和法制。

1978 年 12 月召开的党的十一届三中全会，实现了拨乱反正，提出了加强社会主义民主和法制建设，开启了我国社会主义民主政治建设的新时期。以邓小平为核心的党的第二代中央领导集体，在深刻总结我国社会民主政治建设经验教训的基础上，在领导社会主义现代化建设的实践中逐步形成了社会主义民主政治建设的一系列重要思想，这些思想主要包括：

第一，正确区分了基本政治制度和其他一系列具体制度形式，突破了将基本政治制度与其他一系列具体的制度形式二者混为一谈的传统观念。邓小平认为，社会主义基本政治制度是好的，是符合我国国情的，是有利于促进现代化建设事业发展的，必须继续坚持。而现行的一些具体制度还存在一定弊端，必须进行改革，否则会影响基本政治制度的实施和完善。

第二，深入阐释了我国政治体制改革的根本目的和基本原则，指出"改革党和国家的领导制度，不是要削弱党的领导，涣散党的纪律，而正是为了坚持和加强党的领导，坚持和加强党的纪律"[1]，"是为了充分发挥社会主义制度的优越性，加速现代化建设事业的发展"[2]。

第三，强调指出了发展中国特色社会主义民主政治的重要性和必要性，阐述了加强社会主义法制的重要意义及必须遵循的基本原则，指出"没有民主就没有社会主义，就没有社会主义的现代化。"[3]强调要按照有法可依、有法必依、执法必严、违法必究的原则加强社会主义法制建设。

第四，继承和发展了毛泽东提出的"长期共存、互相监督"的思想，并在此基础上进一步创造性地提出了"长期共存、互相监督、肝胆相照、荣辱与共"的十六字方针。这些思想奠定了新时期社会主义民主政治建设的理论

---

[1]　《邓小平文选》第二卷，人民出版社 1994 年版，第 341 页。
[2]　《邓小平文选》第二卷，人民出版社 1994 年版，第 322 页。
[3]　《邓小平文选》第二卷，人民出版社 1994 年版，第 168 页。

基础，为进一步推进我国的政治体制改革和民主法制建设的完善指明了前进方向。

党的十三届四中全会后，以江泽民为核心的党的第三代中央领导集体，积极推进社会主义民主政治建设，在实践中进一步丰富和发展了邓小平关于社会主义民主政治建设的基本思想。党的十五大总结党的历史经验特别是十一届三中全会以来治理国家的经验，提出了依法治国的基本方略，制定了"建设有中国特色社会主义的政治，就是在中国共产党领导下，在人民当家作主的基础上，依法治国，发展社会主义民主政治"①的政治纲领，实现了党在执政理念上从"以法治国"到"依法治国"的重大转变。根据社会主义社会要全面发展的本质性要求，党的十六大继而提出了建设社会主义政治文明这一重大战略任务，强调要在建设物质文明和精神文明的同时，还要努力推进政治文明建设。此外，党的十六大报告还第一次提出了"政治发展道路"这一概念。这些思想都是我们党对社会主义民主政治建设规律性认识的进一步深化。

党的十六大以后，随着十六大制定的发展社会主义民主政治的各项政策措施的贯彻落实，我国的民主政治建设进入了新的发展阶段。以胡锦涛为总书记的党中央提出了"人民民主是社会主义的生命"②这一重大命题，并且第一次把发展基层民主作为发展社会主义民主政治建设的基础性工程重点推进，把"基层群众自治制度"纳入中国基本政治制度框架之中，进一步完善了我国的基本政治制度。此后，党的十七大报告正式形成了中国特色社会主义政治发展道路的基本理论，提出要始终坚持中国特色社会主义政治发展道路，始终坚持党的领导、人民当家作主、依法治国的有机统一，坚持和完善人民代表大会制度、中国共产党领导的多党合作和政治协商制度、民族区域自治制度以及基层群众自治制度，不断推进中国特色社会主义政治制度自我发展和完善。

---

① 《江泽民文选》第二卷，人民出版社 2006 年版，第 17 页。

② 胡锦涛：《高举中国特色社会主义伟大旗帜　为夺取全面建设小康社会新胜利而奋斗——在中国共产党第十七次全国代表大会上的报告》，人民出版社 2007 年版，第 28 页。

党的十八大以来，以习近平为总书记的党中央在推进中国特色社会主义民主政治发展中更加注重法治在社会主义民主政治中的重要地位和作用。党的十八大明确提出"加快建设社会主义法治国家"，把"全面推进依法治国"作为政治体制改革和民主政治发展的重要目标和重要任务。习近平总书记在党的十八届三中全会第一次全体会议上的讲话中特别强调指出，要坚持依法治国、依法执政、依法行政共同推进，坚持法治国家、法治政府、法治社会一体建设，要更加注重发挥法治在国家治理和社会管理中的重要作用，提出要推进法治中国建设。这些论断对新的历史条件下进一步推进社会主义民主政治建设指明了前进方向。

2. 社会主义民主政治论的理论内涵

改革开放以来，中国共产党坚持从具体国情出发，不断深化对发展中国特色社会主义政治的认识，把马克思主义政治观运用于中国特色社会主义政治实践，形成了中国特色社会主义民主政治理论。主要内容包括以下几方面：

（1）社会主义民主政治的本质和核心

"中国共产党是中国工人阶级的先锋队，同时是中国人民和中华民族的先锋队，是中国特色社会主义事业的领导核心"[1]。我们党和国家的性质及宗旨决定了社会主义民主政治的本质和核心就是人民当家作主。历史实践充分证明，我们党历来以发展和实现人民民主为己任，我们党执政的目的就是领导和支持人民当家作主。马克思主义唯物史观也告诉我们，社会主义制度的内在属性就是人民当家作主。作为一种新型的国家形态，社会主义是建立在生产资料公有制占主体地位的基础之上的，在社会主义中国，工人阶级和广大劳动人民群众是国家的主人。社会主义民主政治一旦离开人民当家作主，其也就失去了前提和基础。发展社会主义人民民主，实现人民当家作主，是建设社会主义民主政治的内在本质要求。可见，在这一点上，社会主义民主同资本主义民主是有着本质区别的，资本主义民主是资产阶级借以统治和压

---

① 《中国共产党章程》，人民出版社 2012 年版，第 1 页。

迫人民群众的工具，而社会主义民主则是工人阶级和广大劳动人民群众的民主，是最先进的民主。社会主义民主与资本主义民主最为根本的区别就在于是否发展和实现人民当家作主。新中国成立以来特别是改革开放以来，我们党支持人民当家作主，不断扩大公民有序政治参与的丰富实践，使我国社会主义民主政治展现出了更加旺盛的生命力。

（2）社会主义民主政治建设的主要任务和基本路径

社会主义民主政治建设在中国是一个循序渐进的发展过程，不能简单地采用休克式疗法来实现社会主义民主，更不能简单地照抄照搬西方政治制度模式。"鞋子合不合脚，自己穿了才知道。"一个国家的政治体制合不合适，只有这个国家的人民才最有发言权。对于我们这样一个人口众多的发展中大国来说，要实现中国特色社会主义民主政治，就必须对现阶段一系列具体方面的制度形式进行不断的改革和完善。

第一，改革和完善党的领导水平和执政方式。这是当前推进我国民主政治建设的一个首要任务，也是加强和改善党的领导的必然要求。党的领导，主要表现在政治、组织以及思想方面的领导。现阶段，必须要理顺党委与政府、政协、人民团体、社会组织等各方面的关系，防止党政不分、以党代政。在充分发挥党总揽全局、协调各方的领导核心作用的同时，进一步调动和发挥各方面的积极性和主动性。

第二，深化行政体制改革。必须要随着经济社会的发展不断深化行政体制改革；必须着力转变职能、理顺关系、优化结构、提高效能，形成权责一致、分工合理、决策科学、执行顺畅、监督有力的行政管理体制；必须要以建设服务型政府和法治政府为根本目标，强化社会管理和公共服务体系，统筹各类机构的设置，减少政府对市场的干预，规范和精简各类议事协调机构及其办事机构，优化垂直管理部门和地方政府的关系，增强党和国家的活力。

第三，以党内民主带动人民民主。发展党内民主，对发展人民民主具有重要的示范和带动作用。以党内民主带动人民民主，党内民主先行一步，是中国特色社会主义民主政治发展的战略选择。改革开放以来，特别是党的十六大以来，我们党发展并形成了以保障党员民主权利为根本、以加强党内基层民主建设为基础、以完善党的代表大会制度和委员会制度为重点、以充分发挥全党主张和意愿为出发点，充分调动广大党员的积极性和主动性，坚持以党内民主带动人民民主的重要思想。

第四，健全权力运行制约和监督机制。制度建设至关重要，因此，要充分发挥制度在民主政治建设中的重要作用，坚持用制度来管权、管事、管人，使权力运行守边界、有约束、受监督。为此，必须要建立健全组织法制和程序规则，确保国家各级机关按照法定程序和权限履行其职能权限；严格执行领导干部述职述廉、领导干部质询等一系列制度形式；完善各类公开办事制度，提高政府工作透明度和公信力；推行党政领导干部问责制；强化党内与党外双向监督形式；充分发挥好新闻舆论的重要监督作用，进一步增强监督的实效性。

第五，加快社会主义法治建设。依法治国是社会主义民主政治的基本要求，是实现国家治理体系和治理能力现代化的必然要求。习近平总书记《在庆祝全国人民代表大会成立 60 周年大会上的讲话》中曾指出："我们要全面落实依法治国基本方略，坚持法律面前人人平等，加快建设社会主义法治国家，不断推进科学立法、严格执法、公正司法、全民守法进程。"[1]实施依法治国基本方略，加强社会主义法治建设，逐步实现社会主义民主的制度化、法律化，是发展社会主义民主政治的重要途径。现阶段在社会主义民主政治建设的实践中，必须进一步完善社会主义法律体系，深化司法体制改革，开展社会主义法治理念教育，弘扬社会主义法治精神，实现国家各项工作法治化。

3. 社会主义民主政治论确立的重大意义

一是它丰富和发展了马克思主义民主政治建设理论。马克思恩格斯在探索无产阶级革命和解放道路的进程中，阐述了社会主义民主政治建设的基

---

[1]　习近平：《在庆祝全国人民代表大会成立 60 周年大会上的讲话》，《人民日报》2014 年 9 月 6 日。

本思想。马克思恩格斯在总结巴黎公社革命斗争的经验时指出，公社的真正秘密就在于："它实质上是工人阶级的政府，是生产者阶级同占有者阶级斗争的产物，是终于发现的可以使劳动在经济上获得解放的政治形式。"① 这种政治形式的性质在于：一切权力机构和人民代表由人民选举产生，对选民负责，并且随时可以撤换；公社的组织形式是有别于资本主义议会式的一种新型的民主组织形式，它具有立法机关和行政机关的双重职能；国家公务人员只能领取相当于工人工资的薪酬。马克思恩格斯的这些思想，为我国社会主义民主政治制度形式的确立奠定了理论基础。以毛泽东为核心的党的第一代中央领导集体，在领导中国革命的具体实践中，将马克思主义民主政治建设理论同中国具体实际相结合，创造性地提出了人民民主专政理论。新中国成立后，在社会主义现代化建设的实践中，毛泽东又相继提出了一系列发展社会主义民主政治建设的新思想、新观点。这些新思想、新观点丰富和发展了马克思主义民主政治建设理论。然而，这些思想观点并未在实践中一以贯之，尤其是党内极"左"思想的泛滥，使我国的社会主义民主政治建设遭受了严重的破坏。党的十一届三中全会以来形成的社会主义民主政治建设理论，深刻揭示了社会主义民主政治的本质内涵，提出了我国走中国特色社会主义民主政治发展道路的主要任务和基本路径，找到了把坚持党的领导和实现人民当家作主结合起来的有效形式，创造性地解决了在中国这样一个经济文化比较落后的国家如何发展社会主义民主政治这一重大问题。这一理论既坚持了马克思主义民主政治建设理论的基本原则，又赋予了中国民主政治发展以更加鲜明的时代内容和中国特色，进一步丰富和发展了马克思主义民主政治建设理论。

二是它是开辟中国特色社会主义民主政治建设道路的指南和行动纲领。改革开放以后，中国共产党领导人民大力发展社会主义民主政治，在不断深化政治体制改革中，进一步推进了社会主义政治制度的不断完善和发展。在这一实践过程中，新时期社会主义民主政治建设理论是开辟中国特色社会主

---

① 《马克思恩格斯文集》第三卷，人民出版社 2009 年版，第 158 页。

义民主政治建设道路的指南和行动纲领。这深刻地体现在：坚持社会主义民主政治的本质内涵的理论，为始终把实现人民当家作主作为社会主义民主政治建设的出发点和落脚点提供了理论支持；坚持一切为了人民，一切依靠人民，一切工作都要从人民群众的根本利益出发的根本价值取向，为推动社会主义民主政治的发展提供了根本动力；坚持中国特色社会主义政治发展道路的理论，实现党的领导、人民当家作主和依法治国的有机统一，从根本上保证了我国社会主义民主政治建设的性质和方向；坚持和完善人民代表大会制度、中国共产党领导的多党合作和政治协商制度、民族区域自治制度以及基层群众自治制度，使我国社会主义民主政治日益制度化、规范化和程序化，充分彰显了我国社会主义民主政治制度的特点，充分体现了社会主义民主政治制度的优越性。

（三）社会主义先进文化论

文化是民族的血脉，是人民的精神家园。文化也是一个具有丰富内涵的概念，有先进和落后之分。先进文化，就是符合人类社会发展方向、体现先进生产力发展要求、反映时代进步要求的文化。与之相反的则是落后文化。我们通常说的文化，一般是指先进文化。在当代中国，发展社会主义先进文化，就是发展面向现代化、面向世界、面向未来的，民族的科学的大众的社会主义文化。

1.社会主义先进文化论的形成和发展

社会主义社会是全面发展全面进步的社会。党的十一届三中全会以来，我们党在探索社会主义现代化建设的进程中，深刻总结中国文化建设的历史经验及教训，顺应当今时代文化发展的新态势，在开辟中国特色社会主义道路的过程中逐步形成了社会主义先进文化理论。

以邓小平为核心的党的第二代中央领导集体，在改革开放的历史新时期，鲜明地提出了建设社会主义精神文明这一重大战略任务。叶剑英在庆祝新中国成立30周年大会上的讲话中首次提出了社会主义精神文明这一概念，他说："我们要在建设高度物质文明的同时，提高全民族的教育科学文化水平和健康水平，树立崇高的革命理想和革命道德风尚，发展高尚的丰富多彩的文化生活，建设高度的社会主义精神文明。"①随着改革开放事业的不断推进，党的十二届六中全会从全面建设社会主义的战略高度，从现代化建设的总体布局出发，突出强调了精神文明建设在社会主义现代化建设中的重要作用，第一次提出了我国社会主义现代化建设的总体布局是以经济建设为中心，坚定不移地进行经济体制改革，坚定不移地进行政治体制改革，坚定不移地加强精神文明建设，并使这几个方面相互促进、共同发展。

党的十三届四中全会后，以江泽民为核心的党的第三代中央领导集体，针对社会主义现代化建设的新形势和全球思想文化相互激荡的新特点，努力纠正了在一段时间内因对精神文明建设有所忽视而出现的"一手比较硬，一手比较软"的问题，并在此基础上采取了一系列重大举措，提出要把"始终代表中国先进文化的前进方向"作为中国共产党先进性的表现之一，从党的先进性的高度阐明了建设社会主义先进文化的要求，把社会主义文化建设发展到了一个新阶段，进一步推进了社会主义文化的发展繁荣，在理论上进一步深化了邓小平的社会主义精神文明建设思想。

新世纪新阶段，我国文化发展的历史方位发生了新的变化，随着人类社会的不断向前发展，世界科技进步日新月异，全球思想文化交流、交融、交锋也逐步呈现出新的特点。以胡锦涛为总书记的党中央准确把握当今时代特征，对我国社会主义文化建设提出了新要求，强调要努力推动社会主义文化大发展大繁荣，把文化作为国家软实力的一个重要表现，突出强调了加强文化建设极端重要性和必要性，并在此基础上明确提出了"坚持中国特色社会主义文化发展道路，努力建设社会主义文化强国"的战略目标，强调要让人民共享文化发展成果。这一系列的新思想丰富了社会主义先进文化建设理论，在理论和实践上把社会主义先进文化建设推向了一个新的高度。

党的十八大以来，以习近平为总书记的党中央强调文化建设对于实现

---

① 《十一届三中全会以来党的历次全国代表大会中央全会重要文件选编》（上），中央文献出版社 1997 年版，第 89 页。

"中国梦"的重要作用，提出要继续推进文化体制改革，推动社会主义文化大发展大繁荣，增强全民族文化创造力，推动文化事业全面繁荣、文化产业快速发展，不断丰富人民精神世界、增强人民精神力量，不断增强文化整体实力和竞争力，建设中华民族共有精神家园。习近平总书记高屋建瓴地指出："提高国家文化软实力，关系'两个一百年'奋斗目标和中华民族伟大复兴中国梦的实现。"[1]"一个没有精神力量的民族难以自立自强，一项没有文化支撑的事业难以持续长久。"[2]这些论断为在中国特色社会主义的伟大实践中进一步推进文化创新和发展，更加自觉、更加主动地推动文化大发展大繁荣指明了前进方向。

2.社会主义先进文化论的理论内涵

中国特色社会主义先进文化理论，是马克思主义文化理论与当代中国具体实际相结合的产物，体现了对中国特色社会主义文化建设的规律性认识，是中国特色社会主义发展理论的重要组成部分，是建设中国特色社会主义文化的根本指导思想。

（1）社会主义先进文化建设的根本目的

社会主义先进文化建设的根本目的，就是培育有理想、有道德、有文化、有纪律的社会主义公民，提高全民族的思想道德素质和科学文化素质。实现"两个一百年"奋斗目标和中华民族伟大复兴的中国梦，迫切需要具有中国特色社会主义共同理想，能够用"三个倡导"来培育和践行社会主义核心价值观，能够运用现代科学文化知识来武装自己的头脑，具有效率意识、竞争意识、较强的法制观念和自律精神的新型社会主义劳动者和建设者。有理想、有道德、有文化、有纪律这四个方面是有机联系的统一整体，共同构成了新时期培育社会主义新型公民的整体标准，充分体现了中国特色社会主义现代化建设对人的全面发展的根本要求。

建设社会主义先进文化，必须以满足人民精神文化需求为出发点和落脚

---

① 《习近平谈治国理政》，外文出版社 2014 年版，第 160 页。
② 《十八大以来重要文献选编》（上），中央文献出版社 2014 年版，第 280 页。

点。必须坚持"为人民服务、为社会主义服务"的宗旨，必须贯彻"百花齐放、百家争鸣"的方针。坚持以人为本，发挥人民在文化建设中的主体作用，坚持文化发展为了人民、文化发展依靠人民、文化发展成果由人民共享。社会主义先进文化建设不仅要充分反映社会主义的发展需要和时代精神，还要为社会主义现代化建设提供思想保证、精神动力和智力支持。要坚持"百花齐放、百家争鸣"的方针，以是否有利于巩固人民民主专政、是否有利于团结全国各族人民、是否有利于中国特色社会主义现代化建设为标准，弘扬社会主旋律，提倡多样化，努力培育和践行社会主义核心价值观，这也是推动社会主义先进文化建设的本质要求和应有之义。

（2）社会主义先进文化建设的主要任务

文化是社会发展的核心，价值观又是文化的核心。因此，进行中国特色社会主义文化建设的主要任务便是要紧紧抓住价值观这个核心问题。价值观或价值取向是形成人和社会行为目的的关键。人和社会的价值需求是形式多样的，这些多元化的价值需求构成了社会的价值体系，在社会的价值体系中，其内核则是核心价值体系。党的十八大报告对社会主义核心价值体系进行了深入阐述，指出"要深入开展社会主义核心价值体系学习教育，用社会主义核心价值体系引领社会思潮、凝聚社会共识。"[①] 因此，建设中国特色社会主义先进文化，首要的任务就是要建设社会主义核心价值体系。构建社会主义核心价值体系成为中国特色社会主义先进文化建设的核心内容。党的十八大报告首次以 12 个词、24 个字概括了社会主义核心价值观，即倡导富强、民主、文明、和谐，倡导自由、平等、公正、法治，倡导爱国、敬业、诚信、友善。

"三个倡导"的提出，概括了社会主义核心价值的最本质内容，反映的是社会主义核心价值体系的精神内核及其所遵循的根本原则，反映了社会主义最基本、最核心、最重要的社会关系及价值目标和价值追求。富强、民主、文明、和谐体现了社会主义核心价值观在发展目标上的规定，是立足国

---

① 《十八大以来重要文献选编》（上），中央文献出版社 2014 年版，第 24 页。

家层面提出的价值目标和要求；自由、平等、公正、法治体现了社会主义核心价值观在价值导向上的规定，是立足社会层面提出的价值目标和要求；爱国、敬业、诚信、友善体现了社会主义核心价值观在道德准则上的规定，是立足公民个人层面提出的价值目标和要求。这三个层次的价值理念相互联系、相互贯通，实现了国家、集体、个人在价值目标上的融汇统一，兼顾了国家、社会、个人三者的价值愿望和价值追求。社会主义核心价值观的提出是我们党重大的理论创新，是对马克思主义价值学说的丰富和发展。党的十八大在我们党的历史上，首次用 12 个词、24 个字简要概括了社会主义核心价值观的本质内容，从而把我们党关于社会主义价值理论的认识向前推进了一大步，进一步丰富和发展了马克思主义的价值理论。

（3）社会主义先进文化建设的途径和方法

发展社会主义先进文化，重在建设。这是我们党在文化建设问题上一贯坚持的方针。探索新时期社会主义先进文化建设的具体途径和方法，是建设社会主义先进文化的重要环节和中心内容。

第一，加强教育和科学建设，实施科教兴国战略。邓小平曾指出，科学技术是第一生产力。教育在中国特色社会主义现代化建设中具有全局性和先导性的作用，是一个国家综合国力竞争的基础和根本。因此，在现代化建设过程中，尤其要重视科学教育，必须把教育放在优先发展的战略地位。发展中国特色社会主义，必须把经济建设转移到依靠科技进步和提高劳动者素质的轨道上来，充分发挥科学技术在社会发展中的重要作用，加强科学技术向现实生产力的转化速度，提升经济社会发展中的科技含量，同时要在全社会大力普及科学知识、弘扬科学精神，提高全民科学文化素养。

第二，加快文化事业和文化产业的发展。发展文化事业和文化产业，是社会主义市场经济条件下繁荣社会主义文化，满足人民群众日益增长的精神文化需要的重要载体。当今世界，文化已成为世界范围内经济社会发展的价值维度，文化在综合国力竞争中的地位和作用也日益突出。在新的历史时期，随着中国改革开放的不断深入，人民群众的文化需求日益旺盛，文化消费也步入了快速增长期。因此，坚持社会主义先进文化的前进方向，加快文化事业和文化产业的发展，就成为推动社会主义文化建设大发展大繁荣的根本要求和必然选择。

第三，深化文化体制改革。不断深化文化体制改革，充分发挥社会主义市场经济体制的作用，进一步解放和发展文化生产力，充分调动广大文化工作者的积极性和创造性，推动文化体制机制创新。要坚持把社会效益放在首位，把文化发展的着力点放在不断满足人民群众日益增长的精神需求上。要在坚持马克思主义指导地位一元化的基础上，继续进一步解放思想，创新文化发展理念，坚决摒弃不适合社会主义市场经济体制发展要求的思想观念和思维定式，树立与社会主义市场经济相适应的新的文化理念。

3. 社会主义先进文化论确立的重大意义

一是它深化了党对社会主义文化建设规律的认识。社会主义先进文化理论运用马克思主义的世界观和方法论，总结我国和其他社会主义国家文化建设的丰富实践经验，借鉴了世界各国文化建设的成功经验，初步回答了"什么是社会主义先进文化、怎样建设社会主义先进文化"等一系列基本问题，从而将中国共产党关于社会主义文化建设的理论推进到了一个新的理论高度。这主要表现在：明确提出了社会主义先进文化是中国特色社会主义的重要特征这一重要论断；把党的先进性建设和执政能力建设与社会主义先进文化建设密切联系起来，不仅丰富了文化建设的内涵，还发展了马克思主义执政党建设理论；把激发全民族文化创造力，提高国家文化软实力作为综合国力和国际竞争力的重要组成部分，表明了我们党对时代脉搏的准确把握和发展社会主义先进文化的高度自觉。所有这些新理念，丰富了马克思主义文化理论的理论宝库，深化了对社会主义文化建设规律的认识。

二是它为积极有效地应对当今世界日益激烈的思想文化竞争态势提供了强大的理论武器。当今世界，各种思想文化相互激荡呈现出新的特点。在当今世界的思想文化交流、交融、交锋中，出现了文化霸权主义和文化中心主义的两种倾向。这两种倾向都是同文化的多样性根本对立的，也是造成当今全球思想文化交流和传播"西强东弱"、"北强南弱"的主要根源。我们只有以社会主义先进文化理论为指导，不断激发全民族文化创造力，提高国家文化软实力，才能抵制各种文化霸权主义和文化中心主义，并在保持中华文化自身特色的基础上，弘扬中华文明，实现具有中国特色社会主义先进文化的持续、健康的发展。

三是它为不断创造实现人的自由全面发展的条件提供了行动指南。实现人的自由全面发展，是社会主义和共产主义社会追求的最高价值目标。但人的自由而全面发展的实现是一个长期的发展过程。在社会主义初级阶段，只有坚持以社会主义先进文化理论为指导，以建设社会主义和谐文化为重点，以构建社会主义核心价值体系为根本，不断丰富人们的精神世界，增强人们的精神力量，才能为全面建成小康社会提供大量具有较高思想道德水平和科学文化素质的劳动者和建设者，才能最终为实现人的自由全面发展创造良好的人文环境。

（四）社会主义和谐社会论

社会主义和谐社会理论是马克思主义中国化的重大理论成果，是中国特色社会主义发展理论中的重要理论内容，是今后长时期内中国共产党领导全国各族人民进行社会主义现代化建设的重要指导方针。

1. 社会主义和谐社会论的形成和发展

社会主义和谐社会理论，是中国共产党着眼于准确把握国际社会发展的新趋势，着眼于深刻认识我国经济社会进入新阶段后人民内部矛盾呈现出的新特点，着眼于全面分析中国共产党历史方位发生的重大变化和党面临的历史任务而提出的创新理论成果。党对这一理论的探索经历了从实践到认识，再从认识到实践的认识过程。

从党的十六大到党的十七大，是社会主义和谐社会理论的提出和发展、完善阶段。党的十六大报告中以及党的十六届三中全会通过的《中共中央关于完善社会主义市场经济体制若干问题的决定》中已经出现与和谐社会紧密相关的提法。比如党的十六大报告中的"社会更加和谐""努力形成全体人民各尽其能、各得其所而又和谐相处的局面""促进人与自然的和谐"等的提法。《决定》中提出的"统筹人与自然和谐发展"等的提法。虽然以上文件中还没有完整提出过"社会主义和谐社会"这一特定概念，但为以后社会主义和谐社会理论的提出奠定了思想基础。2004 年 9 月，党的十六届四中全会通过了《中共中央关于加强党的执政能力建设的决定》。《决定》在党的历史上第一次明确提出了"社会主义和谐社会"的概念。《决定》以单独一个部分阐述如何"不断提高构建社会主义和谐社会的能力"问题，并将之与"驾驭社会主义市场经济的能力""提高发展社会主义民主政治的能力""建设社会主义先进文化的能力"和"应对国际局势和处理国际事务的能力"并列成为加强党的执政能力建设所要不断提高的五大能力。

2005 年 2 月，胡锦涛在中央党校省部级领导干部提高构建社会主义和谐社会能力研讨班上的讲话中，详细阐述了构建社会主义和谐社会的重大意义，并对新时期内如何做好构建社会主义和谐社会的各项工作提出了一系列的明确要求。胡锦涛指出，我们党提出构建社会主义和谐社会，具有重大的理论意义和现实意义，这既是对我国社会主义现代化建设经验的科学总结，也是在新的历史条件下提高党的执政能力、贯彻落实科学发展观、更好地推进我国经济社会发展的重要战略举措。2006 年 10 月，党的十六届六中全会通过了《关于构建社会主义和谐社会若干重大问题的决定》，深刻阐明了社会主义和谐社会的性质和定位，系统论述了当前和今后一个时期构建社会主义和谐社会的指导思想、目标任务、工作原则和重大部署。《决定》的通过标志构建社会主义和谐社会理论的基本形成。党的十七大报告以科学发展观为指导，进一步深化了对社会主义和谐社会的认识，对科学发展与社会和谐、贯彻落实科学发展观与构建社会主义和谐社会之间的辩证关系进行了深刻论述，强调指出积极构建社会主义和谐社会是深入贯彻落实科学发展观的必然要求，是在发展的基础上正确处理各种社会矛盾和问题的历史过程和社会结果，是我国当前社会发展的总体战略目标。

党的十八大以来，以习近平为总书记的党中央坚持以科学发展观为指导，从以维护人民的根本利益为根本出发点、以保障和改善民生为改革重点、以加快推进社会体制改革为根本目标，对构建社会主义和谐社会作出了一系列重要部署。党的十八届三中全会对深化社会体制改革提出了新的要求：紧紧围绕更好保障和改善民生、促进社会公平正义深化社会体制改革，改革收入分配制度，促进共同富裕，推进社会领域制度创新，推进基本公共服务均等化，加快形成科学有效的社会治理体制，确保社会既充满活动又和谐有序。这一系列新思想新理念的提出在理论和实践上进一步丰富了社会主义和谐社会理论。

2. 社会主义和谐社会论的理论内涵

社会和谐是中国特色社会主义的本质属性，是国家富强、民族振兴、人民幸福的重要保证。建设社会主义和谐社会是贯穿中国特色社会主义事业全过程的长期历史任务。在中国革命、建设、改革的长期实践中，党逐步形成和发展了具有中国特色的社会主义和谐社会理论。这一理论包含了非常丰富的内容，概括起来主要有：

（1）社会主义和谐社会的本质特征

2005 年 2 月 19 日，胡锦涛在中央党校省部级领导干部提高构建社会主义和谐社会能力研讨班上的讲话中指出："我们所要建设的社会主义和谐社会，应该是民主法治、公平正义、诚信友爱、充满活力、安定有序、人与自然和谐相处的社会。"[①]这六大基本方面是对社会主义和谐社会本质特征的简明概括。民主法治，就是要充分发扬民主法治精神，切实落实依法治国基本方略；公平正义，就是社会各方面的利益关系得到妥善协调，人民内部矛盾和其他社会矛盾得到正确处理；诚信友爱，就是全社会互帮互助、诚实守信，全体人民平等相爱，融洽相处；充满活力，就是能够使一切有利于社会发展进步的创造愿望得到尊重，创造活力得到支持，创造才能得到发挥，创造成果得到肯定；安定有序，就是社会组织机制健全，社会管理完善，社会秩序良好，社会安定团结，人民安居乐业；人与自然和谐相处，就是生产发展，生活富裕，生态良好。社会主义和谐社会的六个方面是相互联系、相互作用的有机整体，体现了民主与法治、活力与秩序、科学与人文、人与自然的统一，是构建社会主义和谐社会的总体要求。这六大方面是党中央科学分

---

① 《十六大以来重要文献选编》（中），中央文献出版社 2006 年版，第 706 页。

析新世纪新阶段我国经济社会发展的新要求和我国社会出现的新趋势新特点，对社会主义和谐社会的基本特征作出的科学概括。

（2）构建社会主义和谐社会的目标任务和基本原则

在党的十六届六中全会通过的《中共中央关于构建社会主义和谐社会若干重大问题的决定》中，我们党提出了到 2020 年我国构建社会主义和谐社会的目标和主要任务，即"社会主义民主法制更加完善，依法治国基本方略得到全面落实，人民的权益得到切实尊重和保障；城乡、区域发展差距扩大的趋势逐步扭转，合理有序的收入分配格局基本形成，家庭财产普遍增加，人民过上更加富足的生活；社会就业比较充分，覆盖城乡居民的社会保障体系基本建立；基本公共服务体系更加完备，政府管理和服务水平有较大提高；全民族的思想道德素质、科学文化素质和健康素质明显提高，良好道德风尚、和谐人际关系进一步形成；全社会创造活力显著增强，创新型国家基本建成；社会管理体系更加完善，社会秩序良好；资源利用效率显著提高，生态环境明显好转；实现全面建设惠及十几亿人口的更高水平的小康社会的目标，努力形成全体人民各尽其能、各得其所而又和谐相处的局面。"[1]

为完成这些主要任务，实现到 2020 年构建社会主义和谐社会的总体目标要求，我们应遵循以下基本原则：

第一，必须坚持改革开放。"改革开放是决定当代中国命运的关键一招，也是决定实现'两个一百年'奋斗目标、实现中华民族伟大复兴的关键一招。"[2]改革开放是构建社会主义和谐社会的主要动力。因此，必须进一步加大对外开放的力度，把改革贯穿于经济社会发展的各个方面，努力营造充满活力、富有效率、更加开放，有利于科学发展的体制机制。

第二，必须坚持以人为本。以人为本是科学发展观的核心，也是构建社会主义和谐社会的出发点和落脚点。坚持以人为本，就是要做到发展为了人民、发展依靠人民、发展成果由人民共享。人民所向往的美好生活，就是我

---

① 《十六大以来重要文献选编》（下），中央文献出版社 2008 年版，第 651 页。

② 《十八大以来重要文献选编》（上），中央文献出版社 2014 年版，第 494 页。

们的奋斗目标。要始终站在最广大人民的立场上，着力解决好人民最关心最直接最现实的利益问题，努力使人民学有所教、劳有所得、病有所医、老有所养、住有所居。

第三，必须坚持科学发展。发展是解决中国一切问题的根本。促进社会和谐，关键还是要靠经济发展。但问题是如何发展？我们所强调的发展应该是科学的发展，是全面协调可持续的发展。离开科学发展，发展就会背离我们的目标，偏离正确的航向。只有坚持科学发展，才有利于推进社会主义和谐社会进程。

第四，必须坚持民主法治。坚持民主法治是保障人民政治、经济、文化、社会等权益的必然要求，也是维护和促进社会和谐的重要途径。构建社会主义和谐社会，必须充分发挥民主法治的重要作用，保证人民依法行使各项民主权利，使人民的合法权益得到切实维护和实现，保证人民平等参与、平等发展的权利，实现社会公平正义。

第五，必须坚持正确处理改革发展稳定的关系。改革开放 30 多年来的实践证明，正确处理改革发展稳定的关系，是推进我国改革开放和社会主义现代化建设的重要法宝，也是构建社会主义和谐社会必须坚持的一项重要指导原则。改革是动力，发展是目的，稳定是前提。我们在构建社会主义和谐社会的进程中，只有正确处理好三者间的关系，才能确保人民安居乐业、社会安定有序、国家长治久安，和谐社会才能建成。

（3）构建社会主义和谐社会的途径和方法

《中共中央关于构建社会主义和谐社会若干重大问题的决定》中明确指出，构建社会主义和谐社会，必须坚持科学发展，走共同富裕的发展之路，推动经济建设、政治建设、文化建设与社会建设等各方面的协调发展。

实现社会和谐，关键取决于两条：一是要把"蛋糕做大"。这就要求我们必须坚持"发展是硬道理"的理论不动摇，大力发展社会主义生产力；二是要把"蛋糕分好"。这就要求我们在发展生产力的同时，必须坚持走共同富裕的道路，这也是建设富强民主文明和谐社会主义现代化国家的内在要求。只有坚持以按劳分配为主体、多种分配方式并存的分配制度，加强收入宏观调节，更加注重社会公平，取缔非法收入，促进共同富裕，才能从根本上维护社会和谐。要把"蛋糕做大"和把"蛋糕分好"，在构建社会主义和谐社会的基本方法上，就是要抓住重点，选好着力点。当前，民生问题是构建社会主义和谐社会的重点问题。民生问题如果得不到妥善解决，那么就会影响到广大人民建设社会主义现代化的积极性和创造性，影响经济社会发展的进程，影响安定团结的大局。因此，只有着力解决人民群众最关心、最直接、最现实的利益问题，才能有利于经济社会的良性发展，才能营造和谐稳定、安定团结的社会局面。

在确立了构建社会主义和谐社会的重点的同时，我们党明确指出了构建社会主义和谐社会的五个着力点。第一，积极发展社会事业。社会事业的发展水平直接同最广大人民群众的根本利益相联系。因此，构建社会主义和谐社会，必须在坚持以经济建设为中心的同时，把社会建设放在更加突出的位置；第二，建设和谐文化。和谐文化建设是构建社会主义和谐社会的重要内容。当前，要把社会主义核心价值体系作为建设和谐文化的根本，充分认识社会主义核心价值体系在和谐文化建设中的重要作用，牢牢把握和谐文化建设的正确方向；第三，保障社会公平正义。社会公平正义是社会和谐的基本条件，是增强社会凝聚力、向心力和感召力的重要旗帜。只有切实保障和促进社会公平正义，各方面的社会关系才能保持协调，人民群众才能共享改革发展的成果，才能使社会朝着共同富裕的方向前进；第四，增强社会创造活力。充满创造活力是社会主义和谐社会的一个基本特征。只有增强全社会的创造活力，才能形成万众一心共创伟业的生动局面；第五，创新社会治理。创新社会治理是推动社会建设发展的动力。创新社会治理，就是要实现从社会管理到社会治理的观念转变。习近平指出："治理和管理一字之差，体现的是系统治理、依法治理、源头治理、综合治理。"[1]因此，要不断创新社会治理的理念思路、体制机制和方法手段，改进社会治理方式，加强社会治理法律法规、体制机制、能力、人才队伍和信息化建设，维护社会秩序。只有

---

① 《习近平总书记系列重要讲话读本》，学习出版社、人民出版社 2014 年版，第 116 页。

这样，才能为党和国家事业发展营造良好的社会环境。

3.社会主义和谐社会论的重大意义

构建社会主义和谐社会理论，是我们党在新的历史时期提出的社会主义现代化建设的一项重要战略任务和目标，它丰富和发展了马克思主义社会建设理论，体现了全党全国各族人民的共同愿望，对于推进党和人民的事业发展，保证党和国家的长治久安，具有十分重要的意义。

一是它丰富和发展了马克思主义社会建设理论。马克思恩格斯曾对人类社会向着和谐社会发展的趋势和目标等作过深刻的论述。在他们看来，只有进入到共产主义，才能从根本上消除资本主义的种种不和谐现象，才能实现真正意义上的社会和谐。而代替资本主义旧社会的，"将是这样一个联合体，在那里，每个人的自由发展是一切人的自由发展的条件。"① 按照马克思恩格斯的设想，一旦进入到共产主义社会，社会中的个体才能实现每个人的自由而全面发展，在人与人之间、人与自然之间才会形成和谐的社会关系。而在中国的现代化建设进程中形成的社会主义和谐社会理论，就是将中国社会主义现代化建设的具体实际同马克思主义的社会建设理论相结合，逐步将其变为我国社会发展的现实目标。中国共产党人明确地提出"社会和谐是中国特色社会主义的本质属性"②，既提出了实现这些基本目标的基本途径和基本原则，又深刻阐明了社会主义和谐社会的目标体系，从而使社会主义和谐社会建设理论更具有科学性和可操作性，丰富和发展了马克思主义社会建设理论，具有重要的理论意义。

二是它是新时期社会建设的行动指南。新的历史条件下，我们所面临的发展机遇和风险挑战前所未有。当前，虽然我国社会总体上是和谐的，但在社会发展过程中，也存在不少影响社会和谐的矛盾和问题。然而，经过我们党长期不懈的探索和努力，我们已经形成了构建社会主义和谐社会的诸多有利条件，我们党关于构建社会主义和谐社会的系统理论，就是我们构建社会

---

① 《马克思恩格斯文集》第二卷，人民出版社 2009 年版，第 53 页。

② 《十八大以来重要文献选编》（上），中央文献出版社 2014 年版，第 79 页。

主义和谐社会的一个重要的有利条件，它给我们提供了强大的理论支持，是新时期社会建设的行动指南。学习和掌握这个理论，就能够使我们在社会主义现代化建设过程中，始终保持清醒的头脑，居安思危，深刻认识和准确把握我国当前发展的诸多阶段性特征，科学分析影响社会和谐的矛盾和问题及其产生的根源，更加积极主动地去正视问题、解决矛盾，最大限度地增加和谐因素，营造良好社会环境，按照构建社会主义和谐社会的目标任务、基本原则以及途径方法等理论原则，不断促进社会和谐，不断推动科学发展，切实把构建社会主义和谐社会作为贯穿现代化建设事业全过程的长期历史任务和全面建成小康社会的重大现实课题抓紧抓好，从而不断推动中国特色社会主义事业又好又快地向前发展。

三是它有利于增强党的阶级基础和群众基础，巩固和扩大党执政的社会基础。我们党的根基在人民、血脉在人民、力量在人民。实现好、维护好、发展好最广大人民的根本利益是坚持立党为公、执政为民的必然要求。自党中央提出构建社会主义和谐社会这一重大战略思想以来，几代中央领导集体强调要坚持权为民所用、情为民所系、利为民所谋；坚持以人为本，始终把最广大人民的根本利益作为党和国家工作的根本出发点和落脚点；发展党内民主和人民民主，充分调动一切积极因素，等等，都是为了推进社会主义和谐社会建设。构建社会主义和谐社会，推动人们政治、精神上的和谐，凝聚广大人民的意志和力量，可以为社会主义全面协调可持续的发展提供强大的精神力量；推动人们社会关系上的和谐，可以为社会主义全面协调可持续的发展提供良好的社会环境；推动人与自然的和谐，可以为社会主义全面协调可持续的发展提供良好的自然环境，从而进一步增强党的阶级基础和群众基础，巩固和扩大党执政的社会基础。

（五）社会主义生态文明建设论

生态文明是人们在对传统工业文明进行总结和反思的基础上，对怎样建立一个可持续的社会进行不懈探索的理论及其实践成果。生态文明是继原始文明、农业文明、工业文明后产生的一种新型文明形态。它以人与自然的和谐共处作为行为准则和价值标准。"在当代世界，生态文明的迅速兴起正在成为一场极大改变着人类生产方式、生活方式和价值观念的革命，成为不可逆转的世界潮流。"[①]在当代中国建设社会主义生态文明，关系人民福祉，关乎民族未来，事关"两个一百年"奋斗目标和中华民族伟大复兴的中国梦的实现，是顺应时代发展趋势的必然选择。

1. 社会主义生态文明建设论的形成和发展

新中国成立以后，中国共产党对社会主义生态文明建设的认识经历了一个不断深化和不断加强的过程。历届党中央在不同的历史时期，根据中国发展的具体实际提出了一系列有关于人与自然关系的科学认识，这些科学认识对于推进我国生态文明建设起到了积极的推动作用。如以毛泽东为核心的党的第一代中央领导集体就提出倡导厉行节约，为社会主义现代化建设节约每一度电、每一滴水；以邓小平为核心的党的第二代中央领导集体提倡植树造林，提出要在经济发展的同时重视生态环境建设；以江泽民为核心的党的第三代中央领导集体提出走经济效益高、资源消耗小、环境污染低的新型工业化道路，大力发展循环经济。这些关于生态文明建设思想的提出，为社会主义生态文明建设理论的最终确立奠定了坚实的基础。

党的十六大以来，在深入贯彻落实科学发展观的过程中，我们党对中国特色社会主义规律的认识也在不断深化和提高，针对经济快速增长中能源、资源、生态环境代价过大，经济发展与生态建设严重不相协调的严峻现实，我们党制定出了一系列政策措施以此来保障两者的协调发展。以胡锦涛为总书记的党中央敏锐地意识到生态文明建设对发展中国特色社会主义事业的重要意义。2007 年，党的十七大报告首次提出建设生态文明，提出要将生态文明建设作为实现全面建设小康社会的奋斗目标，要基本形成节约能源资源和保护生态环境的产业结构、增长方式和消费模式。党的十七届五中全会进一步指出，要进一步转变经济增长方式，建设资源节约型和环境友好型的新

---

① 庞元正：《社会结构、全面发展与人类文明关系新探》，《北京行政学院学报》2009 年第 5 期。

型社会，不断提高生态文明水平。2012 年 7 月 23 日，胡锦涛在省部级主要领导干部专题研讨班开班式上的讲话中，强调指出，要把生态文明建设的理念、原则、目标等深刻融入和全面贯穿到我国经济、政治、文化、社会建设的各方面和全过程。

在上述一系列思想的基础上，党的十八大报告第一次把"生态文明建设"提升到国家建设和发展总布局的新高度，指出要在建设中国特色社会主义事业的过程中，把生态文明建设摆在更加突出的位置，提出要把努力建设"美丽中国"，实现中华民族永续发展作为未来生态文明建设的宏伟目标，这标志着社会主义生态文明建设理论的正式确立。这一理论的确立，标志着我们党对文明的认识达到新的阶段、对社会主义建设规律的认识达到新的深化、对科学发展的认识达到新的境界。党的十八大以来，以习近平为总书记的党中央站在历史发展的高度，从"五位一体"总体布局的战略要求出发，对生态文明建设提出了一系列新思想、新观点、新要求。2013 年 5 月，习近平在中央政治局第六次集体学习时强调指出："要正确处理好经济发展同生态环境保护的关系，牢固树立保护生态环境就是保护生产力、改善生态环境就是发展生产力的理念，更加自觉地推动绿色发展、循环发展、低碳发展，决不以牺牲环境为代价去换取一时的经济增长。"[①]同年 9 月，习近平在哈萨克斯坦纳扎尔巴耶夫大学发表演讲后回答学生提问时说：我们追求人与自然的和谐、经济与社会的和谐，通俗地讲就是要"两座山"，既要金山银山，又要绿水青山，绿水青山就是金山银山。2014 年 3 月，习近平在参加贵州代表团审议时指出：小康全面不全面，生态环境质量是关键。这一系列深刻论述，进一步指明了加强生态文明建设的必要性和重要性。

2. 社会主义生态文明建设论的理论内涵

社会主义生态文明是以科学发展观为指导的生态文明建设，它必须立足于中国社会主义初级阶段的基本国情，同时又要顺应时代潮流，体现时代要求，具有时代特点，从这个意义上说，社会主义生态文明建设是实现可持续

---

① 《习近平谈治国理政》，外文出版社 2014 年版，第 209 页。

发展的一项系统性工程，有着多方面的指向和多层次的内涵。

（1）社会主义生态文明建设理论的基本内容

社会主义生态文明建设理论是对马克思主义关于生态文明思想的继承和发展，是中国特色社会主义发展理论的重要组成部分，其基本内容可以从经济、政治、文化、社会四个层面来进行阐释。

第一，经济层面。社会主义生态文明建设的经济层面，是指生态文明的思想应贯穿于现代化建设过程中的所有经济活动，在推动经济社会发展的同时，要建立符合人与自然和谐共处的体制机制。在人类只有一个地球家园的背景下，要转变经济发展方式，进一步提高资源利用效率，调整产业结构模式，节约使用和循环利用地球有限的资源，发展循环经济。

第二，政治层面。社会主义生态文明建设的政治层面，是指要把生态问题上升到党和政府的决策层面，提高到"政治"的高度加以重视。同时，要大力加强宣传思想教育，把生态文明建设的发展理念融入到各级领导干部的工作思路中，明确各级领导干部在生态文明建设中的责任和义务，将环境保护作为新时期推进经济社会发展的主要任务。

第三，文化层面。社会主义生态文明建设的文化层面，是指在现代化建设过程中要树立全民生态意识，树立尊重自然、顺应自然、保护自然的生态文明理念。通过宣传教育等各种措施方式，培育全民生态文明意识。同时，在处理人与自然两者的关系时，包括指导我们进行生态环境保护的一切方法措施等行为和意识都应该符合社会主义生态文明建设的要求。

第四，社会层面。社会主义生态文明建设的社会层面，是指党和政府要切实担负起社会建设事业的重任，处理好社会发展中的各种问题，优化"人居"生活环境，改变不可持续和不够健康的生活方式，提倡绿色、循环、低碳发展和科学、健康、文明向上的生产和生活方式，推动人们生产和生活方式的根本转变，引导人们在生产和生活中自觉形成珍爱自然、保护生态、人人有责的良好社会氛围，树立生态文明新理念。

以上四个层面共同构成社会主义生态文明建设体系。在这个理论体系中，经济层面是基础，政治层面是保障，文化层面是精神支撑，社会层面是根本要求。四者互为依存、相互促进，不可分割。

（2）社会主义生态文明建设的主要目标和评价指标体系

社会主义生态文明建设是一项内容丰富、面向多元的综合性系统工程，它的目标涵盖了方方面面的内容。2015 年 4 月，中共中央国务院出台了《关于加快推进生态文明建设的意见》，《意见》对加强生态文明建设作出了全面部署。提出生态文明建设的主要目标是：到 2020 年，资源节约型和环境友好型社会建设取得重大进展，主体功能区布局基本形成，经济发展质量和效益显著提高，生态文明主流价值观在全社会得到推行，生态文明建设水平与全面建成小康社会目标相适应。国土空间开发格局进一步优化，资源利用更加高效，生态环境质量总体改善，生态文明重大制度基本确立。

生态文明建设的评价指标体系是建立在科学评价我国生态文明建设的基础之上的，建立这个指标体系，主要是为了考核我国生态文明建设的实现程度。目前，在我国理论界和学术界，对于如何构建这个指标体系有着不同的评价要求和标准，由于各自考察视角的不同因此其指标要求也不尽相同。在借鉴当前现有的各种不同评价指标体系的基础上，依据社会主义生态文明建设的目标要求，笔者认为，可以从生态活力、环境质量、社会发展、协调程度四个方面来构建社会主义生态文明建设评价指标体系。

首先，生态活力体现的是自然生态系统的生命力和活力，展现的是自然生态系统的可持续发展能力。何谓可持续发展能力？它意味着呈现一种源源不断的生机和活力，这种生机和活力包括自然、经济、政治、文化等载体的自我修复和维持发展的能力，它涵盖森林覆盖率、自然保护区的有效保护和城市建成区的绿化覆盖率三个层面。

其次，环境质量指标是影响人民生活质量的重要指标。众所周知，环境是直接或间接地关乎人类生存和发展的各种自然因素的总和。因此，在推动经济社会发展的过程中，也应从这些自然因素出发去衡量环境质量，这些自然因素主要包括空气质量、水土流失率、水体质量等指标。

再次，社会发展也是评价社会主义生态文明建设是否合格的关键组成部分。社会发展主要包括人均 GDP、城镇化率、服务业产值占 GDP 比重、教育经费占 GDP 比重以及人均预期寿命等方面。

最后，协调程度也是一项重要的考核指标要求。它主要指的是生态系统内部生态、环境、资源三者之间的协调程度。这一指标通过分析"三废"(废气、废水、固体废弃物)的可再生能力来考察生态系统内部各要素之间的关系，主要包括城市生活垃圾无害化率、工业固体废物综合利用率和工业污水达标排放率。

科学的评价指标体系犹如指挥棒，只有建立起更为科学合理的体现生态文明要求的评价指标体系，才能将社会主义生态文明建设落实到具体实际的操作层面，实现中华民族的永续发展。

(3)建设社会主义生态文明的途径和方法

人类文明正处于由工业文明向生态文明的转变阶段。生态文明既是理想的境界，也是现实的目标。面对人类文明形态的历史性转向，我国在实现新型工业化的战略进程中，肩负着生态文明建设的历史任务。我们要吸取欧美国家先污染后治理的沉痛教训，借鉴其他国家特别是发达国家在生态文明建设上的成功经验，走中国特色的生态文明发展之路。

第一，树立社会主义生态文明新理念，倡导科学文明的消费模式。树立尊重自然、顺应自然、保护自然的生态文明新理念，摒弃人类征服自然、破坏自然、主宰自然的理念和行动。同时，通过教育、艺术和科学技术等方式，运用电视、广播、报纸和互联网等新途径，积极弘扬"节约光荣，浪费可耻"的社会风尚，提高全体国民的节能环保意识，倡导科学文明的消费模式。

第二，大力发展循环经济，形成低排放、低能耗、低污染的经济发展模式。当今世界，发展循环经济已经成为世界性的潮流和趋势。不论是发达国家还是发展中国家，都推出了一系列支持低碳技术、发展循环经济的重大举措和措施。要积极借鉴发达国家循环经济建设的成功经验，加大力度开发低碳技术，建立循环经济发展的技术支撑体系。同时，应尽快制订和完善相关法律法规，进一步建构起完善的促进循环经济发展的法律法规体系，为循环经济发展保驾护航。

第三，推进产业结构转化升级，转变经济增长方式。一是要优化市场资源配置。充分发挥市场的资源配置作用，这是实现粗放型经济增长方式向集约型经济发展方式转变的前提。二是要营造市场主体。确立企业在市场中的主体地位，建立现代企业制度，建立合理的宏观调控与管理体系，这是转变经济增长方式的重要保障。三是要提高科技创新水平。加快建立以企业为主体、市场为主导、产学研相结合的科技创新体系。四是要优化政策环境。建立健全资源有偿使用机制和生态环境补偿机制等机制，进一步深化税制改革，为转变经济发展方式提供良好的税收环境。

第四，完善生态文明制度体系，建立系统完整的制度体系。习近平指出："只有实行最严格的制度、最严密的法治，才能为生态文明建设提供可靠保障。"①一是要完善经济社会发展考核评价体系。要把资源消耗、环境损害、生态效益等指标纳入经济社会发展评价体系，使之成为推进生态文明建设的重要导向和约束。二是要划定生态保护红线，建立责任追究制度。生态红线就是国家生态安全的底线和生命线，这个红线不能突破。"在生态环境保护问题上，就是要不能越雷池一步，否则就应该受到惩罚。"②三是要健全法律法规，完善生态环境保护管理制度。要加快"立改废"进程，尽快完善生态环境、土地、矿产、森林、草原等方面保护和管理的法律制度，要改革生态环境保护管理体制，建立和完善严格监管所有污染物排放的环境保护管理制度。

总之，建设中国特色的生态文明，要立足于本国国情，坚持以最广大人民的根本利益为出发点和落脚点，妥善处理好经济建设同人口、资源、生态的关系，采取可持续发展的生产方式和科学文明的生活消费模式。只有这样，才能将生态文明建设融入经济建设、政治建设、文化建设、社会建设各方面和全过程，从而为子孙后代留下天蓝、地绿、水清的生产生活环境，为人类文明作出应有的贡献。

---

① 《习近平谈治国理政》，外文出版社 2014 年版，第 210 页。
② 《习近平谈治国理政》，外文出版社 2014 年版，第 209 页。

3. 社会主义生态文明建设论的重大意义

马克思主义唯物史观告诉我们，人类社会不断发展进步的总趋势是不可逆转的。随着社会发展的不断推进，任何一种现存的文明形态最终都会被新的更高的文明形态所取代。社会主义生态文明是继工业文明之后的一个崭新的文明形态，它是人类文明发展到一定阶段的必然产物，它的提出具有重大的历史意义。

一是它继承和发展了马克思主义的生态文明观。马克思主义生态文明观集中体现在对人与自然的关系的认识上。马克思恩格斯生态思想的核心内容就是如何正确地处理人与自然的关系。在他们看来，人本身是自然界的产物。因此，人必须以自然界为其生存和发展的基础和前提。同时，人可以通过充分发挥主观能动性来改造自然，但"但是我们不要过分陶醉于我们人类对自然界的胜利。对于每一次这样的胜利，自然界都对我们进行报复。"①因此，在改造客观世界的过程中人必须要按照客观规律办事。从以上论述看来，在关于生态文明建设这个问题上，马克思主义经典作家的论述是相当充分的，内容也极为丰富。经典作家的这些思想给我们提供了建设生态文明的哲学基础。改革开放以来，伴随着多年来经济的快速增长，与此同时，一些生态问题也日益凸显并引起了许多社会问题。以邓小平为核心的党的第二代中央领导集体逐渐从对人与自然关系的强调，发展到侧重于人、自然、社会的全面协调。以江泽民为核心的党的第三代中央领导集体提出了建设生态文明这一重要战略思想，在党的十六大报告中把可持续发展能力不断增强、资源利用效率显著提高、生态环境得到改善、促进人与自然的和谐确定为全面建设小康社会的一项重要目标。以胡锦涛为总书记的党中央提出了坚持以人为本，全面、协调、可持续的科学发展观，科学发展观的提出，对生态文明建设提出了新的更高的要求。党的十八大以来，以习近平为总书记的党中央提出要大力推进生态文明建设，更加自觉地珍爱自然、更加积极地保护生态，努力走向社会主义生态文明新时代。可以看出，几代中国共产党人结合

---

① 《马克思恩格斯文集》第九卷，人民出版社 2009 年版，第 559—560 页。

我国现代化建设实践，都赋予了生态文明建设以新的内容，丰富了马克思主义生态文明观。

二是它对解决当代中国发展新阶段所面临的一些突出问题起到了积极作用。社会主义生态文明作为人类文明的一种形式，它延续了人类社会原始文明、农业文明、工业文明的历史血脉，它以经济社会的可持续发展为主要根据，以尊重和维护生态环境为主线，以未来人类的持续健康发展为现实根本。这种文明观重视人的自律和自觉，强调人与自然、人与人、人与社会的互为依托、相互促进、共处共融。近年来，中国的人口、生态环境、自然资源和经济社会发展的矛盾日益凸显，环境形势极为严峻，面临着来自方方面面的压力。一系列问题诸如环境污染、资源稀缺、物价上涨等问题摆在我们面前亟待解决，虽然这些问题的出现有其发展的历史必然性，但同时也是由于人类在社会建设的过程中忽视发展的生态平衡、掠夺式开发利用资源、盲目发展而犯的错误所引起的。随着改革开放事业的不断向前推进，中国特色社会主义生态文明理论的提出，必然能使中国在发展经济的同时，认真审视和平衡人与自然的关系，正确处理好两者之间的关系，缓和现存的一些矛盾和问题，从而在一定程度上改善当前中国所处的生存环境。

第四章　中国特色社会主义发展理论的
逻辑演绎路径

中国特色社会主义发展理论是在历史与逻辑中形成并发展起来的一个有机体。在内生逻辑和马克思主义发展序列上，中国特色社会主义发展理论的演进历程都呈现出其内在的一脉相承、与时俱进的理论品质。共同的理论基础、共同的发展主题、共同的思想路线和共同的政治立场是其理论一脉相承的鲜明特征；对发展内涵的新认识、对发展理念的新深化、对发展战略的新构想和对发展布局的新拓展是其理论与时俱进的生动体现。从其逻辑演绎的转换依据看，时代发展需要、国情变化需要和实践推动需要是中国特色社会主义发展理论不断演进的重要依据。

一、一脉相承：坚持与发展的统一

所谓一脉相承，指的是某种思想、行为或学说之间有继承关系。改革开放以来，党的几代中央领导集体将马克思主义社会发展理论同中国的具体实际相结合，逐步形成了具有中国特色的发展道路和发展思想。从纵向层面分析来看，改革开放以来几代中国共产党人的发展理论是一脉相承的，都有着其共同的理论基础、共同的发展主题、共同的思想路线和共同的政治立场。

（一）共同的理论基础：马克思主义关于发展的世界观和方法论

马克思主义主要是从本质维度来研究社会发展问题的，它对发展的主体、内涵、本质、规律、目的等的总体看法和根本观点，属于发展的世界观；它提供的关于人们认识和解决发展问题的最一般方法，属于发展的方法论。马克思主义社会发展理论是发展的世界观和方法论的统一，其基本观点主要有：一是揭示了世界的客观物质性，要求人们在选择发展道路和制定发展的路线、方针、政策时要从自己的实际出发，实事求是；二是揭示了物质世界的客观规律性，要求人们正确认识和运用规律，按客观规律办事，同时要充分发挥人的主观能动性；三是揭示了事物发展的动力和源泉在于事物内部的矛盾性，要求人们要敢于承认矛盾、科学分析矛盾，并用不同的方法解决不同质的矛盾；四是揭示了事物发展的系统性，要求人们把世界看作相互联系、相互制约、相互影响的有机整体，树立全面、协调的可持续发展理念；五是提出人民群众是历史的创造者，要求在社会实践中要充分发挥人民群众的首创精神，尊重人民群众的主体地位，一切依靠群众、一切为了群众；六是提出社会发展的最终目的是人的发展，要求从现实的人出发，把实现人的自由全面发展作为人类社会奋斗的终极价值目标，等等。

改革开放以来，几代中国共产党人在不同历史时期构建我国社会主义现代化建设的发展蓝图时，始终坚持以马克思主义关于发展的世界观和方法论作为理论基础和行动指南，积极探索和解决中国社会发展中的一系列重大理论问题和实践问题，不断地推动着中国社会向前发展。

在改革开放和现代化建设新时期，邓小平始终坚持用马克思主义关于发展的世界观和方法论来指导我国的发展实践，不断研究新情况，解决新问题。在邓小平看来，坚持和运用马克思主义关于发展的世界观和方法论，首先就必须从整体上把握马克思主义的理论体系。马克思主义是严整而彻底的科学体系，具有内容的全面性、逻辑的严整性和结构的系统性等特征。世界观是人们对整个世界的总的看法或根本观点，方法论是人们认识世界和改造世界的最一般方法，它们是马克思主义的本质特征和核心内容，属于马克思主义整体性的最高层次，是贯穿于马克思主义始终的"灵魂"。邓小平认为，我们应始终坚持从整体性的视角来看待马克思主义，将其当作一个逻辑严整的科学体系来认识，坚决反对任何形式对马克思主义的歪曲和肢解；其次，要把马克思主义基本原理同中国具体实际结合起来。马克思主义所提供的是基本的指导原理和一般的指导原则，从总体上概括了实际生活的一般本质和规律。这些基本原理、规律和原则，只有与各国不同时期具体的国情和实际问题紧密结合起来，才能发挥巨大的指导作用。邓小平指出："把马克思主义的普遍真理同我国的具体实际结合起来，走自己的道路，建设有中国特色的社会主义，这就是我们总结长期历史经验得出的基本结论。"[①] 可以说，邓小平提出的改革开放论、社会主义初级阶段论、社会主义本质论、社会主义市场经济论等，都是坚持和运用马克思主义关于发展的世界观和方法论解决中国发展问题的光辉典范。

以江泽民为核心的党的第三代中央领导集体站在时代发展的高度，鲜明地提出了"三个代表"重要思想。这一思想是对马克思主义关于发展的世界观和方法论的坚持、运用和发展，进一步深化了对社会主义建设规律的认识。2003 年 7 月 1 日，胡锦涛曾在"三个代表"重要思想理论研讨会上的讲话中指出："三个代表"重要思想是对马克思主义关于发展的世界观和方法论的坚持和发展，这一重要思想创造性地运用马克思主义的世界观和方法论分析当今国内国际形势，为我们在新的历史条件下认识和把握社会发展规律、更好地推进我国现代化建设事业作出了新的理论概括和阐述。"三个代表"重要思想是在对当今国内国际局势科学判断的基础上提出来的，有着丰富的理论内涵。始终代表中国先进生产力的发展要求在"三个代表"中占有首要的地位，它是我们党代表中国先进文化的前进方向和最广大人民的根本利益的基本前提；代表中国先进文化的前进方向在"三个代表"中具有不可替代的重要作用，这是因为中国共产党的指导思想、价值观念以及思想理论体系，都是与当代中国先进文化的前进方向紧密联系在一起的。党只有用先进文化将自身武装起来，不断地推动中国先进文化发展，才能有利于推动社会生产力的发展，才能更好地服务于人民群众；而我们党致力于发展先进生产力和先进文化，其最终目的都是为了不断满足人民群众日益增长的物质文化需要，实现和维护最广大人民的根本利益。"三个代表"重要思想所具有

---

① 《邓小平文选》第三卷，人民出版社 1993 年版，第 3 页。

的基本理论观点，马克思主义经典作家都有论述，但把发展先进生产力、发展先进文化、实现最广大人民的根本利益同坚持党的先进性紧密联系在一起，上升到党的宗旨和性质的高度，上升到党的指导思想的高度，构成一个完整的体系，这是以江泽民为核心的党的第三代中央领导集体对辩证唯物主义和历史唯物主义的创造性运用和发展。"三个代表"重要思想既坚定不移地坚持了马克思主义关于发展的世界观和方法论，又赋予了它们以新的时代内涵和实践要求。

以胡锦涛为总书记的党中央提出的科学发展观，是对当代中国发展乃至世界发展的本质、规律、目的和方法的根本观点，是对马克思主义社会发展理论的进一步丰富和发展。从科学发展观的基本内涵看，它贯穿了马克思主义的立场、观点、方法，与中国的实践密切相结合，是马克思主义关于发展的世界观和方法论的集中体现。主要表现在：

第一，科学发展观的第一要义坚持了马克思主义关于发展的世界观和方法论。科学发展观坚持发展是第一要义，指出要把发展社会生产力作为一切工作和事业的出发点。科学发展观强调指出以经济建设为中心，把经济发展作为一切发展的前提，充分体现了历史唯物主义关于生产力是人类社会发展的基础和最终决定力量的基本观点。

第二，科学发展观的核心抓住了马克思主义关于发展的世界观和方法论的内核。以人为本是科学发展观的核心，它指的是要以实现人的自由全面发展为终极价值目标，强调人民群众是推动人类社会发展的主体力量，把实现好、维护好和发展好人民群众的根本利益作为发展的出发点和落脚点，切实保障人民群众的各项权益，让全体人民共享改革发展的成果。以人为本这一科学理念深刻回答了"为谁发展""靠谁发展"这个发展观的基本问题，充分体现了历史唯物主义关于人的自由全面发展和人民群众是历史的创造者的基本观点。

第三，科学发展观的基本要求蕴含了马克思主义关于发展的世界观和方法论。全面、协调、可持续发展，是科学发展观的基本要求。全面发展，就是要求我们要按照经济社会发展规律全面推进经济、政治、文化、社会和生态文明建设，防止出现发展的不平衡，实现经济发展和社会全面进步，解决好重点和全面的辩证法问题。所谓协调发展，就是把构成经济社会发展的各种要素看成一个既对立又统一的系统，推进经济、政治、文化、社会和生态文明建设的各个环节、各个方面相协调，重点解决好发展中平衡和不平衡的辩证法问题。所谓可持续发展，就是要实现人与自然的和谐共处，保证一代接一代地永续发展，不能以牺牲后代人的利益为代价来满足当代人的利益。全面、协调、可持续发展的基本要求，强调了发展是一个相互影响、相互制约的过程，充分体现了唯物辩证法中所强调的事物之间普遍联系、对立统一的基本原理。

第四，科学发展观的根本方法是马克思主义关于发展的世界观和方法论的具体运用。坚持统筹兼顾是科学发展观的根本方法，这就要求我们要坚持一切从实际出发，正确认识和妥善处理中国特色社会主义事业中的重大关系。要求对发展问题总揽全局、统筹规划，立足当前、着眼长远，全面推进、重点突破，兼顾各方、综合平衡，把以人为本的发展观、全面的发展观、协调的发展观和可持续的发展观结合为有机整体。这一根本方法充分展现了普遍与特殊、重点与一般、整体与局部、宏观与微观、一元与多元相统一的辩证思维方式，深化了对社会主义建设规律的认识。

党的十八大以来，以习近平为总书记的党中央始终坚持以马克思主义关于发展的世界观和方法论作为理论基础和实践指南。习近平在中共中央政治局第二十次集体学习时强调，辩证唯物主义是中国共产党人的世界观和方法论，我们党要团结带领人民协调推进全面建成小康社会、全面深化改革、全面依法治国、全面从严治党，实现"两个一百年"奋斗目标、实现中华民族伟大复兴的中国梦，必须不断接受马克思主义哲学智慧的滋养，更加自觉地坚持和运用马克思主义关于发展的世界观和方法论，增加辩证思维、战略思维能力，努力提高解决我国改革发展基本问题的本领。习近平指出，要学习掌握事物矛盾运动的基本原理，不断强化问题意识，积极面对和化解前进中遇到的矛盾。面对复杂形势和繁重任务，首先要有全局观，对各种矛盾做到心中有数，同时又要优先解决主要矛盾和矛盾的主要方面，以此带动其他矛盾的解决。在发展过程中既要注重总体谋划，又要注重牵住"牛鼻子"；既要坚持两点论，又要讲重点论；既要看到有利条件和积极因素，又要看到各种困难和严峻挑战。要学习掌握唯物辩证法的根本方法，要善于处理局部和全局、当前和长远、重点和非重点的关系；要反对形而上学的思想方法，看形势做工作不能盲人摸象、坐井观天、揠苗助长、削足适履、画蛇添足；要加强调查研究，坚持发展地而不是静止地、全面地而不是片面地、系统地而不是零散地、普遍联系地而不是单一孤立地观察事物。要将社会发展看作是一个多维的复杂的系统工程，是集经济、政治、文化、社会、生态于一体的完整现象，要在经济不断发展的基础上，协调推进政治建设、文化建设、社会建设、生态文明建设以及其他各方面建设。以习近平为总书记的党中央还反复强调，人民对美好生活的向往，就是我们的奋斗目标。"我们必须把人民利益放在第一位，任何时候任何情况下，与人民群众同呼吸共命运的立场不能变，全心全意为人民服务的宗旨不能忘，坚信群众是真正英雄的历史唯物主义观点不能丢。"[①]

可见，改革开放以来几代中国共产党人在中国社会发展中所提出的一系列新的理论观点，都是对马克思主义关于发展的世界观和方法论的集中体现，充分展现了中国共产党人严谨求实的科学态度和积极进取的创新精神，为我们在纷繁复杂的形势下深化改革开放指明了前进方向。

（二）共同的发展主题：建设和发展中国特色社会主义

如果承认人类社会历史是按照客观规律向前发展的话，那么，就必然会承认，历史在一定发展阶段上必然也有自己的主题。从 1978 年党的十一届三中全会至今，纵观改革开放三十多年以来我国现代化建设实践的历史进程可以发现，改革开放以来几代中国共产党人的发展理论都是围绕建设和发展中国特色社会主义这一主题所展开的，回答的主要问题都是如何建设和发展

---

① 习近平:《在庆祝中国人民政治协商会议成立 65 周年大会上的讲话》,《人民日报》2014 年 9 月 22 日。

中国特色社会主义。

自 1982 年邓小平在党的十二大提出"建设有中国特色的社会主义"这一重大命题以来，"中国特色社会主义"就成为党的历次全国代表大会鲜明的"主题词"。党的十三大报告的题目是"沿着有中国特色的社会主义道路前进"；十四大报告的题目是"加快改革开放和现代化建设步伐，夺取有中国特色社会主义事业的更大胜利"；十五大报告的题目是"高举邓小平理论伟大旗帜，把建设有中国特色社会主义事业全面推向二十一世纪"；十六大报告的题目是"全面建设小康社会，开创中国特色社会主义事业新局面"；十七大报告的题目是"高举中国特色社会主义伟大旗帜，为夺取全面建设小康社会新胜利而奋斗"；十八大报告的题目是"坚定不移沿着中国特色社会主义道路前进，为全面建成小康社会而奋斗"。可以发现，贯穿这些大会的主线，都是建设和发展中国特色社会主义，这也成为党在改革开放新时期全部工作的主题。进而言之，改革开放 30 多年来，几代中国共产党人一直致力于建设的，就是中国特色社会主义。"我们所赖以成功的，也是中国特色社会主义；我们所取得的成就，归根到底，都是中国特色社会主义的胜利。"①

在邓小平看来，贫穷不是社会主义，更不是共产主义，中国当前所处阶段最为根本的任务就是发展社会生产力，只有社会生产力的发展水平比资本主义更快一些、更高一些，社会主义制度的优越性才能得到充分彰显。在"怎样建设社会主义"问题上，邓小平进行了不懈的探索和思考，提出了"建设中国特色社会主义"的一系列理论观点：第一，在社会主义的发展阶段这个问题上，邓小平做出了我国还处在社会主义初级阶段的科学论断；第二，在社会主义的发展任务这个问题上，邓小平指出当前根本性的任务就是发展社会生产力，始终坚持以经济建设为中心，推进社会全面进步；第三，在社会主义的发展道路这个问题上，邓小平指出不能犯教条主义、本本主义错误，要坚持马克思主义基本原理同中国具体实际相结合，强调走自己

---

① 李忠杰：《紧紧抓住中国特色社会主义的主题》，《理论前沿》2006 年第 19 期。

的路，解放思想，实事求是，建设有中国特色的社会主义发展道路；第四，在社会主义的发展动力这个问题上，邓小平提出要坚持改革开放，强调改革也是一场革命，也是解放生产力。改革是社会主义制度的自我完善和发展，不仅包括经济体制改革，而且包括政治体制改革，还有相应的其他领域的改革；第五，在社会主义建设的政治保证这个问题上，邓小平提出要坚持"四项基本原则"，即坚持社会主义道路、坚持人民民主专政、坚持中国共产党的领导、坚持马克思列宁主义毛泽东思想；第六，在社会主义建设的外部条件这个问题上，邓小平站在时代的高度，指出当今世界的两大主题是和平与发展，必须坚持独立自主的和平外交政策；第七，在社会主义建设的战略步骤这个问题上，邓小平提出了"三步走"实现社会主义现代化的发展战略；第八，在社会主义的领导力量和依靠力量这个问题上，邓小平强调中国共产党是中国特色社会主义事业的领导核心，必须依靠广大工人、农民、知识分子，必须依靠全体社会主义劳动者、拥护社会主义的爱国者和拥护祖国统一的爱国者的最广泛的统一战线；第九，在祖国统一这个问题上，邓小平创造性地提出"一国两制"的构想。以上九个方面，是对中国特色社会主义建设道路科学内涵和本质规律的深入揭示，构成了邓小平关于建设和发展中国特色社会主义的基本思想。

党的十三届四中全会以来，以江泽民为核心的党的第三代中央领导集体紧紧抓住这一主题，根据时代变化和实践发展，在总结前人社会主义现代化建设的经验基础上，集中全党智慧，不断深化认识，在实践的基础上进一步进行了理论创新，逐渐形成了"三个代表"这一发展思想。这一重要思想的提出，正是建设和发展中国特色社会主义这一理论主题在指导新实践中形成的全新理论成果。它从发展的根本目的、发展的根本任务、发展的战略步骤、发展的根本动力、发展的依靠力量等重大问题上丰富了建设中国特色社会主义的主题，进一步深化了对"什么是社会主义、怎样建设社会主义"这一根本问题的认识。

从新世纪新阶段的历史新起点出发，以胡锦涛为总书记的党中央围绕坚持和发展中国特色社会主义提出了一系列紧密相连、相互贯通的新思想、新观点、新论断，形成和贯彻了科学发展观，从理论创新和实践创新上把中国特色社会主义事业推进到了一个新阶段。科学发展观作为中国特色社会主义发展理论的重要组成部分，仍以建设和发展中国特色社会主义作为其发展要旨和根本方向。以胡锦涛为总书记的党中央，全面把握世界发展大势和我国的社会发展实际，科学完整地回答了这一主题内涵的经济建设、政治建设、文化建设、社会建设和生态文明建设等一系列关于发展中国特色社会主义的基本问题。

党的十八大以来，以习近平为总书记的党中央在新的实践基础上继续探索创新，面对新形势新任务，明确提出要"毫不动摇坚持和发展中国特色社会主义"①，坚持道路自信、理论自信、制度自信，增强坚持和发展中国特色社会主义的自觉性和坚定性。2013 年 1 月，习近平在新进中央委员会的委员、候补委员学习贯彻党的十八大精神研讨班的讲话中指出："坚持和发展中国特色社会主义是一篇大文章，邓小平同志为它确定了基本思路和基本原则，以江泽民同志为核心的党的第三代中央领导集体、以胡锦涛同志为总书记的党中央在这篇大文章上都写下了精彩的篇章。现在，我们这一代共产党人的任务，就是继续把这篇大文章写下去。"②2013 年 6 月，习近平在中共中央政治局第七次集体学习时强调指出，在新的历史条件下坚持和发展中国特色社会主义，必须坚持走自己的路，必须顺应世界大势，必须代表最广大人民的根本利益，必须加强党的自身建设，必须坚定中国特色社会主义自信。这"五个必须"的提出，是以习近平为总书记的党中央推进中国特色社会主义伟大事业的重要理论成果，它既是历史经验的科学总结，又鲜明体现了时代要求，集中反映了全党的意志和愿望，为新形势下坚持和发展中国特色社会主义指明了前进方向。

理论是行动的指南，正是有了"建设和发展中国特色社会主义"这一理论主题的一以贯之和现时代的发展，中国共产党才能在改革开放以来的不同

---

① 《习近平谈治国理政》，外文出版社 2014 年版，第 21 页。

② 《习近平谈治国理政》，外文出版社 2014 年版，第 23 页。

历史时期、不同发展阶段正确认识国际国内形势、准确把握中国发展方位，才能在现代化建设过程中科学回答和解决前进中遇到的一系列重大理论和现实问题，才能最终形成中国特色社会主义发展理论。

（三）共同的思想路线：实事求是的马克思主义思想路线

思想路线，是党制定各项路线、方针、政策的基础，是党在革命、建设与改革过程中遵循的思想方法和根本原则，也是正确理解和执行党的路线、方针、政策的保证。改革开放以来，中国共产党能在如此复杂多变的国内外形势下领导中国人民取得社会主义现代化建设事业的伟大成就，很大程度上都取决于坚持了一条正确的思想路线，即实事求是的马克思主义思想路线。

毛泽东是实事求是思想路线的奠基者和确立者。毛泽东在领导中国革命和建设的实践中，形成了自己的思想路线，并从哲学高度把它解释为："'实事'就是客观存在着的一切事物，'是'就是客观事物的内部联系，即规律性，'求'就是我们去研究。"[①] 由此，实事求是成为我们党思想路线的集中表述。党的七大确立了毛泽东思想在全党的指导地位，同时也在全党确立了以实事求是为核心的马克思主义思想路线。在这一正确思想路线的指引下，中国共产党在中国革命和社会主义现代化建设的过程中克服了前进道路上的种种问题和困难，取得了新民主主义革命和社会主义改革的胜利。但由于未能一以贯之地坚持这一思想路线，在现代化建设的过程中我们也经历了挫折，如1958年的"大跃进""人民公社化"运动，1966年开始的"文化大革命"等，这些错误的产生都是由于忽视或淡漠实事求是思想路线的结果。

党的十一届三中全会以后，以邓小平为核心的党的第二代中央领导集体重新确立和恢复了实事求是的思想路线，成功地开辟了建设有中国特色社会主义的新道路，把我国的社会主义建设事业推进到新的历史发展阶段，实现了我国历史上具有深远意义的伟大转折。邓小平不但为恢复党的实事求是的思想路线作出了巨大的贡献，并且赋予了党的思想路线以"解放思想、实事

---

① 《毛泽东选集》第三卷，人民出版社1991年版，第801页。

求是"的新内涵，揭示了解放思想与实事求是之间的辩证关系。邓小平指出，解放思想是实事求是的前提，实事求是是解放思想的目的。1980年2月，在党的十一届五中全会第三次会议上，邓小平重申了党的思想路线。指出："实事求是，一切从实际出发，理论联系实际，坚持实践是检验真理的标准，这就是我们党的思想路线。"[①] 以此为基础，以邓小平为核心的党的第二代中央领导集体，从中国社会主义初级阶段的具体实际出发，解放思想、实事求是，提出了一系列改革开放的新举措、新政策，从发展的地位、发展的目标、发展的战略、发展的道路、发展的动力、发展的机遇等方面第一次比较系统地初步回答了"什么是社会主义、怎样建设社会主义"这个首要的基本的理论问题，形成了邓小平发展理论。

党的十三届四中全会以来，以江泽民为核心的党的第三代中央领导集体在探索中国特色社会主义现代化事业的进程中，坚持了实事求是的思想路线。在纪念党的十一届三中全会召开二十周年大会上，江泽民高度评价了实事求是的思想路线，指出："我们党在理论和实践上的每一步前进，改革和建设的每一步发展，都是坚持党的思想路线，解放思想、实事求是的结果。"[②] 同时，他还把与时俱进作为马克思主义的理论品质，进一步丰富和发展了党的思想路线的理论内涵，揭示了解放思想、实事求是、与时俱进三者之间的辩证关系，指出解放思想是前提，实事求是是根本，与时俱进是目的。面对新形势下世情、国情和党情的深刻变化，江泽民立足于变化着的中国具体实际，在科学判断党的历史方位的基础上，鲜明提出了"三个代表"重要思想，并把"与时俱进"和"三个代表"重要思想落实到了实事求是思想路线上，这是以江泽民为核心的党的第三代中央领导集体实事求是思想路线的一大特色，也是其之所以在马克思主义社会发展史上占有重要地位的重要依据。

党的十六大以来，以胡锦涛为总书记的党中央继续坚持实事求是的马克

---

① 《邓小平文选》第二卷，人民出版社1994年版，第278页。
② 《十五大以来重要文献选编》（上），中央文献出版社2000年版，第679页。

思主义思想路线，坚持解放思想、实事求是、与时俱进，强调要必须不断根据新的实践要求进行理论创新。针对党员干部中出现的一些不思进取、工作不实、急功近利、弄虚作假、贪图享受、脱离群众等亟须解决的突出问题，胡锦涛强调要大兴求真务实之风。他指出，越是形势好，越是群众加快发展的积极性高，越要坚持求真务实，越要保持清醒头脑，越要坚持好的工作作风。在对我国改革开放和社会主义现代化建设经验教训的总结基础上，胡锦涛又提出了以人为本、全面协调可持续发展的科学发展观，创造性地回答了"实现什么样的发展、怎样发展"的重大现实问题。科学发展观这一重大战略思想的提出，是在实事求是的马克思主义思想路线指导下对现实问题的科学回答，是进一步解放思想的结果。

党的十八大以来，以习近平为总书记的党中央清醒地认识到坚持实事求是思想路线的重要性，认为它是我们党的基本思想方法、工作方法和领导方法，是党带领人民推动中国革命、建设、改革事业不断取得胜利的重要法宝。2012 年 5 月，习近平在中央党校春季学期第二批入学学员开学典礼上的讲话中指出："回顾我们党 90 多年的历史可以清楚地看到，什么时候坚持实事求是，党就能够形成符合客观实际、体现发展规律、顺应人民意愿的正确路线方针政策，党和人民事业就能够不断取得胜利；反之，离开了实事求是，党和人民的事业就会受到损失甚至严重挫折。"[1]2013 年 12 月，习近平在纪念毛泽东同志诞辰 120 周年座谈会上的讲话中提出了关于实事求是的"四个坚持"，即"坚持实事求是，就要深入实际了解事物的本来面貌"；"坚持实事求是，就要清醒认识和正确把握我国仍处于并将长期处于社会主义初级阶段这个基本国情"；"坚持实事求是，就要坚持为了人民利益坚持真理、修正错误"；"坚持实事求是，就要不断推进实践基础上的理论创新"。这"四个坚持"，逻辑清晰，概述完整，是对实事求是这一马克思主义思想路线的进一步发展和完善。

总之，实事求是，是马克思主义的根本观点，是中国共产党人认识世

---

[1] 习近平：《坚持实事求是的思想路线》，《学习时报》2012 年 5 月 28 日。

界、改造世界的根本要求。马克思主义中国化的理论和实践与实事求是思想路线之间都有着紧密的不可分割的内在关联，这条思想路线就像一条"红线"贯穿于中国特色社会主义发展理论的始终，是指导党的各个时期解决重大实践课题的科学世界观和方法论，对我们实现"两个一百年"奋斗目标、实现中华民族伟大复兴的中国梦具有根本的指导作用。把握了实事求是的思想路线，就把握了中国特色社会主义发展理论之间的历史联系及发展脉络，就把握了中国特色社会主义发展理论中的最本质的东西。不论过去、现在和将来，在建设中国特色社会主义现代化事业进程中，我们都要坚持一切从实际出发，理论联系实际，在实践中检验真理和发展真理。

（四）共同的政治立场：代表最广大人民群众的根本利益

所谓立场，就是指观察事物和处理问题时所处的地位和由此而持的态度。立场通常与政治紧密相连，二者常常连为一体使用。政治立场，就是指人们观察、分析和处理问题时所体现出来的阶级性特征以及由此所形成的基本立场、观点和方法。政治是现代政治的主体，代表一定阶级的利益，它的一切活动都是从自己的阶级利益和政治立场出发。因此，政治立场也就成为了一个政党区别于其他政党的根本性特征。

马克思主义自诞生之日起就公开声明，自己是无产阶级和广大人民群众根本利益的忠实代表，是全心全意为他们服务的。马克思恩格斯在《共产党宣言》中指出："过去的一切运动都是少数人的，或为少数人谋利益的运动。无产阶级的运动是绝大多数人的，为绝大多数人谋利益的独立的运动。"[1]抗日战争时期，毛泽东在《为人民服务》一文中就提出了全心全意为人民服务的思想。之后，在《论联合政府》一文中，毛泽东再次强调指出："全心全意为人民服务，一刻也不脱离群众；一切从人民的利益出发，而不是从个人或小集团的利益出发；向人民负责和向党的领导机关负责的一致性；这些就

---

[1] 《马克思恩格斯文集》第二卷，人民出版社 2009 年版，第 42 页。

是我们的出发点。"①此后，党的七大把"中国共产党人必须具有全心全意为中国人民服务的精神"写入了党章。作为无产阶级政党的共产党，没有任何同整个无产阶级利益不同的利益，这就表明了马克思主义政党的政治立场。

改革开放以来，几代中国共产党人坚持了马克思主义的政治立场，始终都把无产阶级和广大人民的根本利益放在高于一切的位置。改革开放初期，邓小平在深刻总结中国革命和建设的经验教训基础上，明确指出，我们要以人民赞成不赞成、人民拥护不拥护、人民答应不答应作为衡量一切工作成败得失的标准；要把是否有利于提高人民生活水平作为判断是非得失的一个重要标准；我们的言行都要着眼于最广大人民群众的根本利益。在他看来，人民群众的利益是高于一切的。邓小平还指出，社会主义的根本任务就是解放和发展生产力，要把实现共同富裕作为社会主义的本质，他提出全党工作的根本目标是实现人民群众的"共同富裕"，并且还提出了实现"共同富裕"的"三步走"发展战略，即实现"温饱→小康→共同富裕"，从而使中国人民真正走上一条有中国特色的富国富民的康庄大道。邓小平之所以能在新的历史条件下进行理论创新和实践创新，其巨大的勇气和力量源泉正是来自人民群众的拥护和支持。邓小平说："没有点勇气是不行的，这个勇气来自人民的拥护，人民拥护我们国家的社会主义制度，拥护党的领导。"②没有人民群众的拥护和支持，理论创新不仅缺乏动力支持，而且在实践中也是注定行不通的。

随着改革开放和现代化建设的不断深入，党的理论也在不断创新和发展。"三个代表"重要思想逐渐开始凸显于中国共产党人的政治生活中，明确要求我们应该把始终"代表最广大人民的根本利益"作为一切工作的出发点和落脚点，"这样的'代表性'正是对邓小平理论中维护人民群众根本利益思想的有力承袭。"③江泽民指出："我们党要始终代表中国最广大人民的根

① 《毛泽东文选》第三卷，人民出版社1991年版，第1094—1095页。
② 《邓小平文选》第三卷，人民出版社1993年版，第217页。
③ 梁亚敏：《中国特色社会主义理论体系生成逻辑研究》，《西南民族大学学报（人文社会科学版）》2013年第6期。

本利益，就是党的理论、路线、纲领、方针、政策和各项工作，必须坚持把人民的根本利益作为出发点和归宿，充分发挥人民群众的积极性主动性创造性，在社会不断发展进步基础上，使人民群众不断获得切实的经济、政治、文化利益。"①这段话，深刻阐明了"代表最广大人民的根本利益"的基本内涵：

第一，必须坚持把人民的根本利益作为出发点。我们想问题、办事情的出发点和落脚点，始终要考虑人民群众的根本利益。在新的历史条件下，唯有坚持以最广大人民的根本利益为最高标准，更好地实现好、维护好和发展好人民群众的切身利益，进一步巩固党同人民群众的血肉联系，立党为公、执政为民，我们党才能不断经受新的考验、夺取新的胜利。

第二，必须充分发挥人民群众的积极性、主动性和创造性。人民群众是建设中国特色社会主义事业的主体，是先进生产力和先进文化的创造者，同时也是社会主义物质文明、政治文明和精神文明协调发展的推动者。实现人民群众的根本利益就必须充分发挥人民群众的积极性、主动性和创造性，坚持人民的主体地位。任何时候我们都必须坚持尊重社会发展规律与尊重人民历史主体地位的一致性，坚持为崇高理想奋斗与为最广大人民谋利益的一致性，坚持完成党的各项工作与实现人民利益的一致性。

第三，使人民群众不断获得切实的经济、政治、文化利益。唯物主义历史观认为，每个社会的经济关系都是作为利益关系表现出来的。人民群众的一切奋斗，都同他们的利益有关。江泽民把群众利益具体化为经济利益、政治利益和文化利益三个基本方面。经济利益是人民群众生存和发展的基础。政治利益表现为人民具有管理国家事务的知情权、选举权、监督权以及直接管理权等。文化利益表现为人民群众具有接受教育和享受各种文化成果的权力等。要使人民群众不断获得切实的经济、政治、文化利益，关键在于发展。

党的十六大以来，党中央提出坚持以人为本，这一价值取向是对人的自

---

① 《十五大以来重要文献选编》（下），中央文献出版社 2003 年版，第 1909 页。

由而全面发展理论的新拓展和深化，反映了我们党的根本宗旨的内在规定，也体现了我们党的执政理念的本质要求。坚持以人为本，就是坚持发展为了人民、发展依靠人民、发展成果由人民共享。也就是说，在发展的过程中，我们要始终以人民的根本利益为归宿，要把代表最广大人民的根本利益作为一切工作政策方针的根本出发点，充分尊重人民群众的主体地位，充分发挥人民群众的积极性、主动性和创造性，要让经济社会发展的成果惠及全体人民。以人为本的根本目标是促进和实现人的全面发展。社会主义的本质决定了中国共产党必须以人的全面发展为价值目标。解放和发展生产力，是满足人的各种需要的物质基础，消灭剥削和消除两极分化是实现人的全面发展的制度保障，实现共同富裕则是实现人的全面发展的必备条件。我们建设有中国特色社会主义的各项事业，既要有利于促进物质生产力的提高，满足人民群众的物质文化需要，也要着眼于提高人民群众的思想道德水平和科学文化素质，最终目标就是要不断促进人的自由全面发展。以人为本，体现的是整体、群体和个体利益的有机统一。以人为本理念的提出，是与"三个代表"重要思想中代表中国最广大人民根本利益的宗旨内在契合的。

　　党的十八大以来，以习近平为总书记的党中央高度重视人民群众的根本利益，强调任何时候都要把人民利益放在第一位，始终与人民心连心、同呼吸、共命运，始终依靠人民推动历史前进。2013 年 6 月，习近平在中共中央政治局第七次集体学习时强调指出，在新的历史条件下坚持和发展中国特色社会主义，必须代表最广大人民的根本利益。2014 年 9 月，习近平在庆祝中国人民政治协商会议成立 65 周年大会上的讲话中指出，中国共产党的一切执政活动，中华人民共和国的一切治理活动，都要尊重人民主体地位，尊重人民首创精神，拜人民为师，把政治智慧的增长、治国理政本领的增强深深扎根于人民的创造性实践之中，使各方面提出的真知灼见都能运用于治国理政，坚持把实现好、维护好、发展好最广大人民根本利益作为一切工作的出发点和落脚点。2015 年 4 月，习近平在庆祝"五一"国际劳动节暨表彰全国劳动模范和先进工作者的大会上进一步指出，我们要始终实现好、维护好、发展好最广大人民根本利益，让改革发展成果更多更公平惠及人民。

上述一系列思想充分体现了以习近平为总书记的党中央以人为本、全心全意为人民服务的根本宗旨。

总之，改革开放以来，党的几代中央领导集体都强调中国特色社会主义现代化建设的根本目的，就在于不断满足人民群众日益增长的物质文化需要，都强调要始终为广大人民群众谋利益。正是在这样一以贯之的政治立场中，中国特色社会主义发展理论的理论内涵才不断得到了丰富和发展，也正是由于理论内涵的不断拓展，才使得对中国特色社会主义伟大实践的指导性不断得到增强。

二、与时俱进：开拓与创新的统一

所谓与时俱进，指的是某种思想、行为或学说要随着时代、现实、社会、历史和实践的发展，而不断调整自己的内容和形式，是要运用唯物辩证法的科学方法论，来不断分析和解决不同时代和历史条件下出现的新问题，从而得出创新性的结论。中国特色社会主义发展理论作为科学的世界观和方法论，必然会随着我国改革开放和社会主义现代化建设实践的深入而不断变化发展，是与时俱进的科学理论。

（一）发展内涵的新认识：从"坚持发展"到"实现什么样的发展"

从世界范围内来看，人们对发展内涵的认识大致经历了三个阶段：第一阶段，人们认为发展的过程就是经济增长的过程，这一时期从工业革命延续到20世纪50年代前；第二阶段，随着工业化进程的加速，人们将发展看作是经济增长和整个社会变革的统一，即伴随着经济结构、政治体制和文化法律变革的经济增长过程；第三阶段，人们将发展看作是人口、资源、环境相协调，经济、政治、文化、社会全面发展的过程，以可持续发展观的形成和在全球取得共识为标志。改革开放以来，中国共产党对发展内涵的认识也经历了一个与时俱进的过程。

1.坚持发展是党的三代中央领导集体发展思想的主线

新中国成立后，我国的基本国情在政治上发生了根本的变化。然而，经济文化落后的现实状况没有也不可能在短期内得到根本改变。因此，坚持发展，致力于建设新中国，是中国共产党人义不容辞的崇高责任和神圣使命。从毛泽东的"球籍"意识，到邓小平提出发展是硬道理，再到江泽民提出发展是党执政兴国的第一要务，表明中国共产党人致力于发展的理念是一致的、一脉相承的。

以毛泽东为核心的党的第一代中央领导集体，对新中国发展的重要性和紧迫性有着清醒的认识：一是提出落后就要挨打，不发展就要开除"球籍"。由于旧中国的积贫积弱，加之战乱不断，发展十分缓慢，从而造成了我国"一穷二白"的落后面貌。毛泽东清醒地认识到，中国共产党人在全面执政后"如果不在今后几十年内，争取彻底改变我国经济和技术远远落后于帝国主义国家的状态，挨打是不可避免的。"[1]1956年8月，在党的八大预备会议上毛泽东又鲜明指出，如果不能在五六十年后赶超资本主义强国，"那就要从地球上开除你的球籍！"[2]二是提出只有不断发展才能改变我国经济文化落后的状况，才能充分体现社会主义制度优越性。毛泽东指出："我们这个国家建设起来，是一个伟大的社会主义国家，将完全改变过去一百多年落后的那种情况，被人家看不起的那种情况，倒霉的那种情况"[3]，他认为"社会主义和资本主义比较，有许多优越性，我们国家经济的发展，会比资本主义国家快得多。"[4]三是提出只有中国发展起来了，才能对世界作出更大的贡献。在毛泽东看来，发展问题不但是一个经济问题，而且还是一个政治问题。中国作为一个人口众多、地域辽阔的发展中大国，应当对于人类的发展作出较大贡献。因此，他要求"全国各界，包括工商界、各民主党派在内，都要努力，把我国建设成为一个富强的国家。我们在整个世界上应该有这个

---

[1] 《毛泽东文集》第八卷，人民出版社1999年版，第340页。
[2] 《毛泽东文集》第七卷，人民出版社1999年版，第89页。
[3] 《毛泽东文集》第七卷，人民出版社1999年版，第89页。
[4] 《毛泽东文集》第八卷，人民出版社1999年版，第302页。

职责。"①

1976 年"文化大革命"结束后，以邓小平为核心的党的第二代中央领导集体，牢牢把握发展这个时代主题，认为发展中国家的根本问题是发展，发达国家的重要问题也是发展，"应当把发展问题提到全人类的高度来认识"②，提出发展是富民强国的必由之路，是社会主义的本质要求，中国解决所有问题的关键是要靠自己的发展，"发展才是硬道理"。进入新世纪，我国进入了全面建设小康社会的新的发展阶段，以江泽民为核心的党的第三代中央领导集体，提出要始终紧紧抓住发展这个执政兴国的第一要务，强调要把发展落实到发展先进生产力、发展先进文化、维护和实现最广大人民的根本利益上来，强调发展是保持党的先进性、巩固党的执政地位、实现中华民族伟大复兴的根本所在。

2."实现什么样的发展、怎样发展"是对发展内涵的新认识

以胡锦涛为总书记的党中央继承了党的三代中央领导集体对发展重要性的认识，提出科学发展观的第一要义是发展，要求在任何情况下我们都要一心一意谋发展。胡锦涛指出："科学发展观，是用来指导发展的，不能离开发展这个主题，离开了发展这个主题就没有意义了。"③科学发展观在坚持发展的基础上，着力要解决的是"实现什么样的发展、怎样发展"这一根本问题，深化了党的三代中央领导集体对发展问题的认识。

在"实现什么样的发展、怎样发展"这个问题上，党的三代中央领导集体也进行过不同程度的探索。毛泽东从 20 世纪 50 年代中期开始，就对如何发展中国的问题进行过初步探索，提出"以苏为鉴"、独立探索中国社会主义建设道路等宝贵思想。然而，由于受种种因素的限制，毛泽东毕竟未能最终解决中国社会主义的发展问题。邓小平在深刻总结历史经验教训的基础上，围绕"什么是社会主义、怎样建设社会主义"这个基本问题，提出走自己的路、建设有中国特色的社会主义，开创了我国改革开放和现代化建设的

---

① 《毛泽东文集》第六卷，人民出版社 1999 年版，第 500 页。
② 《邓小平文选》第三卷，人民出版社 1993 年版，第 282 页。
③ 《十六大以来重要文献选编》（上），中央文献出版社 2005 年版，第 850 页。

新局面。江泽民紧紧围绕如何在推进中国特色社会主义过程中来推进党的建设，如何通过加强和改进党的建设来推进中国特色社会主义进行了积极的探索。

从总体上看，党的三代中央领导集体考虑更多的是当下的"发展"，而尚未对发展本身的科学性进行全面、深入的思考。而科学发展观是在我国经过新中国成立以来特别是改革开放三十多年发展实践的基础上提出来的，它面临的主要任务是解决新时期新阶段在现代化建设过程中的深层次问题，包括如何把握发展规律、创新发展理念、转变发展方式、破解发展难题等。在"实现什么样的发展"这一问题上，科学发展观主张实现以人为本的发展、科学的发展、和谐的发展、和平的发展、又好又快的发展，体现了发展的世界观；在"怎样发展"这一问题上，科学发展的基本要求是全面协调可持续，根本方法是统筹兼顾，要求正确认识和妥善处理中国特色社会主义事业中的重大关系，既要总揽全局、统筹规划，又要抓住牵动全局的主要工作、事关广大人民群众根本利益的突出问题，着力推进、重点突破，体现了发展的方法论。因此，科学发展观作为一个由一系列相互联系的基本观点构成的科学理论体系，它以科学的世界观为坚实基础，贯穿了科学的方法论原则，集中体现了马克思主义关于发展的世界观和方法论，揭示出了当代中国社会发展的客观规律，创造性地回答了当代中国社会主义的发展方向、改革开放的发展道路和面向未来的发展途径等一系列重大问题。

党的十八大以来，以习近平为总书记的党中央强调指出，发展仍然是当代中国的核心问题，是解决一切问题的基础和关键；发展必须是遵循经济规律的科学发展，必须是遵循自然规律的可持续发展，必须是遵循社会规律的包容性发展；全面建成小康社会，必须进一步解决好实现什么样的发展、怎样实现更有质量、更加均衡、更加全面、更加绿色、更可持续的发展。2014年11月，习近平在澳大利亚联邦议会讲话中进一步指出，中国始终坚持和平发展的决心不会动摇，中国始终坚持共同发展的理念不会动摇。上述一系列重要论述，充分表明了以习近平为总书记的党中央对中国经济发展新常态的科学把握和理性思考，是对推动经济持续健康发展新思路、新目标的高度概括，表明我们党对发展问题的认识和把握达到了新的高度。

（二）发展理念的新深化：从"发展为民"到"以人为本"

"靠谁发展、为谁发展"，是发展观的两个基本问题。以毛泽东为核心的党的第一代中央领导集体明确提出了全心全意为人民服务的发展理念。邓小平在马克思主义的实践标准基础上提出了生产力标准、人民利益标准的发展理念。江泽民提出了中国共产党始终代表最广大人民根本利益的发展理念。科学发展观在此基础上进一步提出了以人为本的发展理念，要求发展为了人民、发展依靠人民、发展成果由人民共享。以习近平为总书记的党中央高度重视以人为本，强调现代化建设要坚持以人为本，建设美丽中国。

1. 党的三代中央领导集体的"发展为民"思想

以毛泽东为核心的党的第一代中央领导集体运用马克思主义的立场、观点和方法，结合中国实际，创造性地提出了"一切依靠群众，一切为了群众，从群众中来，到群众中去"的群众路线。在毛泽东看来，人民群众是社会历史的创造者，是社会发展的主体。社会发展的最终目的是为了实现最广大人民群众的根本利益。"全心全意地为人民服务，一刻也不脱离群众；一切从人民的利益出发，而不是从个人或小集团的利益出发；向人民负责和向党的领导机关负责的一致性；这些就是我们的出发点。"①

邓小平继承了毛泽东的民本思想，把社会主义的发展看作是一个在解放和发展生产力的基础上，消灭剥削、消除两极分化、最终达到共同富裕的长期历史过程；强调社会主义精神文明建设的根本任务是培育"四有"新人，提高整个中华民族的科学文化素质和思想道德素质；指出要"时刻关注最广大人民的利益和愿望，把'人民拥护不拥护'、'人民赞成不赞成'、'人民高兴不高兴'、'人民答应不答应'作为制定各项方针政策的出发点和归宿。"②

---

① 《毛泽东选集》第三卷，人民出版社 1991 年版，第 1095—1096 页。
② 《十四大以来重要文献选编》（上），中央文献出版社 1996 年版，第 450—451 页。

　　江泽民将"人的全面发展"明确纳入社会主义的发展目标之中，强调社会经济的发展与人的全面发展有机统一。江泽民指出，我们进行的一切工作，既要着眼于人民现实的物质文化生活需要，同时又要着眼于促进人民素质的提高，努力促进人的全面发展；推进人的全面发展，同推进经济、文化的发展和改善人民物质文化生活，是互为前提和基础的；社会生产力和经济文化的发展水平是逐步提高、永无止境的历史过程，人的全面发展程度也是逐步提高、永无止境的历史过程。

2."以人为本"是对发展理念的新深化

　　以胡锦涛为总书记的党中央，在党的十六届三中全会上提出了坚持以人为本，树立全面、协调、可持续的发展观。党的十七大报告明确指出科学发展观的核心是"以人为本"。党的十八大报告进一步指出，必须更加自觉地把"以人为本"作为深入贯彻落实科学发展观的核心立场。党的十八大以来，以习近平为总书记的党中央提出"人民对美好生活的向往，就是我们的奋斗目标"，用朴实、生动、真切的语言表达了我们党全心全意为人民服务的宗旨和发展为了人民的目的。"以人为本"发展理念的提出，进一步深化了前人关于发展主体和发展目的的认识。

　　第一，"以人为本"体现了马克思主义的历史观和发展观。马克思主义的全部学说，归根到底，就是为了解放无产阶级和全人类，实现人的自由全面发展。马克思认为，人是全部人类活动和全部人类关系的本质、基础，从人的发展角度可以把人类社会演进的全过程概括为三个阶段："人的依赖关系（起初完全是自然发生的）是最初的社会形态，在这种形态下，人的生产能力只是在狭窄的范围内和孤立的地点上发展着。以物的依赖性为基础的人的独立性，是第二大形态，在这种形态下，才形成普遍的社会物质交换，全面的关系，多方面的需求以及全面的能力的体系。建立在个人全面发展和他们共同的社会生产能力成为他们的社会财富这一基础上的自由个性，是第三个阶段。"[①] 在这里，马克思把社会历史看作是由人的依赖走向物的依赖再走

---

① 《马克思恩格斯全集》第二卷，人民出版社 2005 年版，第 118—119 页。

向自由个性的历史，这样的社会历史就是不断解放人的历史，也不断表现着对人的终极关怀。马克思恩格斯设想，在未来社会，每个人的自由发展是一切人的自由发展的条件。以人为本，实现人的全面发展，是马克思主义创始人关于共产主义社会本质特征的最高概括，是马克思主义关于建设社会主义新社会的本质要求。科学发展观把以人为本作为自己的价值追求，既是无产阶级政党的内在要求，也是中国共产党领导革命和建设经验的深刻总结。在新的历史条件下，中国共产党确立以人为本的科学发展观，把人作为社会主义发展的核心理念，代表和体现了最广大人民的根本利益，满足了人性发展的合理要求，必将有力地促进社会的进步和人的全面发展。

第二，"以人为本"进一步丰富和发展了党的三代中央领导集体的"发展为民"思想。以人为本的"人"，是指以工人、农民、知识分子等劳动者为主体，包括社会各阶层在内的广大人民群众。"以人为本"的"本"，就是根本，就是一切工作的出发点和落脚点。因此，在一定意义上说，"以人为本"就是"以民为本"。但是，"以人为本"并不完全等同于"以民为本"，"人"比"人民"的外延更宽泛，内涵更具有包容性。"以人为本"不仅内含了执政为民的本质，而且有着与科学发展观相适应的更加宽泛而深刻的内涵与精神，主要表现在"人"的外延与对人的关怀层面的拓展与提升上。中国共产党勇于把"以人为本"作为自己的执政理念，充分彰显了中国共产党人与时俱进的理论品格，展示了中国共产党博大的胸怀和崇高的执政境界。

第三，"以人为本"从根本上回答了"为谁发展、靠谁发展"的问题，规定了中国发展的性质和方向。坚持"以人为本"，就是要求我们在发展过程中要始终坚持立党为公、执政为民，要围绕全心全意为人民服务的这个根本宗旨，为广大人民群众谋利益、促发展。要在发展的过程中坚持目的性和规律性的统一，尊重人民的主体地位，坚持为崇高理想奋斗与为最广大人民谋利益的一致性，坚持完成党的各项工作与实现人民利益的一致性，坚持发展为了人民、发展依靠人民、发展成果由人民共享。只有坚持发展为了人民，发展才有明确的目标和正确的方向；只有坚持发展依靠人民，发展才有不竭的动力；只有坚持发展成果由人民共享，发展才能造福于社会，才能有助于社会主义共同富裕的尽快实现。离开"以人为本"，发展就会走偏方向，就会失去动力，就不是科学发展。

党的十八大以来，以习近平为总书记的党中央不仅坚持"以人为本"这一中国共产党人的根本政治理念，还为它增添了新的理论内涵。党的十八届四中全会提出了"以民为本"的执政新理念，"以民为本"的"民"直接对应"官"，习近平强调指出，实现人民群众的主体地位，拉近领导与人民群众的距离，就要求领导干部不做"以官压人"的事情，真正克制"官本位"思想，不搞"以官为本"，树立正确的民生权力观，切实解决好人民群众最现实、最关心、最直接的问题。也正是如此，以习近平为总书记的党中央要求在全党开展群众路线教育实践活动，要求广大党员干部紧紧扭住反对"四风"，从群众最关心、最迫切的问题入手，真正让群众受益，为人民谋福祉，让每一个中华儿女共享人生精彩的中国梦。

总之，以人为本这一发展理念的提出，体现了我们党全心全意为人民服务的根本宗旨和我们推动经济社会发展的根本目的，凸显了我们党在发展指导思想和发展战略上对于人本精神的扬弃，克服了传统发展观"重物轻人"、片面追求单向度经济增长的偏向，标志着我们党对社会主义建设规律的认识更加全面，也标志着我们党的根本宗旨与执政理念在更高层次上的发展和升华。

（三）发展战略的新构想：从"三步走"到"新三步走"

战略是确定事物长远发展目标并指出实现长远目标的策略和途径。"社会发展战略，是指一国在一定时期社会发展的目标和为实现这一目标而采取的重大措施的总和，是根据对本国社会发展各种条件、因素的分析、估量和判断而制定的一个较长时期社会发展的总任务。"[①]发展战略是一个系统，包含战略思想、战略目标、战略部署、战略步骤、战略措施等方面，其关键的

---

① 田克勤：《中国特色社会主义理论与实践研究》，中国人民大学出版社 2012 年版，第 130 页。

部分是战略步骤，这决定了发展战略的实施和成败。基于战略步骤的地位和价值，中国共产党在各个历史时期都非常重视发展战略，并制定了正确的、科学的战略步骤。

1.毛泽东和邓小平对发展战略的思考

实现国家现代化是中国共产党人很早就确立的伟大理想。早在1953年，我国就制定了经济社会发展战略，确定经济社会发展的目标是从1953年开始，大约用三个五年计划的时间，逐步进行对农业、手工业和资本主义工商业的社会主义改造，并在此基础上实现社会主义工业化。1954年召开的第一届全国人民代表大会，明确提出我们的发展目标是要实现"工业、农业、交通运输业和国防"四个现代化。1955年10月，毛泽东在七届六中全会上提出大约在50—75年的时间内，就是十到十五个计划的时间内，建成一个强大的社会主义国家的设想。遵照毛泽东的指示，周恩来在三届全国人大一次会议上所做的政府工作报告中宣告："从第三个五年计划开始，我国的国民经济发展，可以按两步来考虑：第一步，建立一个独立的比较完整的工业体系和国民经济体系；第二步，全面实现农业、工业、国防和科学技术的现代化，使我国经济走在世界的前列"①，第一次比较完整地概括了分"两步走"实现"农业、工业、国际和科学技术"四个现代化的战略目标。

党的十一届三中全会以后，中国进入了社会主义建设的新时期，随着改革开放的逐步深入，邓小平在指导我国社会主义现代化建设的实践中，从我国的国情出发，强调要有步骤、分阶段地实现社会主义现代化的目标，逐步形成了"三步走"的发展战略思想。依据邓小平的这一战略思想，党的十三大用党的文件的形式将其正式地确定下来，并制定了我国经济建设"三步走"的战略部署："第一步，实现国民生产总值比一九八〇年翻一番，解决人民的温饱问题。这个任务已经基本实现。第二步，到本世纪末，使国民生产总值再增长一倍，人民生活达到小康水平。第三步，到下个世纪中叶，人均国民生产总值达到中等发达国家水平，人民生活比较富裕，基本实现现

---

① 《建国以来重要文献选编》第十九卷，中央文献出版社1998年版，第483页。

代化。"①以邓小平为核心的党的第二代中央领导集体所制定的实现我国现代化的"三步走"发展战略，具有重大的政治意义。"三步走"战略是沿着社会主义方向发展中国经济的深入思考，它体现了发展生产力与人民共同富裕的统一，同时也从根本上摒弃了"贫穷社会主义"的"左"的错误，是一个体现和激发中华民族追赶先进的雄心壮志的发展战略。

2."新三步走"是对发展战略的新构想

世纪之交，以江泽民为核心的党的第三代中央领导集体继承并进一步发展了邓小平的发展战略思想，并在此基础上提出和具体实施了一系列新的经济社会发展战略。党的十五大根据变化了的实际，提出 21 世纪中国社会发展新"三步走"构想：第一步，用十年时间，实现国民生产总值比 2000 年翻一番，使人民的小康生活更加宽裕，形成比较完善的社会主义市场经济体制；第二步，再用十年时间，到建党一百年时，使国民经济更加发展，各项制度更加完善；第三步，用三十年时间，到 21 世纪中叶新中国成立一百年时，基本实现现代化，建成富强、民主、文明的社会主义国家。这样就把邓小平的"三步走"发展战略的第三步细化为三小步，形成了"新三步走"发展战略，从而使得这一战略思想更加具有针对性和可操作性。此后，在党的十六大报告中江泽民又提出了全面建设小康社会的奋斗目标——即国内生产总值到 2020 年力争比 2000 年翻两番，全面建设惠及十几亿人口的更高水平的小康社会，使经济更加发展，民主更加健全，科技更加进步，文化更加繁荣，社会更加和谐，人民生活更加殷实。这一段话实际上是把"新三步走"中的第二步在内容要求上进一步做了细化，因为全面建设小康社会，是实现现代化建设第三步战略目标必经的承上启下的发展阶段，它对于"新三步走"的完成起着至关重要的作用。

以胡锦涛为总书记的党中央坚持发展创新、与时俱进的原则，以十六大报告提出的国内生产总值到 2020 年力争比 2000 年翻两番的目标为基础，在十七大报告中提出了新的更高要求，即"转变发展方式取得重大进展，在优

---

① 参见《十三大以来重要文献选编》（上），人民出版社 1991 年版，第 16 页。

化结构、提高效益、降低消耗、保护环境的基础上，实现人均国内生产总值到二〇二〇年比二〇〇〇年翻两番。社会主义市场经济体制更加完善。自主创新能力显著提高，科技进步对经济增长的贡献率大幅上升，进入创新型国家行列。"[①]在这里，国内生产总值"翻两番"的目标由"总量"改为"人均"，同时增加了"降低消耗、保护环境"等前提条件。这是对"新三步走"战略思想的进一步深化，充分体现了科学发展观的基本内涵。

党的十八大以来，以习近平为总书记的党中央既注重从战略高度上思考和把握治国理政，又注重运用辩证思维方式来处理和化解所面临的种种矛盾和问题。这种战略辩证法在治国理政中的根本体现，就是确定好治国理政的战略目标。"这种战略目标，既包括新一届中央任内所要实现的战略目标，既全面建成小康社会，也包括更为长远的奋斗目标，既实现社会主义现代化和中华民族伟大复兴的中国梦。"[②]以习近平为总书记的党中央提出：到建党一百年时，即到2020年要全面建成小康社会；到建国一百年时，即到2049年要实现社会主义现代化；在前两个一百年奋斗目标的基础上，实现中华民族伟大复兴的中国梦。在这里，实现"两个一百年"奋斗目标是实现中华民族伟大复兴的中国梦的基础，它为实现中国梦铺平了道路。这一战略目标的提出，进一步丰富了"新三步走"的战略思想，开启了在社会主义道路上实现中华民族伟大复兴新的历史征程。

总之，"新三步走"发展战略是对邓小平大"三步走"发展战略的进一步拓展和深化。"新三步走"发展战略，高瞻远瞩地为中国的社会主义现代化描绘了一幅更明确、更清晰、更形象的宏伟绚丽的美好蓝图。而以习近平为总书记的党中央在治国理政中运用战略思维和辩证思维提出的全面建成小康社会、全面深化改革、全面依法治国、全面从严治党的"四个全面"战略布局思想，则为"新三步走"发展战略的顺利实现提供了强有力的思想保证。

---

① 胡锦涛：《高举中国特色社会主义伟大旗帜　为夺取全面建设小康社会新胜利而奋斗——在中国共产党第十七次全国代表大会上的报告》，人民出版社2007年版，第19页。

② 韩庆祥：《"新三步战略"与"四个全面"战略布局》，《唯实》2015年第6期。

（四）发展布局的新拓展：从"两个文明"到"五位一体"

社会发展是一个系统工程，是包括经济、政治、文化、社会、生态等要素的相互作用的过程和结果。从邓小平的"两个文明"一起抓、到江泽民的"三个文明"协调发展，再到党的十八大报告首次单篇论述生态文明，把建设社会主义生态文明纳入中国特色社会主义道路的科学内涵，提出"五位一体"建设中国特色社会主义事业的战略总布局，体现了中国共产党对发展布局的认识在不断丰富、不断深化。

1. 党的三代中央领导集体对发展布局的认识

早在民主革命时期，毛泽东就对未来新中国的发展蓝图有了初步构想，鲜明指出："在这个新社会和新国家中，不但有新政治、新经济，而且有新文化。"[①]新中国成立后，随着社会主义建设事业的不断向前推进，毛泽东深化了对发展内涵的认识：一是在经济发展方面，毛泽东提出我们要正确处理好重工业、轻工业和农业的关系，要走具有自身特点的中国工业化道路。在生产力的发展布局上，他要求在社会主义建设中正确处理好中央和地方、沿海和内地、大中小城市、一线二线三线之间的关系。在分配问题上，他反对绝对平均主义，同时也指出要防止收入差距过大，要注重社会公平；二是在政治发展方面，毛泽东提出要"造成一个又有集中又有民主，又有纪律又有自由，又有统一意志、又有心情舒畅、生动活泼，那样一种政治局面。"[②]他认为，在社会主义条件下，正确处理人民内部矛盾是国家政治生活的主题，特别要注意解决人民内部的思想认识上的矛盾和物质利益分配上的矛盾。在共产党和各民主党派的关系上，他提出要坚持"长期共存、互相监督"的方针；三是在文化发展方面，毛泽东认为，随着中国工业化建设的快速推进，将不可避免地出现文化发展的高潮，社会主义新文化是以马克思主义为指导的民族的、科学的、大众的文化，他提倡"百花齐放、百家争鸣"，主张批

---

① 《毛泽东选集》第二卷，人民出版社 1991 年版，第 663 页。
② 《建国以来毛泽东文稿》第六卷，中央文献出版社 1992 年版，第 543 页。

判地继承中国传统文化和外国文化；四是在社会建设方面，毛泽东抓住保障和改善民生这个社会建设的重点，注重大众教育，提出把医疗卫生工作的重点放到农村去，让广大劳动人民普遍分享社会主义建设的成果。

以邓小平为核心的党的第二代中央领导集体，对发展内涵的理解集中体现在"两个文明"一起抓上。邓小平在深刻总结社会主义现代化建设正反两方面经验教训的基础上，根据改革开放中出现的新问题新情况，第一次明确提出了"建设高度的社会主义精神文明"这一科学命题，提出要正确处理好物质文明和精神文明两者之间的关系，并且形成了"两个文明"协调发展的现代化建设布局新思路。1982 年 9 月，党的十二大报告首次对物质文明和精神文明做出了科学界定并阐述了它们之间的关系，指出物质文明建设是精神文明建设的重要基础，精神文明建设对物质文明建设不但起巨大的推动作用，而且保证它的正确发展方向。两个文明建设互为条件、互为目的、相辅相成。报告中明确提出："我们在建设高度物质文明的同时，一定要努力建设高度的社会主义精神文明。这是建设社会主义的一个战略方针问题。"[①]虽然在当时党的文件中还没有正式的"总体布局"的提法，但"两个文明"一起抓的发展理念实际上是作为重要的战略布局方针提出来的，标志着我们党对中国特色社会主义建设总体布局的初步探索。

以江泽民为核心的党的第三代中央领导集体在治国理政的实践中，进一步提出在建设社会主义物质文明和精神文明的同时，还要建设社会主义政治文明。在庆祝中国共产党成立 70 周年大会的讲话中，江泽民指出："有中国特色社会主义的经济、政治、文化，是有机统一、不可分割的整体。"[②]在"两个文明"的基础上，进一步认识到建设有中国特色社会主义，应该是我国经济、政治、文化全面发展的进程，是我国社会主义物质文明、政治文明、精神文明全面建设的进程。党的十六大报告第一次把建设社会主义政治文明确定为全面建设小康社会的一个重要目标，并提出要不断促进社会主义

---

① 《十一届三中全会以来党的历次全国代表大会中央全会重要文件选编》（上），中央文献出版社 1997 年版，第 246 页。

② 《江泽民文选》第一卷，人民出版社 2006 年版，第 161 页。

物质文明、政治文明和精神文明的协调发展。这一重要论述的提出，确立了"三个文明"协调发展的战略布局。

2."五位一体"是对发展布局的新拓展

新世纪新阶段，以胡锦涛为总书记的党中央从全面推进我国经济社会全面协调可持续发展的高度出发，对发展布局问题进行了卓有成效的探索。党的十六届四中全会站在新的历史起点，第一次完整地提出了构建社会主义和谐社会的这一重大战略任务，这也是我们党执政理念的一次重要升华。2005 年 2 月，胡锦涛在省部级主要领导干部提高构建社会主义和谐社会能力专题研讨班上鲜明指出："随着我国经济社会的不断发展，中国特色社会主义事业的总体布局，更加明确地由社会主义经济建设、政治建设、文化建设三位一体发展为社会主义经济建设、政治建设、文化建设、社会建设四位一体。"[①] 在上述一系列思想的基础上，党的十七大报告进一步深刻阐述了"四位一体"总体布局思想的科学内涵，报告中指出："建设社会主义市场经济、社会主义民主政治、社会主义先进文化、社会主义和谐社会，建设富强民主文明和谐的社会主义现代化国家。""坚持中国特色社会主义经济建设、政治建设、文化建设、社会建设的基本目标和基本政策构成的基本纲领。"[②] 此后，党的十七大报告还将"四位一体"总体布局思想的内容写入党章，标志着"四位一体"总体布局思想得以正式确定。

实践发展永无止境，认识真理永无止境，理论创新永无止境。在深入贯彻落实科学发展观的过程中，党对中国特色社会主义规律的认识也在不断深化和提高。针对经济快速增长中能源、资源、生态环境代价过大，经济高速发展与生态环境保护之间的矛盾冲突，以胡锦涛为总书记的党中央继续推进理论创新和实践创新，明确提出要加快生态文明建设，要把生态文明建设放在突出地位，融入经济社会发展的全过程，认为生态文明建设是关系人民福祉、关乎民族未来的长远大计。党的十七届五中全会进一步强调指出，要加

---

① 《十六大以来重要文献选编》（中），中央文献出版社 2006 年版，第 696 页。

② 《十七大以来重要文献选编》（上），中央文献出版社 2009 年版，第 15 页。

快转变经济发展方式，着力建设资源节约型、环境友好型社会，努力提升生态文明建设水平。以胡锦涛为总书记的党中央提出要把生态文明建设的理念全面贯穿和融入到我国现代化建设的方方面面，这已经蕴含着"五位一体"总体布局思想的初步形成。

在此基础上，在习近平任起草小组组长的党的十八大报告中，首次单篇论述生态文明，把建设社会主义生态文明纳入中国特色社会主义道路的科学内涵，明确提出要努力建设"美丽中国"，实现中华民族永续发展。这一发展理念的提出，标志着"五位一体"总体布局的正式确立。党的十八大以来，以习近平为总书记的党中央高瞻远瞩战略谋划，强调指出生态环境保护是功在当代、利在千秋的事业。要更加自觉地推动绿色发展、循环发展、低碳发展，把生态文明建设融入经济建设、政治建设、文化建设、社会建设各方面和全过程，形成节约资源、保护环境的空间格局、产业结构、生产方式、生活方式，为子孙后代留下天蓝、地绿、水清的生产生活环境。2013 年 5 月，习近平在主持中共中央政治局第六次集体学习时再次强调指出："生态兴则文明兴，生态衰则文明衰。"这是对生态与文明关系的科学阐释，彰显了新的历史时期中国共产党人对人类文明发展规律、自然规律和经济社会发展规律的深刻认识，进一步丰富了中国特色社会主义发展理论的科学内涵。

"五位一体"总体布局的提出，绝不仅仅意味着经济发展模式的转变，它追求的是经济、政治、文化、社会、生态各个领域的良性运行和协调发展，是建设中国特色社会主义现代化国家的内在需要。它的形成和确立，使得中国特色社会主义事业的顶层设计更加完善、更为科学，进一步适应了我国现代化建设事业不断发展的新要求。随着社会主义现代化建设事业的不断推进，必然还将继续丰富和深化总体布局战略思想的理论内涵。

三、中国特色社会主义发展理论的演绎依据

中国特色社会主义发展理论从"坚持发展"到"实现什么样的发展"的

推进；从"发展为民"到"以人为本"理念的推进；"从三步走"到"新三步走"战略思想的推进；从"两个文明"到"五位一体"总体布局的推进，充分体现了其与时俱进的理论品质。从其逻辑演绎的转换依据看，时代发展需要、国情变化需要和实践推动需要是中国特色社会主义发展理论不断演进的重要依据。

（一）时代发展需要与发展理论的演进

对时代问题的科学认识，是中国共产党人明确执政使命，制定发展的战略、方针和政策的基本依据。马克思曾指出："一切划时代的体系的真正的内容都是由于产生这些体系的那个时期的需要而形成起来的。"[1]准确把握时代特征，始终站在时代发展的最前沿，坚持一切从实际出发，是中国特色社会主义发展理论创新的内在要求。

20世纪上半叶，中国所面临的时代是"帝国主义和无产阶级革命"的时代。由于这个阶段的基本特征或时代主题是战争与革命，所以通常又将其称为战争与革命时代。新中国成立以后，中国面临的时代特征开始发生微妙的变化。一方面，自第二次世界大战结束后，帝国主义之间矛盾已有所缓和。另一方面，在法西斯主义和殖民主义崩溃和瓦解的基础上，一些通过革命取得胜利的社会主义国家和新兴独立的民族国家已经作为一支重要的力量登上国际舞台。时代主题开始由战争与革命向和平与发展逐步过渡。对于这一时代的变化，以毛泽东为核心的党的第一代中央领导集体在中共八大前后的一段时间内曾经有过清醒的认识，但是伴随着中苏两党意识形态大论战导致的矛盾激化，毛泽东晚年最终偏离了他先前行进的正确轨道，从而也导致他在对时代任务和时代主题的判断上出现了重大的失误，错误地提出了"两个阶级、两条道路"的矛盾，从而使得中国社会主义建设事业的发展遭受了严重挫折。

党的十一届三中全会以后，以邓小平为核心的党的第二代中央领导集

---

[1] 《马克思恩格斯文集》第二卷，人民出版社2009年版，第36页。

体，基于国际格局的重大变化以及世界各国人民的人心所向、大势所趋，逐渐对当今时代主题作出了科学的概括，提出和平与发展是当今时代主题的新论断。邓小平的这一论断代表了中国共产党人对时代特征的新认识、新判断，是对世界各种矛盾的规律性和普遍性的深刻认识和科学把握，同时也宣告放弃了过去把战争与革命当作主要时代特征的理论观点。此后，后继中国共产党人继承和坚持了邓小平这一科学论断。在党的十六大报告中，江泽民指出："和平与发展仍是当今时代的主题。维护和平，促进发展，事关各国人民的福祉，是各国人民的共同愿望，也是不可阻挡的历史潮流。"[①] 胡锦涛在党的十七大报告中指出："和平与发展仍然是时代主题，求和平、谋发展、促合作已经成为不可阻挡的时代潮流。"[②] 在党的十八大报告中，胡锦涛再次强调："当今世界正在发生深刻复杂变化，和平与发展仍然是时代主题。"[③] 党的十八大以来，以习近平为总书记的党中央进一步强调指出："这个世界，和平、发展、合作、共赢成为时代潮流。"[④] 时代主题的深刻转换，决定了当代中国所面临的时代任务也发生了相应的变化。这就要求当代中国共产党人根据时代主题的新变化做出理论上的相应回应。邓小平发展理论中关于社会主义市场经济的思想、改革开放的思想、以经济建设为中心的思想等等，就是当代中国共产党人结合时代要求在发展理论上的创新。

在和平与发展的时代主题不变的时代背景之下，时代特征却在不断发生变化，时代主题和平与发展的内涵与外延呈现出了一系列新变化和新发展。进入到 20 世纪 80 年代，随着美苏两个超级大国关系的缓和，欧共体整体实力的不断发展壮大，日本加速由经济大国向政治大国的迈进，以中国为主要代表的第三世界国家的快速发展，世界政治格局随之也发生了显著性的变化，出现了由两极向多极化转化的趋势。此后，随着西欧经济和日本经济的快速发展，美国的世界经济霸主地位开始动摇，出现了资本主义世界美、

① 《十六大以来重要文件选编》（上），中央文献出版社 2005 年版，第 35 页。
② 《十七大以来重要文件选编》（上），中央文献出版社 2009 年版，第 35 页。
③ 《十八大以来重要文献选编》（上），中央文献出版社 2014 年版，第 36 页。
④ 《十八大以来重要文献选编》（上），中央文献出版社 2014 年版，第 259 页。

日、欧三足鼎立的经济局面，世界经济格局也逐步向多极化方向迈进。另外以原子能技术、航天技术、电子计算机的应用为主要标志的第三次科学技术革命到了20世纪80年代达到了高潮，极大地促进了世界经济全球化的发展，推动了世界经济一体化的进程。时代特征的显著变化，给当代中国的社会发展带来重要发展机遇的同时，也带来了巨大的挑战。邓小平发展理论就是在这一时代背景下形成的理论成果。

20世纪90年代以来，中国共产党所面对的时代特征又发生了新的变化。随着东欧剧变、苏联解体，世界形势发生了深刻转变，世界多极化趋势在曲折中发展，世界经济全球化的发展进程显著加快，全球化浪潮开始渗入到文化领域。但与此同时，全球化的发展同样也产生了许多负面的影响和作用。对此，江泽民指出："经济全球化作为一个客观进程，具有两重性。西方发达国家力图主导经济全球化，发展中国家总体上处于弱势，如果没有正确的对策就会落入更加不利的地位。"① 胡锦涛在党的十八大报告中也对此进行了深刻论述，他指出："世界多极化、经济全球化深入发展，文化多样化、社会信息化持续推进，科技革命孕育新突破，全球合作向多层次全方位拓展……同时，世界仍然很不安宁。国际金融危机影响深远，世界经济增长不稳定不确定因素增多，全球发展不平衡加剧，霸权主义、强权政治和新干涉主义有所上升，局部动荡频繁发生，粮食安全、能源资源安全、网络安全等全球性问题更加突出。"②

进入新的历史时期，中国的发展继续面临着时代特征的新变化，以习近平为总书记的党中央强调指出，和平、发展、合作、共赢已成为时代潮流，旧的殖民体系土崩瓦解，冷战时期的集团对抗不复存在，任何国家或国家集团都再也无法单独主宰世界事务。但是，"这个世界，人类依然面临诸多难题和挑战，国际金融危机深层次影响继续显现，形形色色的保护主义明显升温，地区热点此起彼伏，霸权主义、强权政治和新干涉主义有所上升，军备

① 江泽民：《论"三个代表"》，中央文献出版社2001年版，第28页。
② 《十八大以来重要文献选编》（上），中央文献出版社2014年版，第36页。

188

竞争、恐怖主义、网络安全等传统安全威胁和非传统安全威胁相互交织，维护世界和平、促进共同发展依然任重道远。"[①]

时代特征的发展变化，给我国的经济建设、政治建设、文化建设、社会建设以及生态文明建设等各个方面提出了新的更高的标准，这就要求不同阶段的中国共产党人要根据变化了的时代特征给予理论上的积极回应，从而也使得中国化马克思主义社会主义发展理论的深入发展成为必然趋势。在新的历史条件下，时代特征的变化，必然要求有新的发展理论来适应该时代的要求，这也正是中国特色社会主义发展理论不断演进的时代依据所在。

（二）国情变化需要与发展理论的演进

中国特色社会主义发展理论的不断演进，其最为关键的现实依据便是中国现实国情的不断变化。新的国情变化需要新的发展理论来指导我国的社会主义现代化建设。因此，这也使得几代中国共产党人在不同历史时期的社会主义实践中，结合现实国情需要都赋予了马克思主义社会发展理论以新的内容。

新中国成立以后，特别是 1956 年社会主义改造完成后，中国的现实国情发生了一系列显著变化。从中国的社会属性看，中国已经迈入了社会主义社会。从阶级状况看，中国社会的主要矛盾已经不是资产阶级和无产阶级之间的矛盾。然而在党的八大以后，毛泽东对我国社会主要矛盾的认识发生转变，尤其是对于社会主义本质属性认识的偏差和失误，导致了以毛泽东为核心的党的第一代中央领导集体在探索社会主义建设道路过程中的严重失误。

党的十一届三中全会以后，以邓小平为核心的党的第二代中央领导集体在总结新中国成立以来正反两方面经验教训的基础上，鲜明地提出了社会主义初级阶段的科学论断，明确指出社会主义初级阶段是我国建设社会主义必须要经历的特定阶段，是不可回避的阶段。1987 年召开的党的十三大，从理论含义、主要内容、主要矛盾以及党在这个历史阶段的基本路线等方面对

[①]　《习近平谈治国理政》，外文出版社 2014 年版，第 272 页。

社会主义初级阶段作出了全面阐释，指出："我国正处在社会主义初级阶段。这个论断，包括两层含义。第一，我国社会已经是社会主义社会。我们必须坚持而不能离开社会主义。第二，我的社会主义社会还处在初级阶段。我们必须从这个实际出发，而不能超越这个阶段。"[①] 这个理论的提出，使得人们对中国国情有了一个清醒的认识，使得理论有了坚固的"事实"依据和实践场景。此后，从党的十四大报告到党的十八大报告，中国共产党人都明确强调坚持社会主义初级阶段这一基本国情的重要性和现实意义。

但是，随着时代的变迁和改革的不断推进，中国的国情也在不断发生着变化。在社会主义初级阶段，我国的社会主义现代化建设呈现出诸多阶段性的特征。在改革开放初期，中国共产党人在社会主义初级阶段所面临的最为严峻的现实问题是怎样解决广大人民群众的温饱问题。以邓小平为核心的党的第二代中央领导集体高瞻远瞩，积极推行以家庭联产承包责任制为核心的农村改革，大大调动了农民的生产积极性，使得农村社会生产力迅速得到恢复和发展。到 20 世纪 90 年代初期，人民群众的温饱问题基本得到解决。在党的十四大报告上，江泽民指出："十一亿人民的温饱问题基本解决，正在向小康迈进。我国经济建设上了一个大台阶，人民生活上了一个大台阶，综合国力上了一个大台阶。"[②]

在此后的社会主义现代化建设中，我国的社会主义建设事业取得了巨大的成就，物质文明建设、精神文明建设、政治文明建设和党的自身建设取得了丰硕成果，综合国力显著增强，人民生活水平得到了显著的改善和提升。但与此同时，我国的改革开放和社会主义现代化建设也进入了攻坚期和深水区，经济体制的深刻变革、社会结构的深刻变动、利益格局的深刻调整、思想观念的深刻变化，一些深层次的问题和矛盾开始显现。对这些问题和矛盾，胡锦涛在党的十七大报告和党的十八大报告中都做了深刻阐述。他在党的十七大报告中指出当前面临的突出问题和矛盾是："经济增长的资

---

① 《十三大以来重要文件选编》（上），中央文献出版社 1991 年版，第 9 页。
② 《江泽民文选》第一卷，人民出版社 2006 年版，第 210 页。

源环境代价过大；城乡、区域、经济社会发展仍然不平衡；农业稳定发展和农民持续增收难度加大……一些基层党组织软弱涣散；少数党员干部作风不正，形式主义、官僚主义问题比较突出，奢侈浪费、消极腐败现象仍然比较严重。"①党的十八大报告在充分肯定我国现代化建设成就的同时，也指出了其中的问题和不足，主要是："发展中不平衡、不协调、不可持续问题依然突出，科技创新能力不强，产业结构不合理，农业基础依然薄弱，资源环境约束加剧，制约科学发展的体制机制障碍较多，深化改革开放和转变经济发展方式任务艰巨；城乡区域发展差距和居民收入分配差距依然较大……一些领域消极腐败现象易发多发，反腐败斗争形势依然严峻。"②为了更有效地解决好这些问题和矛盾，以胡锦涛为总书记的党中央，解放思想、实事求是、与时俱进、求真务实，提出了科学发展观和构建社会主义和谐社会等一系列重大战略思想。党的十八大以来，以习近平为总书记的党中央站在全局和战略的高度，提出了创新驱动发展、建设"美丽中国"、实现中华民族伟大复兴的中国梦等一系列新思想、新观点、新论断，进一步增强了我们坚定不移地走中国特色社会主义道路的信心和决心。

可见，正是由于中国现实国情的不断变化，其在不同历史发展时期所体现出的一系列阶段性特征，使得中国共产党人必须要与时俱进地根据现实国情的需要提出新的发展思路和发展理念，从而才能更好地指导中国特色社会主义现代化建设。

（三）实践推动需要与发展理论的演进

实践是理论创新的动力，也是理论创新的源泉。中国特色社会主义发展理论的一脉相承、与时俱进，不仅体现在其理论上的前后承继，而且还体现在其实践纽带上的紧密联结。伟大的实践创造伟大的理论。建设中国特色社会主义是前无古人的伟大实践，它在实践过程中的不断发展，为中国特色社

---

① 《十七大以来重要文件选编》（上），中央文献出版社 2009 年版，第 4 页。
② 《十八大以来重要文献选编》（上），中央文献出版社 2014 年版，第 4 页。

会主义发展理论的不断创新提供了丰厚土壤，几代中国共产党人的发展理论正是植根于此、立足于此、形成于此，获得了深厚的实践基础。

党的十一届三中全会以前，我国的社会主义实践经历了20多年的曲折发展历程，虽然期间也取得了一些辉煌成就，但由于客观历史原因，我们的实践日益走上了封闭僵化的道路。以邓小平为核心的党的第二代中央领导集体在深刻总结新中国成立后社会主义建设经验教训的基础上，作出了实行改革开放的伟大决策。邓小平深刻指出，改革开放是中国社会主义实践发展的必然要求，是中国解放和发展生产力的必由之路。不仅如此，在中国特色社会主义现代化建设实践中，邓小平还将马克思主义社会发展理论与当代中国具体实践相结合，提出了一系列新的发展理念和发展思路。比如提出了发展才是硬道理的思想；提出了要抓住机遇努力实现中国发展的思想；提出了现代化建设要分"三步走"的思想；提出了"两手都要抓、两手都要硬"的思想；提出了让一部分人、一部分地区先富裕起来，最终实现共同富裕的思想；提出了经济发展的快一点要依靠科技和教育的思想；提出了中国的发展离不开世界的思想等等。这一系列新思想、新观点都是在社会主义现代化建设实践过程中的思想解放和理论创新，是在实践基础上的理论升华，为实现我国的持续、健康、稳定发展指明了前进的方向。

以江泽民为核心的党的第三代中央领导集体以十一届三中全会以来，特别是十三届四中全会以来的社会主义现代化建设实践为直接理论依据，进一步回答了"什么是社会主义、怎样建设社会主义"和"建设一个什么样的党、怎样建设党"这两大根本问题，形成了以"三个代表"重要思想为理论内核的江泽民发展理论。作为中国特色社会主义发展理论的实践者，面对改革开放实践的新情况、新变化，江泽民围绕中国应如何发展这一根本问题，对新时期中国社会发展问题进行了不懈地探索，鲜明地指出"发展是党执政兴国的第一要务"，提出要把发展落实到发展先进生产力、发展先进文化、实现最广大人民的根本利益上来。在践行发展这个党执政兴国的第一要务的实践过程中，以江泽民为核心的党的第三代中央领导集体坚持实践基础上的理论创新，提出了现代化建设"新三步走"的发展战略思想；提出和实施了科教兴国战略、可持续发展战略、西部大开发战略、"引进来"和"走出去"相结合的开放战略；提出了全面建设小康社会的奋斗目标；提出了要正确处理好改革、发展、稳定三者之间的关系等等。这些来自于实践的重要理论成果解决了跨世纪中国现代化发展的问题，使中国共产党人对社会主义现代化建设规律的认识更加深刻、行动更加自觉。

科学发展观是我们党在探索怎样实现全面建设小康社会奋斗目标的基础上提出来的。党的十六大提出，综观全局，要紧紧抓住 21 世纪头 20 年的这一重要战略机遇期，全面建设更高水平的小康社会。要实现这一发展的目标，对我国经济社会发展提出了新的更高的要求。新的实践呼唤我们深化认识"为什么要发展、实现什么样的发展、怎样发展"这一根本问题，这就迫切需要我们创新发展理念、完善发展战略、拓展发展思路。面对新形势新任务，以胡锦涛为总书记的党中央站在历史和时代的高度，坚持解放思想、实事求是、与时俱进、求真务实，创造性地提出了以人为本、全面协调可持续的科学发展观。科学发展观准确把握了社会主义初级阶段条件下中国社会发展的各个要素及其相互关系，把发展作为其第一要义，把以人为本作为其核心，把全面、协调、可持续作为其基本要求，把统筹兼顾作为其根本方法，把速度质量效益相协调、消费投资出口相协调、人口资源环境相协调作为其重要原则，追求社会的全面进步和人的自由全面发展。党的十八大以来，随着全面建成小康社会新目标的提出，在新的实践基础上，以习近平为总书记的党中央承载着新的历史使命和责任担当，提出了"国家富强—民族振兴—人民幸福"这一新的认知模式和实践逻辑。在这一认知模式中，"国家富强"居于首要地位，是数代中国共产党人实现伟大历史使命的着力点；"民族振兴"是全党全国各族人民为之不断奋斗的共同目标，是融合各方面力量的聚焦点；"人民幸福"是实现中华民族伟大复兴的中国梦的根本落脚点。着力点、聚焦点、落脚点，三者有机统一，既体现出认知上的理论自觉，又表现出"实干兴邦"的根本价值旨归。以习近平为总书记的党中央这一理性认知模式的提出，是对新的实践要求上的理论回应，为全面建成小康社会提供了与时俱进的指导思想。

习近平在党的十八届三中全会第一次全体会议上的讲话中指出："实践发展永无止境，解放思想永无止境。"理论与实践的辩证运动是永无止境的发展过程。中国特色社会主义发展理论形成于建设中国特色社会主义的伟大实践，同时，它还要转化为实践，通过实践为人民群众所熟知、掌握，并根据新的实践经验进一步发展、完善。理论也只有随着实践的发展而不断发展，才能保持其旺盛的生命力和活力。当前，建设中国特色社会主义的伟大实践不断向纵深推进，与此同时，许多深层次的矛盾和问题也逐渐涌现。也正是因为如此，2013 年 9 月习近平在同党外人士座谈时强调指出，正是由于在发展过程中许多深层次矛盾和问题的出现，我们更要进一步解放思想，全面深化改革。"改革是由问题倒逼而产生，又在不断解决问题中得以深化。"[①]要实现全面建成小康社会的宏伟目标，就必须要根据实践发展的要求不断推进改革，推动理论的创新，不断为中国特色社会主义发展理论增添新的内容，推动建设中国特色社会主义事业的伟大实践达到新的更高的水平。

---

① 《习近平谈治国理政》，外文出版社 2014 年版，第 74 页。

第五章　中国特色社会主义发展理论的价值指向

价值指向属于价值哲学的基本范畴，它是指价值主体在一定价值观的指导下认知或处事时所持的价值立场、价值态度、价值倾向和价值标准的总和。中国特色社会主义发展理论的逻辑演进，不仅要体现理论自身发展的客观规律，而且必然体现人们运用理论的价值需要，是科学性和价值性相统一的过程。因此，推进中国特色社会主义发展理论的理论创新，必须全面把握中国特色社会主义发展理论的价值指向。这种价值指向可以从实现什么样的发展、为谁发展和发展向何处去三个层面来展开认识。只有紧紧把握这三个层面的价值指向，才能更为准确地把握中国共产党探索中国现代化建设的正确方向。

一、实现什么样的发展：发展理念的价值指向

自党的十一届三中全会实行改革开放以来，中国共产党的根本任务就是领导人民进行中国特色社会主义现代化建设，实现强国富民。因此，团结带领中国人民致力于发展，是改革开放以来几代中国共产党人的共同心愿和实际行动。然而，当我国的社会主义建设进行到一定阶段，人们自然而然会对发展问题进行深层次的思考，会对发展经验和教训进行总结。一句话，我们应该实现什么样的发展？对此，胡锦涛曾在党的十七大报告中深刻指出："努力实现以人为本、全面协调可持续的科学发展，实现各方面事业有机统一、社会成员团结和睦的和谐发展，实现既通过维护世界和平发展自己、又

通过自身发展维护世界和平的和平发展。"①可见，我们党的发展理念就是科学发展、和谐发展、和平发展，三者相互联系、有机统一，共同构成了中国特色社会主义发展道路的发展特征。

（一）科学发展：发展理论的本质要求

科学发展是中国特色社会主义发展理论的本质要求。何谓"本质要求"？据笔者的理解，"本质要求"指的是内在的、必然的、根本的要求，或者说是题中应有之义。强调科学发展，核心是坚持以人为本，实现全面协调可持续发展，其实质是实现增长方式由粗放型向集约型转变，走科技含量高、资源消耗低、环境污染少的新型工业化道路，确保中国经济又好又快发展。离开科学发展，发展就会背离我们的目标，偏离正确的航向。对此，可以从以下三个方面分析理解。

1. 科学发展合乎人民利益

发展为了谁，发展依靠谁，发展成果由谁共享？这是我们在社会主义现代化建设实践中必须深深把握的一个原则性问题。坚持科学发展，就是坚持从最广大人民根本利益出发谋发展、促发展，就是着力保障和改善民生，不断满足人民群众日益增长的物质文化需要，提高人民群众的生活水平。

改革开放以来，在社会主义现代化建设的实践进程中，邓小平特别强调要维护好最广大人民群众的根本利益，提出要以人民拥护不拥护、赞成不赞成、高兴不高兴、答应不答应，作为党和国家一切工作的出发点和落脚点。在1992年著名的"南方谈话"中，邓小平提出了"三个有利于"的著名科学论断，其中一条就是把"是否有利于提高人民的生活水平"作为衡量社会主义建设事业的标准。他不止一次强调指出以公有制为主体和共同富裕，是我们在社会主义现代化建设中必须始终坚持的两条根本性原则，无论什么时候都不能违背这两条根本原则。他最担心是发展过程中出现两极分化，导致

---

① 胡锦涛：《高举中国特色社会主义伟大旗帜　为夺取全面建设小康社会新胜利而奋斗——在中国共产党第十七次全国代表大会上的报告》，人民出版社2007年版，第14页。

人民群众不能共享发展成果，所以一再强调要努力实现共同富裕，防止两极分化。邓小平的这些论述实质上讲的都是我们应该为谁谋发展、谋利益的问题，即发展目的的问题。而发展的目的问题，正是科学发展之首要的、最基本的问题。进入新世纪新阶段，我们在大力发展社会生产力的同时，很大程度上忽视了民生问题，而民生问题与国家发展又有着密切的不可分割的关系。我们在积极鼓励一部分人、一部分地区先富裕起来的同时，另一方面却相对忽视了"诚实劳动、合法经营"这个发展应该遵循的基本前提，结果导致贫富差距现象日益凸显，广大人民群众未能真正享受到改革发展成果。

　　党的十六大以来，针对经济社会发展中出现的这种忽视广大人民群众利益的问题，以胡锦涛为总书记的党中央在运用马克思主义社会发展理论指导中国发展实践的过程中，总结以往的经验教训，创造性地提出了科学发展观，指出其核心是以人为本，把着力改善和解决民生问题，提到了更加重要的地位，强调由人民共享改革和发展的成果。2010 年 4 月 6 日，胡锦涛在《全党深入学习实践科学发展观活动总结大会上的讲话》中，进一步阐释了科学发展与人民利益的关系，指出：推动科学发展，一定要尊重人民主体地位，紧紧依靠人民群众，切实体现人民意愿，把全社会的发展积极性引导到推动科学发展上来；必须把实现好、维护好、发展好最广大人民根本利益作为一切工作的出发点和落脚点，使贯彻落实科学发展观的过程成为不断为民造福的过程，最大限度地把人民群众的智慧和力量凝聚到推动科学发展上来。党的十八大以来，以习近平为总书记的党中央继续强调要坚持以人为本，推进科学发展，更加注重保障和改善民生。要"随时随刻倾听人民呼声、回应人民期待，保证人民平等参与、平等发展权利，维护社会公平正义……使发展成果更多更公平惠及全体人民，在经济社会不断发展的基础上，朝着共同富裕方向稳步前进。"[1]

2. 科学发展合乎客观规律

　　客观世界运动的一般规律告诉我们，从自然界到人类社会，任何事物

---

① 《十八大以来重要文献选编》（上），中央文献出版社 2014 年版，第 236 页。

都是在普遍联系和相互交往的作用中存在和发展的。新中国成立 60 多年的历史经验告诉我们：社会主义社会追求的不是片面发展的社会，而是全面发展、全面进步的社会，社会主义的发展不是单个部分的孤立发展，而是经济、政治、文化、社会、生态以及其他相关系统的综合协调的发展。

党的十六大以来，党中央一再阐明全面协调可持续是科学发展的基本要求，统筹兼顾是其根本方法。在社会主义现代化建设的过程中，我们要按照五位一体建设有中国特色社会主义事业的总布局促进现代化建设各个环节、各个方面相协调，促进生产力与生产关系、经济基础与上层建筑相协调，实现中国经济社会可持续发展。与此同时，我们还要统筹兼顾地正确处理好社会主义建设事业中的各方面关系，统筹城乡发展、区域发展、经济社会发展、人与自然和谐发展、国内发展和对外开放，统筹中央与地方、个人利益与集体利益、局部利益与整体利益、当前利益与长远利益，充分调动各方面的主动性、积极性和创造性。总之，坚持科学发展，就要求我们在发展的过程中不能凭主观意愿去办事，不能片面追求单纯的 GDP 增长，要按客观规律办事，不能随心所欲。正如 2014 年 7 月 8 日习近平在经济形势专家座谈会上的讲话中所指出的："发展必须是遵循经济规律的科学发展，必须是遵循自然规律的可持续发展。"

应当看到，尽管科学发展观这一发展理念的提出已有多年，但在现实活动中，与这个科学理念相背离的诸多现象与做法还是依然存在。党的十八大报告在充分肯定以往五年工作成绩的同时，明确指出也要清醒地认识到前进中所面临的问题和困难，主要表现在：发展中不平衡、不协调、不可持续问题依然突出，科技创新能力不强，产业结构不合理，农业基础依然薄弱，资源环境约束加剧，制约科学发展的体制机制障碍较多，深化改革开放和转变经济发展方式任务艰巨；城乡区域发展差距和居民收入分配差距依然较大；社会矛盾明显增多，教育、就业、社会保障、医疗、住房、生态环境、食品药品安全、安全生产、社会治安、执法司法等关系群众切身利益的问题较多。上述种种问题和矛盾的产生，都很大程度上与未能真正贯彻落实科学发展观有关，反映了我们在发展过程中对社会主义建设规律在认识上还存在不少误区和偏差。当前，在推进全面建成小康社会的过程中，有些地方和部门仅仅把坚持科学发展当作一个口号，实际工作过程中上依然我行我素，只讲片面地追求 GDP 的增长，不讲效率和科学，殊不知离开效率和科学的发展虽然也算是"发展"，但却是形而上学、违背客观规律的"发展"，这样的"发展"显然对于现代化建设事业只有百害而无一利。

3.科学发展合乎世界潮流

客观地讲，"科学发展"并不是中国共产党人的首创。在社会发展这个问题上，中国共产党人的贡献和创新，并不在于提出整个社会必须按照科学的发展轨道前进。因为早在 20 世纪 70 年代末期，针对人类社会应怎样发展这个问题，世界上已有许多国家对此做出过详尽的探讨。这些国家反思第二次世界大战以来社会发展方面的曲折探索历程，开始逐步认识到片面地追求经济层面上的增长并不等同于真正意义上的发展。因为单向度的经济发展并不等于社会的全面进步，如果以牺牲生态环境为代价来发展社会经济，肯定会给人类社会带来严重灾难。

正是在对这些带共同性、普遍性经验教训的反思总结的基础上，世界各国开始以一种新的思维方式来重新审视发展问题。例如 1986 年联合国大会通过的《发展权利宣言》就指出，发展应该是一个全方位、多层次的综合进程，包括经济、社会、文化等各个方面的发展，其根本目的是在全体人民和所有个人积极、自由和有意义地参与发展及其带来的利益的公平分配的基础上，不断改善全体人民和所有人的福利。同时，《宣言》还指出，发展权属于所有人。1987 年，联合国世界环境与发展委员会（WCED）发表了一份研究报告——《我们共同的未来》，深刻地剖析了"单纯经济发展论"的弊端，正式提出了"可持续发展"的概念，并对它的内涵作出了诠释，强调要从当代和后代两个维度来谋划发展，要既满足当代的需求，又不对后代满足需求能力构成危害。在这一发展理念的影响下，1995 年 3 月，在丹麦首都哥本哈根召开的世界首脑发展会议上表决通过了《社会发展问题哥本哈根宣言》和《行动纲领》，将人确定为发展的中心和目的，提出社会发展的最终旨归是改善和提高全体人民的生活水平。也就是说，发展要以人为中心，要全面协调可持续，这种发展理念也逐渐被国际社会所共同认知，从而成为世界在社会发展问题上的总趋势和潮流。但由于社会历史条件的局限和主观因素等原因，当时我们对发展问题的认识还没有达到这一高度。

需要强调的是，2007年亚洲开发银行第一次提出了"包容性增长"这一发展理念，其内涵实际上还是指经济和社会的协调可持续发展。"包容"这一含义还涉及平等和公平的问题，包括一些可衡量的标准和更多的无形因素。这一发展理念实质上也是针对各个国家内部的发展不平衡、不协调而提出的，其能否成为现实还存在诸多不可确定因素，但是这个理念的提出，毕竟还是有其先进性和进步意义所在的，它指出要追求发展的科学性、均衡性和可持续性，这已成为当今世界的一种普遍潮流和趋势。正因为如此，我们更须加以认真对待。

"中国共产党人在发展问题上独具特色的创新和贡献，在于运用辩证唯物主义和历史唯物主义这一人类伟大的认识工具，从发展的实践中提炼出规律性的东西，把它上升到理论的高度，继不断探索和回答'什么是社会主义、怎样建设社会主义''建设什么样的党、怎样建设党'这两大基本问题之后，又探索和回答'实现什么样的发展、怎样发展'这个基本问题，概括成系统的关于发展的科学理论——科学发展观，指出科学发展观是马克思主义关于发展的世界观和方法论的集中体现，它要统领一切方面的建设，指导一切领域的工作。"[1]但我们也应该意识到，更为重要的是，当前我们决不能仅仅满足于停留在理论层面上，关键还是要将理论落实到社会生活的方方面面，在实践上真正做到坚持科学发展。否则，我们就背离了世界发展潮流和趋势，就不能更好地发挥中国作为一个发展中大国在国际社会中应有的地位和作用。

当前，我们面临着来自各方面的压力，有来自发达国家经济科技方面的强大压力，也有来自发展中国家劳动力方面的竞争。而随着改革开放的深入和国际局势的变化，西方敌对势力仍在加紧对我国实施"西化""分化"，

---

① 雷云：《坚持科学发展是坚持发展是硬道理的本质要求》，《杭州日报》2010年11月4日。

企图通过各种手段对我国各个领域进行渗透，思想文化领域也是他们长期渗透的重点领域，来自文化层面的交流、交融、交锋也日渐频繁，维护国家安全的任务显得尤为繁重。正如 2014 年 11 月习近平在中央外事工作会议上的讲话中所指出的："综合判断，我国发展仍处于可以大有作为的重要战略机遇期。我们最大的机遇就是自身不断发展壮大，同时也要重视各种风险和挑战，善于化危为机、转危为安。"① 这也就要求我们在社会主义现代化建设事业的过程中，进一步增强忧患意识和机遇意识，要谦虚谨慎、埋头苦干，决不能骄傲自满、故步自封，要科学把握社会发展规律，主动去适应国内外环境的发展变化，有效应对和化解各种问题和矛盾，冷静沉着地应对危机，更加奋发有为地推进改革开放和社会主义现代化建设，推进科学发展。

（二）和谐发展：发展理论的核心理念

和谐发展，就是要在推进经济发展的同时，促进社会的全面进步，保持社会的和谐有序，让全体人民共享改革发展成果。和谐发展追求的是人与人、人与社会、人与自然的和谐。和谐发展是中国特色社会主义发展理论的核心理念。

1. 和谐发展是中国共产党人坚持科学发展的现实需要

改革开放以来，中国共产党之所以要强调科学发展，主要是基于我国社会主义初级阶段发展过程中所呈现出的一系列的新的阶段性特征，这些新的阶段性特征的集中表现就是发展不够全面、不够协调、不可持续。而之所以要构建社会主义和谐社会，从根本上说是因为我国存在着人与人、人与社会、人与自然之间发展不和谐的现象。这些问题实际上就是我国发展不全面、不协调、不可持续的问题在社会建设领域的集中表现。就此而言，坚持科学发展和坚持和谐发展其现实根据是一致的，提出和谐发展是中国共产党人坚持科学发展的现实需要。当前，我国发展不和谐的现象具体表现在：

一是贫富差距不断拉大。这又表现为四个方面：（1）城乡居民收入差距

---

① 《十七大以来重要文献选编》（中），中央文献出版社 2011 年版，第 973 页。

不断拉大。中国社科院在其发布的《人口与劳动绿皮书（2014）》中指出，中国城乡居民收入差距出现全方位扩大。在过去的十几年里，我国城乡居民收入的绝对额差距增加了近 12 倍。数据显示，20 世纪 80 年代中期至今，我国城乡居民收入差距一直在不断扩大，由 1982 年的 1.86：1（以农村为 1）演变为 1992 年的 2.23：1，2002 年扩大到 3.21：1，2013 年更进一步扩大到 3.62：1。（2）地区收入差距明显。根据国家统计局编印的《中国统计年鉴 2014》资料显示，我国东、中、西部的人均收入比由 1978 年的 1.37：1.18：1，扩大为 2000 年的 2.42：1.2：1。2013 年，我国东、中、西部地区城镇居民人均年收入比达到 1.43：1.01：1，农民居民全年纯收入比 1.83：1.26：1。另有文章指出，"2000 年，东部地区人均 GDP 值是中部地区人均 GDP 的 1.98 倍，西部地区是中部地区人均 GDP 的 77%。到 2012 年，东部地区人均 GDP 是中部地区人均 GDP 的 1.69 倍，西部地区是中部地区的 81%，差距虽有所缩小，但仍然较大。"[①]（3）行业收入差距过大。由于在市场经济发展过程中存在着一系列的体制机制上的不健全，加上国家政策的相关保护，从而导致行业垄断现象仍然存在。20 世纪 80 年代，我国行业间工资收入差距一般保持在 1.6—1.8 倍。而到了 2013 年，最低收入行业（农林牧渔业）平均工资为 19724 元，比最高收入行业（金融业）的平均工资 82156 元低 62432 元，差异超过 3 倍。如果按细分行业来折算的话，最高和最低之比可达十几倍。贫富差距的不断拉大，已经成为影响社会和谐必须高度重视的问题。据《中国青年报》和新浪网联合进行的民间调查结果显示，有 98.3% 的人感觉和 10 年前比，贫富差距变得更大了，有 83.7% 的人认为，目前的贫富悬殊已经到了让人不能接受的地步。[②]

二是经济社会发展不和谐。改革开放 30 多年来，中国经济发展保持了年均 9.8% 的高速度，在全世界一枝独秀，但各项社会事业发展严重滞后。公共教育体系、科技创新体系、公共卫生体系、文化事业体系以及社

---

① 转引自严文波、祝黄河：《社会主义共同富裕的理论阐释与实现机制》，《江西财经大学学报》，2014 年第 4 期。

② 数据来源于 http://zqb.cyol.com/content/2014-12/26/content_1462466.htm。

会救助体系、社会保障体系、社会保险体系、社会危机处理体系等各项社会事业体系极不完善。如卫生事业，大量数据表明，由于我国公共卫生事业的投入不足，我国卫生事业远远不能满足广大人民需要。据世界卫生组织 2012 年对 191 个成员国的卫生绩效进行的评估排序，中国居 144 位，在卫生负担公平性的评价排序中，中国居 188 位，比埃及、印度、巴基斯坦、孟加拉国等国还低。另据 2013 年世界卫生报告《全民健康覆盖研究》数据显示，在各国卫生总费用中，欧洲发达国家政府负担 80%—90%，美国政府负担 46.5%，泰国政府负担 57.4%。众多欠发达国家都实行全民免费医疗制。在世界卫生组织进行的排序中，中国政府只负担 18% 的医疗费用，位列 191 个成员国中的倒数第四位。国务院社会发展研究中心"中国医疗卫生体制改革"课题组在 2005 年 7 月就曾宣布，中国的卫生体制改革基本上是不成功的。[①]

三是人与自然的发展不和谐。由于经济增长的方式尚未实现根本性的转变，投入产出的效率还不高，可持续发展的能力还不强，经济社会发展与人口、资源、环境、生态之间的矛盾也越来越严重。资源短缺、生态恶化、环境污染，已成为制约我国发展的瓶颈。我国的资源短缺、生态恶化、环境污染状况，最集中地表现为水、气、油三大问题。首先是水，我国的人均水资源占有量只有世界平均水平的 1/4，在世界上排在第 122 位，是世界 13 个贫水国家之一。在全国 660 座城市中，有 90% 以上的城市河段受到不同程度的污染，治理污染的速度赶不上污染增加的速度，污染负荷也早已超过水环境容量，已经严重制约了经济社会的可持续发展。其次是"气"的问题。中国环境保护部发布的《2012 年中国环境状况公报》显示，按新的环境空气质量标准进行评价（PM2.5 年均值的二级标准为 35 微克 / 立方米），113 个环境保护重点城市环境空气质量达标城市比例仅为 23.9%。[②] 还有"油"的问题。我国是仅次于美国的世界第二大能源消费国。2012 年，我国经济总

---

① 　http://news.xinhuanet.com/newscenter/2005-07/29/content_3281414.htm.

② 　孙秀艳：《环境形势严峻依旧——〈2012 中国环境状况公报〉显示》，《人民日报》2013年 6 月 5 日。

量仅占世界的 11.6%，但消耗了全世界 21.3% 的能源、54% 的水泥、45% 的钢。2013 年煤炭占能源消费比重达 65.9%。一些重化工行业单位产品能耗比世界先进水平高 10%—50%。①综上所述，水、气、油三大问题凸显了我国人与自然关系的不和谐。

上述种种不和谐的状况，不仅影响到我国经济健康、稳定的发展，而且成为广大群众反映强烈、急切希望解决的问题。可以说，改革开放以来几代中国共产党领导人正是根据我国在发展过程中面临的这些不和谐矛盾和问题，为实现我国经济社会的又好又快发展，提出了在发展过程中要和谐发展的执政理念。

2. 和谐发展是新时期中国共产党人推进改革发展的重要战略举措

坚持和谐发展，努力构建社会主义和谐社会，是加快推进社会主义现代化建设的一项重要任务。社会和谐是中国特色社会主义的本质属性，是建成全面小康社会的重要内容和体现。事实表明，如果城乡之间、区域之间、行业之间收入差距扩大的趋势不能得到有效遏制，我国居民的贫富差距就会越来越大，就不能实现建设惠及十几亿人口的全面小康社会；如果在教育、就业、住房、医疗卫生、社会保障等方面存在的发展不和谐的问题不能得到解决，如果我们不能按照民主法治、公平正义、诚信友爱、充满活力、安定有序、人与自然和谐相处这些基本要求去构建和谐社会，我们也就不能成功地建成经济更加发展、民主更加健全、科教更加进步、文化更加繁荣、社会更加和谐、人民生活更加殷实的小康社会，更不可能成功地实现国家富强、民族振兴、人民幸福的"中国梦"。可见，和谐发展作为新时期中国共产党人推进改革发展的一项重要战略举措，关系到是否能在中国共产党成立一百年时实现全面建成小康社会的奋斗目标，关系到是否能在新中国成立一百年时建成富强、民主、文明、和谐的社会主义现代化国家的奋斗目标，具有重大而深远的意义。

---

① 数据来源于 http://www.npc.gov.cn/npc/xinwen/2014-04/21/content_1860424.htm。

（三）和平发展：发展理论的应有之义

和平发展，就是要既通过维护世界和平发展自己，又通过自身发展维护世界和平，既主要依靠自身的力量和改革创新实现发展，又坚持对外开放实现互补双赢、促进共同发展。和平发展是中国特色社会主义发展理论的应有之义。中国坚持走和平发展的道路，是基于中国国情的必然选择，既有历史文化方面的充分根据，也是现实的必然选择。

1.坚持和平发展是基于中国国情的必然选择

首先，中国的基本国情决定了实现自我发展和实现中华民族的伟大复兴是中国发展的既定目标。从我国现代化建设来看，中国的基本国情是人口多、基数大、起点低和发展的极不平衡，我国将长期处于社会主义初级阶段。中国共产党人清醒地认识到，中国最大的根本利益就是集中精力发展生产力，没有自身的发展，中华民族就无法自立于世界民族之林。其次，中国的国情也决定了中国的发展需要一个和平稳定的国际环境。对于中国这样一个发展中的、仍处于相对弱势的大国来说，发展需要和平稳定的国际环境。从 1840 年的鸦片战争始，到 1949 年的新中国成立，在长达一个世纪里中国从未获得连续 10 年的和平建设时间。改革开放后，邓小平强调指出："中国对外政策的目标是争取世界和平。在争取和平的前提下，一心一意搞现代化建设，发展自己的国家，建设具有中国特色的社会主义。"[1] 可见，争取和平发展的稳定环境是坚持以经济建设为中心的基本路线的基本依据。再次，中国作为一个社会主义国家，决定了中国是维护世界和平的坚定力量。中国的社会性质决定了我们奉行和平外交政策，不可能搞对外扩张和对外侵略。

2.坚持和平发展是基于中国历史文化传统的必然选择

中国的传统文化和价值观构成了中国和平发展的内在精神底蕴。中国传统文化和哲学的要义之一是"和为贵""和而不同"。我国先秦思想家就提

---

① 《邓小平文选》第三卷，人民出版社 1993 年版，第 57 页。

出了"亲仁善邻，国之宝也"的思想，反映了自古以来中国人民就希望天下太平、同各国人民友好相处。中华民族拥有平和、善良、宽容的民族性格，这也得到了一些国外著名学者和政治家的肯定。英国哲学家罗素就指出过，中国人统治别人的欲望显示要比白人弱得多，中国人天生的态度就是宽容和友好。马来西亚前总理马哈蒂尔也认为，侵略和征服不是中国的传统。他指出："根据我们的经验，有人从 8000 英里外来到马来西亚征服我们，殖民我们，但是中国离得这么近，却从来没有这样做过。"① 自古以来中国人内心深处强固的这种文化特质和价值观，是中国毅然坚持走和平发展道路的充分根据。

3.坚持和平发展是顺应世界发展潮流的必然选择

当前，全球化趋势的深入发展，为中国的和平发展提供了必要的客观环境和条件，给世界和平与发展带来了新的机遇和希望，争取较长时期的和平国际环境来发展自己是可以实现的。在全球化发展的总趋势下，各国的交往空前发展，国与国在经济、政治、文化上互相交融、相互渗透。一些世界性的组织如联合国、世贸组织，一些区域性的组织如亚太经合组织、上海合作组织等等相继产生。这说明在当代新的历史条件下，已经初步具备了国际合作的机制，即通过国际协商，通过加强同世界各国的交往，而不需要通过军事扩张，来争取实现世界的和平发展。这种时代发展的潮流，契合了世界各国求和平、谋发展的内在诉求。正如 2013 年 4 月习近平总书记在博鳌亚洲论坛的主旨演讲中所指出："世界各国相互联系日益紧密、相互依存日益加深，遍布全球的众多发展中国家、几十亿人口正在努力走向现代化，和平、发展、合作、共赢的时代潮流更加强劲……应该牢固树立命运共同体意识，顺应时代潮流，把握正确方向，坚持同舟共济，推动中国和世界发展不断迈上新台阶。"②

① 转引自林治波：《中国是一个威胁吗》，《时代潮》2004 年第 13 期。
② 《习近平谈治国理政》，外文出版社 2014 年版，第 329—330 页。

二、为谁发展：发展目的的价值指向

"为谁发展"是中国特色社会主义发展理论首先必须要回答的重大问题，是马克思主义世界观和方法论相统一在指导发展上的集中体现。历史事实表明，自从人类社会进入阶级社会以来，不同的阶级、不同的政党都有着不同的价值取向。以马克思主义为指导思想的无产阶级政党，是以实现人的自由全面发展为自己的最终奋斗目标。中国共产党自诞生之日起，就成为了中国人民和中华民族根本利益的忠实代表者。在改革开放的实践中，立党为公、执政为民是无产阶级政党领导革命和建设事业的根本出发点和归宿，也是中国共产党人最高的价值目标和最根本的价值取向。

（一）人民的根本利益：发展理论的最高价值标准

人是社会发展的目标和主体，人的自由全面发展是社会进步的最高价值目标。这从根本上决定了中国共产党在推进社会发展、实现理论创新的过程中，必须要以最广大人民的根本利益为最高价值标准，把实现好、维护好和发展好最广大人民的根本利益作为根本价值取向。

1.代表最广大人民的根本利益是中国共产党的根本政治立场

所谓立场，就是指观察事物和处理问题时所处的地位和由此而持的态度。人类进入阶级社会，立场就具有阶级属性，带有政治色彩。政治立场，就是人们观察、分析和处理问题时所体现出来的阶级性以及由此所形成的基本立场、观点和方法。政治立场是一个政党区别于其他政党的本质特征。无产阶级政党旗帜鲜明地阐明了人民群众在社会历史发展中的重要作用，认为人民群众是历史的创造者，人民群众的利益、意志、愿望和要求，从根本上体现了社会发展的方向。中国共产党是中国特色社会主义事业的坚强领导核心，是以马克思主义武装起来的无产阶级政党。中国共产党在长期革命、建设和改革的实践中，将马克思主义基本原理与中国的具体实际相结合，形成了中国共产党的群众路线和群众观点，公开申明了自己是代表无产阶级和广大人民的根本利益的。共产党人除了最大多数人的利益，没有自己的特殊利益，离开了人民的利益，也就离开了自己的政治立场。正是因为中国共产党人有着无产阶级坚定的政治立场，才把广大人民群众团结在了自己的周围，取得了新民主主义革命和社会主义建设的伟大胜利，谱写了中华民族团结奋进的壮丽篇章。

2. 实现最广大人民的根本利益是中国共产党的本质特征

早在 160 多年前，马克思恩格斯在《共产党宣言》中就明确指出："过去的一切运动都是少数人的或者为少数人谋利益的运动。无产阶级的运动是绝大多数人的、为绝大多数人谋利益的独立的运动。"[①]中国共产党是中国各族人民利益的忠实代表，是中国特色社会主义事业的坚强领导核心，中国共产党的根本宗旨和价值目标是全心全意为人民服务，这深刻揭示了中国共产党的本质特征。邓小平指出："中国共产党员的含意或任务，如果用概括的语言来说，只有两句话：全心全意为人民服务，一切以人民利益作为每一个党员的最高准绳。"[②]习近平也明确指出："始终站在人民大众立场上，一切为了人民、一切相信人民、一切依靠人民，诚心诚意为人民谋利益，这是中国共产党人坚持马克思主义立场的根本要求。"[③]党的性质决定了中国共产党必然是中国最广大人民根本利益的忠实代表。

3. 为最广大人民的根本利益而奋斗是中国共产党全部实践的本质所在

中国共产党从成立之日起，就把为中国最广大人民谋利益作为自己的奋斗目标。新民主主义革命时期，我们党代表全中国人民的根本利益，制定了反帝、反封建、反官僚资本主义的革命纲领。经过困难重重的艰苦斗争，中国共产党终于带领人民推翻了"三座大山"，结束了中国半殖民地半封建社会的历史。新中国成立后，面对一个千疮百孔、百废待兴的国家，为尽快改变中国贫穷落后的现状，中国共产党带领中国人民开始了社会主义现代化建

---

① 《马克思恩格斯文集》第一卷，人民出版社 2009 年版，第 52 页。
② 《邓小平文选》第一卷，人民出版社 1994 年版，第 257 页。
③ 习近平：《深入学习中国特色社会主义理论体系　努力掌握马克思主义立场观点方法》，《求是》2010 年第 7 期。

设的伟大实践，完成了"三大改造"，建立了社会主义的基本制度，在不断发展的基础上逐步形成了较为完整的国民经济体系和工业体系。党的十一届三中全会以后，我们实行改革开放，把党和国家的工作重点转移到社会主义现代化建设上来。建立了社会主义市场经济体制，推进了社会主义政治体制改革，进一步强化了党风廉政建设，深入开展反腐败斗争，这些种种举措都是在实现、维护和发展最广大人民的根本利益。可以说，建党90多年以来，中国共产党领导的革命、建设和改革的伟大实践，概括成一句话，就是为最广大人民的根本利益而奋斗。

4. 代表最广大人民根本利益是新时期党建工作的根本指南

在社会主义现代化建设的新时期，我们党制定的路线方针政策，都是为了代表并实现最广大人民的根本利益。邓小平明确地把这一点作为衡量我们一切工作的根本标准。他指出：判断改革和各方面工作的是非得失，归根到底，要看是否有利于发展社会主义的生产力，是否有利于增强社会主义国家的综合国力，是否有利于提高人民的生活水平。同时他还强调，要把最广大人民"拥护不拥护""赞成不赞成""高兴不高兴""答应不答应"作为我们一切工作的出发点和落脚点。新时期新阶段，以习近平为总书记的党中央，明确提出党要始终代表最广大人民根本利益，具有重要的现实意义。这是要求我们在新的历史阶段中，适应形势和任务的发展变化，既要坚持党的先进性和纯洁性，发挥党组织的战斗堡垒作用和广大党员干部的先锋模范作用，又要坚持党的群众路线，最大限度地团结一切可以团结的力量，最大限度地调动一切可以调动的积极因素，为实现中华民族伟大复兴的中国梦而共同奋斗。总之，只有牢牢扣住代表最广大人民根本利益这个宗旨，用改革的精神研究新情况，解决新问题，才能不断提高我们党的领导能力和执政水平，搞好新时期的党建工作。

综上所述，中国共产党人始终把最广大人民群众的根本利益作为党一切工作的根本依据，体现了实现人民根本利益的清醒认识和高度自觉。全心全意为人民服务是中国共产党自诞生之日起就竖起的一面鲜明旗帜。新时期以来，中国共产党一贯坚持和强调尊重人民的主体地位，发挥人民的首创精神，保障人民的各项权益，走共同富裕的发展之路，促进人的全面发展，做到发展为了人民、发展依靠人民、发展成果由人民共享。一言以蔽之，全心全意为人民服务是中国共产党人崇高的世界观、人生观和价值观的集中体现。

（二）人的自由全面发展：发展理论的终极价值目标

人的自由全面发展是共产主义的价值目标，是中国特色社会主义发展理论的终极价值目标。在我国改革开放和社会主义现代化建设的实践过程中，中国共产党人始终坚持以人的自由全面发展作为终极价值指引，把人的自由全面发展的最高理想融入到中国特色社会主义现代化建设的全过程。这是中国共产党人实现历史使命的必然要求，也是我们党领导人民建设中国特色社会主义的内在需要。

1. 人的自由全面发展是马克思主义的最高价值目标和价值理想

马克思主义揭示了人类社会是一个由低级形态向高级形态不断发展的历史过程，深刻阐明了社会主义必然胜利和资本主义必然灭亡的发展规律，并进而论证了人类社会的最高形态必然是走向共产主义。马克思恩格斯认为："代替那存在着阶级和阶级对立的资产阶级旧社会的，将是这样一个联合体，在那里，每个人的自由发展是一切人的自由发展的条件。"[1] 在马克思恩格斯看来，未来社会将会是"以每个人的全面而自由的发展为基本原则的社会形式"[2]，他们称之为"自由人联合体"[3]。他们认为社会一旦进入到共产主义，人将自然而然地获得自由而全面发展。马克思恩格斯自始至终都将人的自由全面发展作为自己的终极关怀，留下了许多关于人的自由全面发展的科学论断。人的自由全面发展理论从而也成为马克思学说中最具有生命力和吸引力的部分。

在马克思恩格斯看来，人的自由全面发展是人类自身进步与社会全面进

① 《马克思恩格斯文集》第十卷，人民出版社 2009 年版，第 666 页。
② 《马克思恩格斯文集》第五卷，人民出版社 2009 年版，第 683 页。
③ 《马克思恩格斯文集》第五卷，人民出版社 2009 年版，第 96 页。

步的同步发展过程，促进社会生产力的不断发展和先进社会制度的不断更新，是实现人的自由全面发展的必由之路。因此，人的自由全面发展既是未来社会的理想蓝图，又是客观现实的历史进程，体现了逻辑和历史的一致性，科学和价值的统一。马克思恩格斯揭示了人的自由全面发展这一最高价值理想的发展趋势，但是如何把这一最高价值理想同本国具体国情和时代特征结合起来使之变为现实？在现实和终极理想之间还有多少阶段性的价值目标？等等，这些问题，都需要通过推进马克思主义民族化、中国化，结合本国具体国情和时代特征给以与时俱进的回答。在这个问题上，改革开放以来几代中国共产党人在推进中国社会主义现代化建设的过程中，都不断深化着对人的自由全面发展的认识，进一步推进了人的自由全面发展的历史进程。

2. 人的自由全面发展是中国共产党人的最高价值目标和实践追求

中国共产党人所作的一切归根结底都是为人的自由全面发展提供政治、经济和文化等方面的保障，就是最大限度地为人的自由全面发展创造一切条件。无论是在民主革命时期还是社会主义建设时期，我们党一直都把实现人的解放和自由全面发展作为社会主义社会的目标或奋斗纲领。客观上讲，社会主义现代化建设实践就是以马克思主义社会发展理论为理论指导，不断推进人的自由全面发展的过程。在社会主义现代化建设的伟大实践中，我们党进一步丰富和发展了马克思主义的自由全面发展观，"邓小平的社会主义本质论主要从物质文明建设方面，即从处理人与自然的关系方面推进了人的全面发展；而江泽民的'三个代表'重要思想则侧重于从政治文明层面，即从处理人与社会的关系方面（中国共产党就是人格化意义上的人的体现）表达了人的全面发展的现实要求。"[①]

科学发展观的提出，把对人的自由全面发展的重视提高到了前所未有的新高度。以人为本作为科学发展观的核心，其基本含义就是尊重人的主

---

① 白立强：《人的全面发展：经典阐释与现实历程》，《河北大学学报（哲学社会科学版）》2009 年第 3 期。

体地位和生存价值。在经济社会发展的基础上，要将社会发展的落脚点和归宿转向人，要从人的需要出发，以实现人与社会、人与自然、人与人的统一。科学发展观强调以人为本，就是要以实现人的自由全面发展为根本目标，提高人民的生活水平，不断满足人民群众日益增长的物质文化需要，切实保障人民群众的各项合法权益，让全体人民共享改革发展的成果。当代中国人已开始逐渐意识到，社会经济的发展和人的自由全面发展两者是有着紧密关系的，两者是既相互影响、相互促进又相互制约的历史互动过程。尽管先前由于种种原因，在现代化建设的过程中我们曾经付出过极为沉重的代价，但现如今终于迎来了中国历史上前所未有的人的自由全面发展的最佳时期，人的自由全面发展的价值理想和价值追求逐渐被广大人民群众所理解和接受，并成为新时期中国共产党人的执政理念和社会发展进步的根本精神动力。

总之，人的自由全面发展的价值理想贯穿于中国共产党发展理念的全过程。在中国特色社会主义现代化建设的每一个步骤中，都要通过把握人的自由全面发展的发展趋势进而把握人类社会的发展趋势，使这一最高价值目标和价值理想充分发挥对社会发展的规范、矫正和牵引作用，从而以帮助人们在对社会发展客观规律的认识和运用中融合进人文主义的价值判断，谋划出新的价值坐标、价值理念，和对现存的历史条件与社会环境进行有利于人类生存与发展的重塑与创造，从而实现对现存社会与历史的扬弃和超越，使社会的发展越来越符合人的本质属性和内在要求。

三、发展向何处去：发展方向的价值指向

经过改革开放 30 多年以来的快速发展，我国的社会主义现代化建设又进入了一个关键时期。世情、国情、党情的深刻变化，使得中国特色社会主义现代化建设既面临着前所未有的发展机遇，又面临着巨大的挑战。未来中国的发展将往何处去？这是摆在我们面前的一个重大历史性课题。笔者认

为，实现中华民族伟大复兴、展示社会主义强大生命力、推动人类社会文明进步是未来中国社会发展的努力方向和前进目标。

（一）实现中华民族伟大复兴：中国共产党推进发展的伟大梦想

实现中华民族伟大复兴，是鸦片战争以来每一个中国人的梦想。"这个梦想，凝聚了几代中国人的夙愿，体现了中华民族和中国人民的整体利益，是每一个中华儿女的共同期盼。"[1]当代中国，中国共产党推进发展的一个重要使命，就是带领中国人民实现中华民族伟大复兴的中国梦，实现国家的富强、民族的振兴和人民的幸福。

1. 坚持中国特色社会主义道路是实现中华民族伟大复兴的必由之路

实现中华民族伟大复兴要坚定对中国特色社会主义的道路自信。道路是战略选择，是到达目标最基本的条件。道路就是生命。没有正确的道路，再光明的前景，再美好的梦想，都是无法实现的。2013年3月，习近平总书记在第十二届全国人民代表大会第一次会议上的讲话中强调指出："实现中国梦必须走中国道路。这就是中国特色社会主义道路。"[2]这是改革开放30多年来中国共产党伟大实践的深刻结论，是对近代以来170多年中华民族发展历程的深刻总结，也是对中华民族5000多年悠久文明传承的深刻把握。坚持中国特色社会主义道路，其基本前提是坚持中国共产党的领导，其现实基础是坚持"一个中心、两个基本点"这一党在社会主义初级阶段的基本路线，其主要内容是开展经济、政治、文化、社会以及生态文明等各方面的建设，推动社会的全面进步，其根本目标是建设富强、民主、文明、和谐的社会主义现代化国家。"中国特色社会主义道路，既不同于传统的社会主义发展道路，也不同于西方资本主义国家走过的道路，而为像中国这样的东方落后国家迅速摆脱贫困、加快实现现代化、巩固和发展社会主义提供了宝贵

---

① 《十八大以来重要文献选编》（上），中央文献出版社2014年版，第84页。
② 《十八大以来重要文献选编》（上），中央文献出版社2014年版，第234页。

经验。"① 这条道路是中国共产党领导中国人民在现代化建设实践中探索出来的成功之路，是经过实践和历史检验完全符合中国国情的强国之路，是能够使亿万人民群众过上幸福美好生活的富民之路。实现中华民族伟大复兴的中国梦，既不能走封闭僵化的老路、也不能走改旗易帜的邪路，必须坚定不移地走中国特色社会主义道路。人类历史发展的显著特征之一就是交错反复、曲折前进，同样这也是道路发展的常态，这就要求我们要坚定道路自信，任何时候都不能因为前进道路过程中出现某些问题或困难就对中国特色社会主义道路产生动摇和怀疑。只有坚定不移地走中国特色社会主义道路，才能把我国建设成为富强、民主、文明、和谐的社会主义现代化国家，才能最终实现中华民族伟大复兴的中国梦。

2. 坚持中国特色社会主义理论体系是实现中华民族伟大复兴的行动指南

实现中华民族伟大复兴要坚定对中国特色社会主义的理论自信。中国特色社会主义理论体系，就是包括邓小平理论、"三个代表"重要思想以及科学发展观等重大战略思想在内的科学理论体系，它是马克思主义中国化的最新理论成果。这个理论体系，凝结了几代中国共产党人带领中国人民不懈探索社会主义现代化建设实践的智慧和心血，是中国共产党人最为宝贵的精神财富，是不断发展的开放的思想体系。中国特色社会主义理论体系，在总结长期历史经验的基础上，对我们党和国家发展所处的历史方位做了准确的判断，系统回答了在中国这样一个经济文化落后且发展不平衡的发展中大国"什么是社会主义、怎样建设社会主义""建设什么样的党、怎样建设党""实现什么样的发展、怎样发展"等一系列重大理论和现实问题。这个理论体系立足于中国基本国情，深深植根于中国大地，是几代中国共产党人领导中国人民在现代化建设过程中不断提高对共产党执政规律、社会主义建设规律和人类社会发展规律认识的独创性理论贡献。"中国特色社会主义理论体系的形成，标志着中华民族的伟大复兴航程有了指路灯塔。这个理论体系凝聚起

---

① 李捷：《百年梦想与中华民族伟大复兴》，《江西师范大学学报（哲学社会科学版）》2013 年第 2 期。

全民族的力量，为坚持和发展中国特色社会主义事业，实现中华民族伟大复兴提供了根本理论指导和强大精神力量。"①历史已经证明，并且还将继续证明，只有坚持和发展中国特色社会主义理论体系，才能为实现中华民族伟大复兴指明前进方向。只有坚定对中国特色社会主义的理论自信，中国特色社会主义现代化建设事业才能有光明的发展前景，中华民族伟大复兴才能早日得到成功实现。

3. 坚持中国特色社会主义制度是实现中华民族伟大复兴的根本保障

实现中华民族伟大复兴要坚定对中国特色社会主义的制度自信。制度带有根本性、稳定性、全局性和长期性，关乎党和国家的前途命运，我们在道路、理论两个层面的探索成果，最终都要依靠制度来保障和落实。改革开放以来，经过 30 多年的奋斗、创造和发展，我们逐渐形成了一套相互衔接、紧密联系的具有中国特色的社会主义制度体系。在这一体系中，包括人民代表大会制度这一根本政治制度，中国共产党领导的多党合作和政治协商制度、民族区域自治制度以及基层群众自治制度等构成的基本政治制度，中国特色社会主义法律体系，公有制为主体、多种所有制经济共同发展的基本经济制度，社会主义核心价值体系，以及建立在根本政治制度、基本政治制度、基本经济制度、基本文化制度基础上的经济体制、政治体制、文化体制等各项具体制度。这些不同类别、不同层面的各类制度，相互影响、互为作用，是社会主义现代化建设各项事业发展的高度凝练。历史证明，中国特色社会主义制度是被实践证明了的切合中国具体实际的制度设计，是完全符合社会主义初级阶段中国现实基本国情的，是一套顺应时代潮流的竞优性的制度体系，充分体现了世界多极化、经济全球化的发展趋势。它有利于调动广大人民群众和社会各方面的积极性、主动性、创造性；有利于保持党和国家生机与活力；有利于维护和促进社会公平正义、实现全体人民共同富裕；有利于解放和发展社会生产力、推动经济社会的全面发展；有利于有效应对前进道路上的各种风险和挑战；有利于维护民族团结和国家统一，因而具有其

---

① 张浩：《实现中华民族伟大复兴必须坚定"三个自信"》，《南方日报》2012 年 12 月 3 日。

巨大的优越性和强大的生命力。只有坚定对中国特色社会主义的制度自信，始终坚持并不断发展完善这一制度，中华民族伟大复兴的光辉愿景的实现就会指日可待。

（二）展示社会主义强大生命力：中国共产党推进发展的历史使命

中国共产党领导人民不断推进中国特色社会主义事业发展的历史使命就是要通过自身的发展成就，充分彰显社会主义制度的巨大优越性和强大生命力。改革开放 30 多年中国的发展成就表明，中国式的发展模式是切实可行，富有成效的。中国的发展成就为其他社会主义国家的社会主义建设提供了经验借鉴，对发展中国家摆脱贫困、加快发展提供了榜样效应。新世纪新阶段，面对十分复杂的国际形势和艰巨繁重的国内改革发展稳定任务，以习近平为总书记的党中央明确提出实现中华民族伟大复兴的中国梦的奋斗目标，这充分显示了中国特色社会主义的强大生命力，进一步增强了全国各族人民的民族自信心和自豪感。中国的社会主义现代化与中华民族的伟大复兴是同一历史过程，中华民族的伟大复兴是与社会主义的前途和命运紧紧融合在一起的。作为世界上最重要的社会主义国家，中国的发展、中华民族的伟大复兴必将会对世界社会主义的发展前景产生重大且深远的影响。

1. 中华民族伟大复兴的历史进程彰显了社会主义的强大生命力

中华民族的伟大复兴，是一个历史性过程，也是一个远大的目标。习近平在参观《复兴之路》展览时曾指出："中华民族的昨天，可以说是'雄关漫道真如铁'。近代以后，中华民族遭受的苦难之重、付出的牺牲之大，在世界历史上都是罕见的……经过鸦片战争以来一百七十多年的持续奋斗，中华民族伟大复兴展现出光明的前景。现在，我们比历史上任何时期都更接近中华民族伟大复兴的目标。"[①] 可以说，整个世界的社会主义运动都是与中华民族伟大复兴的历史进程紧密相连、互相促进的。在 20 世纪中叶，也正是世界社会主义运动蓬勃发展时，中国坚定地选择了社会主义制度，从而才真

---

① 《十八大以来重要文献选编》（上），中央文献出版社 2014 年版，第 83 页。

正意义上踏上了中华民族伟大复兴的历史性征途。在 20 世纪八九十年代，随着苏东剧变，世界社会主义运动遭受重大挫折，中国特色社会主义事业的蓬勃发展，给世界社会主义运动注入了新的生机和活力。改革开放 30 多年来，在几代中国共产党人的正确领导下，中国人民开辟了建设有中国特色社会主义的道路，开展了一场复兴中华民族的伟大实践，中国的现代化建设取得了举世瞩目的伟大成就。从 1978 年到 2014 年，中国 GDP 从 3650 亿元增长到 63.65 万亿元，位列世界第 2 位，年均增速超过 9.5%。可见，改革开放以来复兴中华民族的伟大历程表明，坚定不移地走中国特色社会主义发展道路，是我国摆脱贫穷落后、走向富强的必由之路。同时，中华民族的伟大复兴本身又是一个社会主义制度的优越性和活力不断展现、吸引力和凝聚力不断增强的过程，可以说，我们在中华民族伟大复兴道路上所取得的每一个胜利都是社会主义事业的胜利。正如江泽民所指出的："中国人民在革命、建设和改革中取得的巨大成功，是马克思主义的一个了不起的胜利，是科学社会主义的一个了不起的胜利。"[①]

2. 中国特色社会主义的成功实践预示了未来社会主义发展的方向和趋势

改革开放 30 多年的发展历程表明，中国共产党领导的中国特色社会主义现代化建设事业的伟大实践，不仅扭转了世界社会主义运动在 20 世纪末期的低迷走势，进一步展示了社会主义的强大生命力，而且还实现了社会主义发展模式由传统向当代的历史性转变，为世界社会主义运动向纵深发展开辟了一条新的发展道路、指明了前进方向。中国共产党在总结我国社会主义现代化建设正反两方面经验教训基础上，通过借鉴其他社会主义国家兴衰成败的历史经验，将马克思主义社会发展理论与中国具体实际相结合，创造性地形成了中国特色社会主义发展理论。"中国特色社会主义使世界人民在社会主义的低潮之中看到了社会主义胜利的希望之光。中国特色社会主义把马克思主义基本原则与时代特征和中国实际有机地结合起来，既坚持了现实社会主义与马克思主义创始人预测的社会主义在根本原则上的一致性——相同

---

① 《十五大以来重要文献选编》（上），中央文献出版社 2000 年版，第 695 页。

的生产目的，又区分了两者在具体特征上的差异性——不同的生产力发展水平，实现了主观与客观、理论与实践的具体的历史的统一。"①这一理论的创建及其在中国的发展实践，标志着历史上社会主义存在的那种僵化的传统发展模式开始向充满活力和生机的现代发展模式转变，这种新的发展模式不仅符合中国现实国情，而且蕴含着鲜明的时代特色，对世界社会主义运动在新的时代条件下的发展具有一定的普遍意义。近年来，古巴、越南、老挝等社会主义国家也都强调要从本国的具体国情出发，建设具有本国发展特色的社会主义国家。与此同时，西方的一些发达资本主义国家的共产党也强调指出，他们将要建设既不同于传统苏联的发展模式，也不同于现实社会主义国家的发展模式，而是建设具有自身特点的社会主义。可见，在坚持社会主义本质要求的前提下，探索具有本国特色的社会主义建设的具体形式，将是未来社会主义发展的方向和趋势。

3."两个一百年"奋斗目标的最终实现必将推进世界社会主义运动的复兴

进入新的历史阶段以来，从资本主义与社会主义的力量对比态势来看，总体上仍然呈现"资强社弱"的态势，世界社会主义运动仍处于低潮之中，但另一方面，我们也应看到，经过一系列政策和纲领的调整，世界社会主义运动在困境中也得到了一定的恢复和发展。历史唯物主义告诉我们，人类历史发展的根本方向是不会改变的。党的十八大报告明确提出了"两个一百年"奋斗目标，即到中国共产党成立一百年时全面建成小康社会，到新中国成立一百年时建成富强民主文明和谐的社会主义现代化国家，实现中华民族的伟大复兴，这充分展现和表达了中国共产党人的自信心、自豪感。"两个一百年"奋斗目标的最终实现，将更加充分地显示出社会主义的强大生命力和活力，将更有力地推动世界社会主义运动的复兴。可以说，世界社会主义运动的复兴，在很大程度上取决于中华民族的复兴。中国的现实国情和中国

---

① 房玫：《关于在全球化进程中展示社会主义生命力的思考》，《当代世界与社会主义》2011 年第 1 期。

共产党的党情决定了中国在世界社会主义运动中的地位和作用。作为一个拥有 8000 多万党员的大党，中国的社会主义发展态势如何，对于世界社会主义运动的前途和命运具有至关重要的作用。正如邓小平所说的："只要中国社会主义不倒，社会主义在世界将始终站得住。"[1]中华民族的伟大复兴，是世界社会主义事业复兴的一个重要组成部分。现在我们之所以敢明确断言世界社会主义运动将在新世纪新阶段走向复兴，很重要的一个原因就是中华民族的伟大复兴已经展现出了光辉的前景。可以坚信，到本世纪中叶，随着中国建成富强民主文明和谐的社会主义现代化国家，社会主义将彰显出更加旺盛的生命力和活力，社会主义也将被世界上越来越多的国家和人民所追求和向往，整个世界社会主义事业定会呈现出一番前所未有的全新景象。

（三）推动人类社会文明进步：中国共产党推进发展的根本目标

中国特色社会主义的发展成就，提供了具有中国特色的发展道路和实践经验，在实践路径和制度形态上，进一步丰富了世界文明，打破了资本主义制度所谓的"普世价值"，开辟了人类认识资本主义文明之外的文明形态，成为世界文明多元化的重要组成部分，为世界文明的发展作出了积极贡献。改革开放以来中国共产党领导人民推进中国特色社会主义事业不断向前发展的根本目标，就在于推动人类社会的文明进步。

1. 中国特色社会主义发展道路开辟了和平发展的人类文明新路

人类的文明史，就是一部战争史。"人类文明的不同形态的演进一方面标志着物质文明和精神文明的发展进步，另一方面也意味着这种斗争和对抗以新的形式在进行着。"[2]我们之所以说中国特色社会主义发展道路是一条和平发展的道路，就在于这条道路的开创使人类文明摒弃了"独有""独占""独霸"的思维，树立了"共存""共享""共赢"的新理念，中国的和平发展之路既不以扩张主义为出发点，也不以霸权主义为必然归宿。中国道路的总设

---

① 《邓小平文选》第三卷，人民出版社 1993 年版，第 346 页。

② 陈学明：《论中国道路对人类文明的历史性贡献》，《上海师范大学学报（哲学社会科学版）》2013 年第 3 期。

计师邓小平在把握时代特征的基础上，明确地把和平与社会主义统一起来，努力"寻求一个和平的环境"进行社会主义现代化建设。他指出："我们搞的是有中国特色的社会主义，是不断发展社会主义生产力的社会主义，是主张和平的社会主义。"① 以习近平为总书记的党中央也鲜明提出了中国"和平崛起"的发展战略，习近平在出席博鳌亚洲论坛 2013 年会开幕式上这样说："和平犹如空气和阳光，受益而不觉，失之则难存。没有和平，发展就无从谈起。""我们将坚定维护亚洲和世界和平稳定。中国人民对战争和动荡带来的苦难有着刻骨铭心的记忆，对和平有着孜孜不倦的追求。中国将通过争取和平国际环境发展自己，又以自身发展维护和促进世界和平。"② 从邓小平到习近平，几代中国共产党人都向世人清楚地表达了中国人民对世界和平的强烈渴望，同时也都清楚地向世人宣布中国的发展道路是一条和平发展的道路。实现和平发展、和平崛起，是中国人民的真诚愿望和不懈追求，而中国坚持走和平发展道路对人类文明所产生的重要意义，也越来越被世人所认知。著名历史学家汤因比曾经这样说道："恐怕可以说正是中国肩负着不止给半个世界而是给整个世界带来政治统一与和平的命运。"③ 虽然汤因比的预见在当今的世界难以一下得到兑现。但是，我们始终坚信，随着中国特色社会主义发展道路的不断向前推进，它对人类文明的积极意义就会愈加充分地展现在世人面前。

2. 中国特色社会主义发展道路彰显了人类文明发展的多样性

世界文化多元化的特征决定了人类走向文明的道路也应是多样的。马克思主义唯物史观告诉我们，社会历史的发展决不会沿袭着任何固定的单一模式而行进，事实上，由于各个国家和民族存在着不同的内部结构、文化传统，具有不同的地理环境、外部联系，处于不同的历史环境之中，历史发展

---

① 《邓小平文选》第三卷，人民出版社 1993 年版，第 328 页。
② 《明者因时而变知者随时而制——习近平在博鳌论坛 2013 年年会上的主旨演讲》，《文汇报》2013 年 4 月 8 日。
③ [英] A.J. 汤因比，[日] 池田大作：《展望 21 世纪——汤因比与池田大作对话录》，荀春生等译，国际文化出版公司 1997 年版，第 289 页。

必然会呈现出多样性和丰富性的统一。马克思主义经典作家曾经用"在现象上显示出无穷无尽的变异和色彩差异"①来显示世界文明多样性的特征。但是，在"西方文化中心主义"的话语体系笼罩下，西方文明似乎就被认定成了世界文明发展的终极指向。"'西方中心主义'者把西方文明解释成为人类文明的普遍的、唯一的形式，将西方走向现代化的道路视为整个人类必须效法的'典范'，把西方文明所意蕴的文化价值说成是人类文明的共同价值。"②日裔美籍学者弗朗西斯·福山的历史终结论是"西方中心主义"论最为典型的代表，他曾狂妄地断言，西方的自由民主制度也许是人类意识形态发展的终点。在福山看来，随着西方文明形态逐渐普及为全人类的制度，那么人类的历史最终将逐步走向"终结"。然而中国特色社会主义发展道路的开辟，意味着一种新的人类文明形式的诞生。改革开放 30 多年以来，中国的高速发展，也充分证明了中国特色社会主义发展道路的可行性和科学性。中国共产党领导中国人民开辟的中国特色社会主义发展道路，和促进全球化人类文明多样性的丰富发展是同一历史过程，也正是通过这一历史过程，进一步深化了对人类社会发展规律的认识。中国人民既不走封闭僵化的老路，也不走改旗易帜的邪路。正是有了这种对人类社会发展规律的清醒认识，中国人民才信心百倍、坚定不移地走在中国特色社会主义的这条康庄大道上。也正是因为坚持走中国特色社会主义发展道路，人类文明演变的多样性和丰富性特点，才能真真实实地展现在世人面前。

3. 中国特色社会主义发展道路为破解人类文明难题提供了经验借鉴

历史上所产生的各种文明形态，都推动了人类社会的发展。特别是资本主义文明形态，更是使人类社会进步达到了空前的高度。正如马克思在《共产党宣言》中所指出的："资产阶级在它的不到一百年的阶级统治中所创造的生产力，比过去一切世代创造的全部生产力还要多，还要大。"③但另一方面，历史上产生的所有文明形态，一定程度上也都曾使人类经受了一定的挫

---

① 《马克思恩格斯文集》第七卷，人民出版社 2009 年版，第 894 页。
② 袁银传、马晓玲：《论中国特色社会主义的历史意义》，《湖湘论坛》2012 年第 2 期。
③ 《马克思恩格斯文集》第二卷，人民出版社 2009 年版，第 36 页。

折和磨难，尤其是资本主义文明形态的出现，更是使人类面临着前所未有的巨大压力和挑战。当今人类文明所面临的挑战主要表现为"三大问题和矛盾"的凸显：一是人与人之间越来越不平等，人与人之间、人与社会之间的紧张关系已经到了无以复加的程度，以自我为中心，以享乐为特征的腐朽、颓废文化价值观畅行无阻；二是人与自然之间的冲突越来越严重，人类的生态容量已快接近底线，工业化、现代化以牺牲生态为代价，引起了人与自然关系的失调；三是人的各种功能、需求之间越来越不平衡，人日益成为"单向度"的消费机器。① 很显然，当今世界文明的进步主要取决于对这"三大问题和矛盾"的破解。中国特色社会主义发展道路能否对世界文明的发展作出历史性的贡献，关键就是看这一道路是否能破解这"三大问题和矛盾"。客观现实是，中国特色社会主义就是在正视和解决这"三大问题和矛盾"中开辟自己的发展道路的，虽然当前还不能说这"三大问题和矛盾"已被中国所完全解决，但显然中国特色社会主义发展道路已为解决这"三大问题和矛盾"找到了努力和前进的方向。如科学发展观战略思想的提出，一方面突出了发展的多层次性、全面性，强调"五位一体"建设中国特色社会主义的总布局；另一方面突出了人在社会发展中的重要地位和作用，将以人为本作为推动社会发展进步的核心和灵魂，充分彰显了当今时代精神和时代价值。以习近平为总书记的党中央提出要实现中华民族伟大复兴的中国梦，中国梦的实现，也是建立在经济社会全面发展基础上的人的全面的进步。可以说，中国特色社会主义发展道路为解决这"三大问题和矛盾"所形成的发展理论，以及在解决这"三大问题和矛盾"的过程中所积累的经验教训，已为世界上其他国家和地区破解这些难题产生了强烈的示范效应，从而为当今人类文明通过破解这些难题获取新的进步作出了自己独特的贡献。

---

① 陈学明：《论中国道路对人类文明的历史性贡献》，《上海师范大学学报（哲学社会科学版）》2013 年第 3 期。

结语　中国共产党探索科学发展的历史经验与启示

中国共产党执政以来领导中国发展的历史，是艰辛探索科学发展的历程，也是日益走向科学发展的历程。中国共产党探索社会发展的根本目的是实现社会主义现代化，这是一项中国历史上前所未有的伟大创举，没有现成的道路可走，没有固定的模式可循。对于中国这样的一个发展中大国来说，世界范围内也缺乏一个可供选择的参照系。因此，总结中国共产党探索科学发展的基本经验，力求得出一些有益的启示，从而以实现中国经济社会的又好又快发展，显得尤为迫切和重要。

一、必须坚持把"发展"作为马克思主义中国化的主题

马克思主义之所以成为无产阶级认识世界和改造世界的强大思想武器，原因不仅在于它自身所具有的科学性和革命性，而且还在于它是与各个国家具体的革命和实践相联系的。把马克思主义基本原理同中国具体实际相结合，实现马克思主义的中国化，既是马克思主义实践本质的要求，也是解决中国实际问题的现实需要。

新民主主义革命时期，以毛泽东为核心的党的第一代中央领导集体，不仅提出了马克思主义中国化的科学命题，而且还实现了以革命为主题的马克思主义中国化的第一次飞跃。随着新民主主义革命的胜利，中国的现实国情发生了根本性变化，马克思主义中国化的主题必须实现由革命到建设的转换。新中国成立后，毛泽东提出了马克思主义与中国实际第二次结合的任务，并

作出了不懈努力，无论在理论还是实践上都取得了重大成就，但总的看来，毛泽东没有很好地解决这一问题。1956 年以后二十年的社会发展实践中，我们违背了马克思主义基本原理与中国具体实际相结合的原则，坚持了"以阶级斗争为纲"的做法，使得中国的发展经历了重大挫折，走了很多弯路。

党的十一届三中全会以后，以邓小平为核心的党的第二代中央领导集体牢牢把握发展这一马克思主义中国化的主题，创立了中国特色社会主义理论，成功地把马克思主义中国化引入第二次飞跃的发展轨道。在马克思主义中国化第二次飞跃的历史进程中，中国特色社会主义发展理论不断深入地阐明：发展是硬道理；发展是党执政兴国的第一要务；发展是科学发展观的第一要义；发展对于全面建成小康社会、加快推进社会主义现代化具有决定性意义，等等。在中国特色社会主义理论的指导下，当代中国的发展取得了举世瞩目的伟大成就。正反两方面的历史经验告诉我们，行动上的坚定来自理论上的清醒，有了理论上的清醒，才能拥有正确的世界观和方法论。我们党要切实担负起发展这个党执政兴国的第一要务，就必须始终坚持把发展作为马克思主义中国化的主题，毫不动摇地坚持和发展中国特色社会主义这一当代中国的马克思主义。

二、必须坚持以经济建设为中心的统筹兼顾

社会发展的任务是多方面的，存在各种各样的矛盾，各个方面都需要综合平衡，但人民群众日益增长的物质文化需要同落后的社会生产之间的矛盾，是我国当前阶段和今后很长时间都必须要面对的问题。要解决这个矛盾，必须以解放和发展生产力为根本，坚持以经济建设为中心，统筹兼顾各方面的发展。

人类社会由一个结构复杂的大系统所构成，在这个大系统中，有经济、政治、文化、社会、生态等各个子系统。坚持统筹兼顾推进社会发展，就是要统一筹划社会的各子系统，促进社会发展的平衡性、协调性和整体性。依

据社会主义的本质要求，依据政党、国家与社会三者之间的内在关系，马克思主义执政党对于国家的领导，根本表现就在于要充分发挥其政治核心作用、社会整合作用和发展引领作用，就是要在经济社会发展中总揽全局，统筹和处理好方方面面的关系。因此，作为中国最广大人民利益忠实代表的中国共产党，领导我们这样一个发展中大国进行社会主义现代化建设，尤其要特别重视以经济建设为中心的统筹兼顾，牢牢把握经济建设这个中心不动摇，在解放和发展社会生产力的同时，努力推进政治、文化、社会、生态等其他各个方面的建设，从而不断实现社会的全面进步。这主要表现在：

一是要统筹好经济建设与其他建设事业的关系，实现经济社会各构成要素的良性互动和协调发展。要统筹城乡发展，逐步解决城乡二元结构矛盾，努力实现城乡共同发展繁荣。统筹区域发展，继续推进国家区域发展总体战略，逐步形成东中西部相互促进、优势互补、共同发展的发展新格局。统筹经济社会发展，进一步发挥政府在促进就业、完善社会保障、实现社会公平等方面的作用，加快科技、教育、文化、卫生、社会管理等社会事业发展，实现经济发展与社会进步的有机统一。统筹人与自然和谐发展，实现人与自然的可持续发展，实现中华民族的永续发展。

二是要统筹好各阶层各群体的利益要求。要统筹中央和地方关系，善于发挥中央和地方两个积极性。统筹个人利益和集体利益、局部利益和整体利益、当前利益和长远利益，善于兼顾和统筹社会各个层面的利益诉求。统筹经济建设和国防建设，在不断增强国家经济实力的基础上，不断提高国防和军队现代化水平。统筹国内国际两个大局，通过维护世界和平发展自己、通过自身发展维护世界和平。一言以蔽之，做不到统筹兼顾，就不可能有全面发展，就不可能有协调发展，就不可能有可持续发展，更不可能有人的自由而全面发展。

三、必须坚持在继承与创新的统一中实现与时俱进

中国共产党探索科学发展的历程，也是我们党在继承与创新的统一中不

断与时俱进的过程。不同时期的中国共产党人，都在坚持马克思主义理论与实践的基本成果基础上，不懈地探索着"什么是社会主义、怎样建设社会主义"这一基本问题，在创立和发展中国特色社会主义理论的过程中，推动着中国社会主义现代化不断向前发展。

新中国成立后，以毛泽东为核心的党的第一代中央领导集体，坚持以马克思主义为指导，经过社会主义改造把中国引上了社会主义道路。社会主义制度的建立使中国的发展处在一个新的历史起点——在社会主义道路上实现中华民族的伟大复兴。随着社会主义建设的全面展开，毛泽东适时提出了探索适合中国国情的社会主义发展道路的历史性课题，并在探索过程中，提出了一系列独到的见解，如通过"两步走"实现四个现代化；以农业为基础、以工业为主导、以农轻重为序安排国民经济、实现由农业国向工业国过渡的中国工业化道路；坚持工业和农业并重、重工业和轻工业并重、中央工业和地方工业并重、沿海工业和内地工业并重等一整套"两条腿走路"的方针；等等。这些新思想、新观点为中国特色社会主义发展理论的创立提供了直接的理论来源。

党的十一届三中全会以来，邓小平在继承毛泽东发展理论的基础上，带领中国共产党继续探索中国社会主义现代化的发展问题，第一次比较系统地初步回答了在中国这样一个经济文化落后的国家如何建设社会主义、如何巩固和发展社会主义的一系列基本问题，为中国社会主义现代化建设设计了一整套纲领，提出了以"一个中心、两个基本点"为主要内容的基本路线、"三步走"的发展战略和"三个有利于"的判断标准，等等，为中国的改革开放和持续快速发展提供了正确的理论指南。江泽民在继续探索中国社会主义现代化的发展道路中，创造性地提出了"三个代表"重要思想，强调要把发展作为党执政兴国的第一要务，把坚持党的先进性与发挥社会主义制度的优越性，落实到了发展先进生产力、发展先进文化和实现最广大人民的根本利益上来。

以胡锦涛为总书记的党中央站在时代发展的高度，进一步提出了以人为本、全面协调可持续的科学发展观这一重大战略思想。科学发展观强调发展的机遇说，认为21世纪头20年是重要的发展机遇期，抓住机遇、乘势而上，我们就能建设惠及十几亿人口的更高水平的小康社会。科学发展观强调发展的全面说，坚持经济建设、政治建设、文化建设、社会建设和生态文明建设"五位一体"全面推进，建设富强、民主、文明、和谐的社会主义现代化国家。同时，科学发展观还强调发展的协调说，努力统筹经济社会发展、统筹城乡发展、统筹区域发展、统筹经济建设与国防建设、统筹国内发展与对外开放、统筹人与自然和谐发展。

党的十八大以来，以习近平为总书记的党中央抓住重要战略机遇期，坚持与时俱进，在改革开放的历史进程中继续推进实践创新、理论创新、制度创新，提出了一系列富有创造性的理论观点，如开创性地提出了"中国梦"的战略命题；提出了著名的"鞋子论"，充分彰显了中国的道路自信、理论自信、制度自信；提出了在全党开展以为民务实清廉为主要内容的党的群众路线教育，以集中解决党内存在的形式主义、官僚主义、享乐主义和奢靡之风；提出了和平发展的原则底线，强调在坚持走和平发展道路的同时，决不能放弃我们的正当权益，决不能牺牲国家核心利益；提出了全面建成小康社会、全面深化改革、全面依法治国和全面从严治党的"四个全面"战略布局，为新时期改革发展确立了新坐标，实现了认识把握社会主义建设规律的新飞跃。

改革开放以来中国经济社会发展的伟大成就表明，只有坚持辩证唯物主义和历史唯物主义的世界观和方法论，坚持一切从实际出发，解放思想、实事求是，坚持代表最广大人民根本利益的政治立场，在继承与创新的统一中实现与时俱进，我们才能在中国共产党成立一百年时全面建成小康社会，就一定能在新中国成立一百年时建成富强民主文明和谐的社会主义现代化国家，才能最终赢得中国人民和中华民族更加幸福美好的未来。

四、必须坚持人民群众在社会发展中的主体地位

相信谁、依靠谁、为了谁，是发展观的根本问题。中国共产党90多年

以来的历史发展实践表明，相信群众、依靠群众、尊重群众的首创精神，集中群众的无穷智慧，是中国共产党不断推进社会发展的一条宝贵的成功经验。

从人类历史发展的实际进程来看，人民群众之所以是社会历史发展的主体，之所以在社会历史发展进程中起着决定性作用，就在于人民群众不仅是物质资料生产的主体，是社会物质财富的创造者，而且还是人类社会精神文化生产的主体，是社会精神财富的创造者。同时，人民群众还是社会革命、建设和改革的主体，他们创造着并不断改造着社会关系，从而不断推动着人类社会向前发展。因此，领导社会主义现代化建设的共产党人，必须相信群众、依靠群众、尊重群众，充分发挥人民群众的聪明才智，这是马克思主义关于建设社会主义新社会的必然要求。

中国共产党成立 90 多年来，尤其是改革开放 30 多年来，对于尊重人民群众在社会发展中的主体地位有着深切的体会和理解。毛泽东指出，人民是创造历史的真正动力，解决中国的发展问题，必须坚定地相信人民群众和依靠人民群众，必须坚持全心全意为人民服务的宗旨。"共产党人的一切言论行动，必须以合乎最广大人民群众的最大利益，为最广大人民群众所拥护为最高标准。"①邓小平认为，人民群众是我们党的力量源泉，改革大业成功的关键和根本点在于党的改革举措能够调动广大群众的积极性和创造性。在他看来，中国共产党人必须把提高人民生活水平作为改革和发展的目的，把人民生活水平的改善状况作为判断改革和发展的标准。"三个代表"重要思想强调立党为公、执政为民，指出任何时候我们都必须坚持尊重社会发展规律与尊重人民历史主体地位的一致性，必须坚持把人民的根本利益作为出发点和归宿。坚持以人为本，是以胡锦涛为总书记的党中央提出的科学发展观的核心和本质。以人为本的深刻内涵在于坚持发展依靠人民、发展为了人民、发展成果由人民共享，强调要把实现好、维护好、发展好最广大人民的根本利益作为党和国家一切工作的出发点和落脚点。科学发展观把以人为本的发

----

① 《毛泽东文选》第三卷，人民出版社 1991 年版，第 1096 页。

展理念提到了一个新的更高的高度。

党的十八大以来，以习近平为总书记的党中央围绕执政为了谁，执政依靠谁，如何执好政掌好权等重大课题，发表了一系列关于"坚持人民主体地位"的重要论述，赋予了人民主体地位以全新的内涵。在政治理念方面，不仅提出了"以民为本、立法为民"的执政新理念，还提出要注重开发和尊重民智，"要自觉拜师人民、尊重人民、依靠人民""要始终坚持问政于民、问计于民、问需于民"。这些朴实、生动、真切的语言，充分表达了我们党全心全意为人民服务的宗旨和发展为了人民的目的。

回顾中国共产党探索科学发展的历程，我们可以总结出的一条基本经验就是：只有坚定不移地坚持马克思主义人民群众观的立场不动摇，并将之切实贯彻到经济社会发展的各项工作之中，我们才能取得现代化建设和改革开放事业的伟大胜利。正如习近平总书记在党的十八届一中全会讲话中所指出的："人民群众始终是我们党的坚实执政基础。只要我们永不动摇信仰、永不脱离群众，我们就能无往而不胜。"①

五、必须坚持把中国的发展融入世界发展的大趋势之中

马克思恩格斯在阐述世界历史思想的时候，曾经指出，以机器大工业为主要特征的工业革命及其所造成的生产力的巨大发展，促进了世界性的普遍交往，这种普遍交往将最遥远的民族和地区连接在一起，使世界各国、各民族间相互依赖、相互关联，进而将世界联系为一个整体。"如果说，在前世界历史时代，各个民族基本上都是在孤立的地域各自平行发展的话，那么在世界历史时代，这种局面就被完全打破了，各个民族（国家）的发展都受到了人类整体发展的影响和规定。"②从世界历史思想的角度上看，任何一个国

---

① 习近平：《全面贯彻党的十八大精神要突出抓好六个方面工作》，《求是》2013年第1期。
② 马俊峰：《马克思世界历史理论的方法论意义》，《中国社会科学》2013年第6期。

家或民族的发展，都必须融入世界发展的大趋势之中，必须同世界文明接轨。近现代世界各国历史发展的经验教训告诉我们，闭关锁国必然会造成落后和挨打，只有开放兼容，顺应世界发展潮流的大趋势，国家才能富强，民族才能振兴，人民才能富裕。

中国的发展必须同世界文明接轨，必须融入世界发展的大趋势之中，这是总结新中国成立以来中国社会发展经验教训的结果。自新中国成立之后，毛泽东曾设想要与世界其他国家进行正常的贸易往来，利用一切可以利用的因素把中国建设成为一个强大的社会主义国家。但是事与愿违，帝国主义对中国采取了封锁和打压的政策。党的八大以后，由于受"左"倾错误思想的影响，中国提出了"自力更生、奋发图强"的口号，但很快这一口号在"文化大革命"中被错误地曲解成"闭关自守"、"既不借内债也不借外债"的愚昧方针，从而导致了中国一直处于一种与外界隔绝的状态中，中国人民无法获悉中国之外的世界经济和科技日新月异的变化，这也使得中国的发展完全游离于世界文明的潮流之外。而恰逢 20 世纪 40 年代以来新科技革命浪潮的兴起，为许多国家的发展提供了历史性的机遇。日本利用这次机遇成功地实现了产业由劳动密集型和资本密集型向技术知识密集型的转移，一跃成为仅次于美国的世界经济强国。亚洲"四小龙"（中国香港、新加坡、韩国、中国台湾）也利用这次机遇推行出口导向型发展战略，在短时间内迅速实现了经济的腾飞，创造了发展中国家的经济奇迹，跨入了世界中等发达国家（地区）的行列。而中国却耽误了二十年实现经济发展的大好时光，拉大了与发达国家的差距。

痛定思痛，党的十一届三中全会之后，邓小平高瞻远瞩，站在时代发展的高度提醒国人："现在世界的发展一日千里，每天都在变化，特别是科学技术，一旦错过，追都难追上。"[①] 为了重新回归世界文明发展的大道，中国作出了改革开放的伟大决策。邓小平指出："开放是最大的政策，我们制定

---

① 《邓小平文选》第三卷，人民出版社 1993 年版，第 375 页。

了一系列方针政策，其中最大的政策就是对外开放。"①在邓小平看来，中国要实现现代化，要建设成为社会主义现代化强国，就必须实行对外开放，必须通过对外开放来获取现代化建设所需的各种资源，利用好国内国际两个市场，形成自己发展的独特优势，确立我国在国际市场上的战略地位，才能加快我们的发展速度。此外，邓小平还明确指出，中国的对外开放，是对世界所有国家的开放，它不仅限于经济领域的开放，还包括科技、文化、教育等各领域的开放。经过改革开放30多年的快速发展，我国已经初步形成了全方位、多层次、宽领域的对外开放格局。在对外开放的过程中，中国吸收了世界文明的各种优秀成果，世界也更加了解中国的优秀文化，中国的国际威望获得了空前的提高。

习近平总书记在党的十八届三中全会第一次全体会议上的讲话中曾指出："纵观世界，变革是大势所趋、人心所向，是浩浩荡荡的历史潮流，顺之则昌、逆之则亡。"从中国的历史发展看，凡是对外开放，文明就兴盛；凡是闭关自守，文明就衰弱。在经济全球化、国际竞争日益激烈的今天，改革开放，使中国的发展回归至世界文明发展的阳光大道，这是中国社会发展的唯一正确选择，也是中国人民的选择。正是这场中国历史上前所未有的大改革、大开放，使一个面向现代化、面向世界、面向未来的社会主义中国巍然屹立在世界东方。历史的发展雄辩地证明，改革开放是决定当代中国前途命运的关键抉择，是决定实现"两个一百年"奋斗目标、实现中华民族伟大复兴的中国梦的必由之路。

---

① 《邓小平文选》第三卷，人民出版社1993年版，第299页。

参考文献

一、经典著作与文献资料类

[1]《马克思恩格斯文集》，人民出版社 2009 年版。

[2]《马克思恩格斯全集》（第二卷），人民出版社 2005 年版。

[3]《马克思恩格斯全集》（第二十三卷），人民出版社 1972 年版。

[4]《列宁选集》，人民出版社 2012 年版。

[5]《列宁全集》（第二十六卷），人民出版社 1988 年版。

[6]《列宁全集》（第二十八卷），人民出版社 1990 年版。

[7]《列宁全集》（第三十四、三十八卷），人民出版社 1985 年版。

[8]《毛泽东选集》，人民出版社 1991 年版。

[9]《毛泽东文集》，人民出版社 1999 年版。

[10]《周恩来选集》（下卷），人民出版社 1984 年版。

[11]《邓小平文选》（第一、二卷），人民出版社 1994 年版。

[12]《邓小平文选》（第三卷），人民出版社 1993 年版。

[13]《邓小平年谱》（上），中央文献出版社 2004 年版。

[14]《江泽民文选》，人民出版社 2006 年版。

[15] 江泽民：《论"三个代表"》，中央文献出版社 2001 年版。

[16] 江泽民：《论社会主义市场经济》，中央文献出版社 2006 年版。

[17] 胡锦涛：《高举中国特色社会主义伟大旗帜　为夺取全面建设小康

社会新胜利而奋斗——在中国共产党第十七次全国代表大会上的报告》，人民出版社 2007 年版。

[18]《习近平谈治国理政》，外文出版社 2014 年版。

[19] 习近平：《深入学习中国特色社会主义理论体系 努力掌握马克思主义立场观点方法》，《求是》2010 年第 7 期。

[20] 习近平：《全面贯彻党的十八大精神要突出抓好六个方面工作》，《求是》2013 年第 1 期。

[21] 习近平：《在庆祝全国人民代表大会成立 60 周年大会上的讲话》，《人民日报》2014 年 9 月 6 日。

[22] 习近平：《在庆祝中国人民政治协商会议成立 65 周年大会上的讲话》，《人民日报》2014 年 9 月 22 日。

[23] 习近平：《坚持实事求是的思想路线》，《学习时报》2012 年 5 月 28 日。

[24]《建国以来毛泽东文稿》（第 6、13 卷），人民出版社 1992、1998 年版。

[25]《建国以来重要文献选编》（第 10、11 卷），中央文献出版社 1995 年版。

[26]《建国以来重要文献选编》（第 19 卷），中央文献出版社 1998 年版。

[27]《十一届三中全会以来党的历次全国代表大会中央全会重要文件选编》（上），中央文献出版社 1997 年版。

[28]《十三大以来重要文件选编》（上），中央文献出版社 1991 年版。

[29]《十四大以来重要文件选编》（上），中央文献出版社 1996 年版。

[30]《十五大以来重要文献选编》（上、下），中央文献出版社 2000、2003 年版。

[31]《十六大以来重要文献选编》（上、中、下），中央文献出版社 2005、2006、2008 年版。

[32]《十七大以来重要文献选编》（上、中），中央文献出版社 2009、2011 年版。

[33]《十八大以来重要文献选编》（上），中央文献出版社 2014 年版。

[34]《习近平总书记系列重要讲话读本》，学习出版社、人民出版社 2014 年版。

二、学术著作类

[1] 罗荣渠：《现代化新论》，北京大学出版社 1993 年版。

[2] 侯远长：《邓小平发展思想研究》，中国经济出版社 1997 年版。

[3] 青连斌：《邓小平发展理论》，中共中央党校出版社 1998 年版。

[4] 金伟：《当代中国共产党人的发展观研究》，中国社会科学出版社 2011 年版。

[5] 祝黄河：《科学发展观与当代中国社会发展实践》，人民出版社 2008 年版。

[6] 黄晓利：《科学发展观的历史追溯与多维审视》，西南交通大学出版社 2010 年版。

[7] 范燕宁等：《新时期中国发展观——兼与当代国外发展观的比较研究》，首都师范大学出版社 1999 年版。

[8] 侯衍社：《马克思的社会发展理论及其当代价值》，中国社会科学出版社 2004 年版。

[9] 王怀超：《社会发展理论研究》，中共中央党校出版社 2008 年版。

[10] 郝镇华：《外国学者论亚细亚生产方式》，中国社会科学出版社 1981 年版。

[11] 丰子义：《发展的呼唤与回应：哲学视野中的社会发展》，北京师范大学出版社 2009 年版。

[12] 庞仁芝：《科学发展观——中国共产党人不懈探索的结晶》，人民出版社 2007 年版。

[13] 胡绳：《中国共产党的七十年》，中共党史出版社 1991 年版。

[14] 聂运麟主编：《中国特色社会主义理论体系研究》，人民出版社2011年版。

[15] 于幼军：《社会主义五百年》（第三卷），广东教育出版社2011年版。

[16] 庞元正、丁冬红：《当代西方社会发展理论新词典》，吉林人民出版社2001年版。

[17] 田克勤：《中国特色社会主义理论与实践研究》，中国人民大学出版社2012年版。

[18] 中共中央文献室编：《科学发展观重要论述摘编》，中央文献出版社2008年版。

[19] 本书编写组：《邓小平外交思想学习纲要》，世界知识出版社2000年版。

[20] 罗文东主编：《中国特色社会主义理论体系新论》，人民出版社2008年版。

[21] 刘秀萍：《现代化进程中的后发展理论》，民族出版社2002年版。

[22] 田瑞兰：《中国特色社会主义理论体系逻辑建构研究》，人民出版社2013年版。

[23] 顾龙生：《毛泽东经济年谱》，中共中央党校出版社1993年版。

[24] 中国社会科学院世界经济与政治研究所：《世界经济统计简编1978》，三联书店1979年版。

[25] 孔祥云：《中国特色社会主义新编》，清华大学出版社2009年版。

[26] [英] 阿瑟·刘易斯：《经济增长理论》周师铭等译，商务印书馆2002年版。

[27] [英] A.J. 汤因比、[日] 池田大作：《展望21世纪：汤因比与池田大作对话录》，荀春生等译，国际文化出版公司1997年版。

[28] [美] 塞缪尔·亨廷顿：《文明的冲突》，周琪等译，新华出版社2013年版。

[29] [美] 约瑟夫·熊彼特：《经济发展理论》，叶华译，中国社会科学

出版社 2009 年版。

[30] [美] 迈克尔·托达罗:《经济发展与第三世界》,印金强等译,中国经济出版社 1992 年版。

[31] [美] 吉尔伯特·罗兹曼:《中国的现代化》,国家社会科学基金"比较现代化"课题组译,江苏人民出版社 2010 年版。

[32] [美] 德内拉·梅多斯等:《增长的极限》,李宝恒译,吉林人民出版社 1997 年版。

[33] [德] 黑格尔:《历史哲学》,王造时译,上海书店出版社 1999 年版。

[34] [瑞典] 冈纳·缪尔达尔:《亚洲的戏剧:对一些国家贫困问题的研究》,方福前译,首都经济贸易大学出版社 2001 年版。

[35] [法] 弗朗索瓦·佩鲁:《新发展观》,张宁等译,华夏出版社 1987 年版。

[36] [法] 孟德斯鸠:《论法的精神》(上册),张雁深译,商务印书馆 1982 年版。

[37] [印度] 阿马蒂亚·森:《以自由看待发展》,任赜等译,中国人民大学出版社 2013 年版。

[38] [古希腊] 亚里士多德:《政治学》,吴寿彭译,商务印书馆 1996 年版。

[39] Augustine : *The City of God against the Pagans*, Cambridge University Press, 1998.

三、期刊论文类

[1] 王瑜:《西方发展观研究:理论探微·殊异甄析·启迪价值》,博士学位论文,吉林大学 2011 年。

[2] 彭建军:《建国后中国共产党认识和处理发展问题的历史经验研究》,博士学位论文,湖南师范大学 2007 年。

[3] 陈聚芳：《中国共产党社会发展理论研究》，博士学位论文，中共中央党校 2011 年。

[4] 赵曜：《中国特色社会主义理论体系是最宝贵的精神财富》，《光明日报》2008 年 12 月 9 日。

[5] 祝黄河、冯霞：《科学发展观：对人类社会发展规律认识的丰富与发展》，《人民日报》2011 年 11 月 23 日。

[6] 孙秀艳：《环境形势严峻依旧——2012 中国环境状况公报》，《人民日报》2013 年 6 月 5 日。

[7] 中国社会科学院中国特色社会主义理论体系研究中心：《90 年来中国共产党党员数量与结构的变化与发展》，《光明日报》2011 年 7 月 5 日。

[8] 邢贲思：《人是万物的尺度》，《学习时报》2002 年 5 月 27 日。

[9] 张浩：《实现中华民族伟大复兴必须坚定"三个自信"》，《南方日报》2012 年 12 月 3 日。

[10] 教育部改革开放 30 年中国教育改革与发展课题组：《确立教育优先发展的重要战略地位》，《中国教育报》2008 年 10 月 11 日。

[11] 雷云：《坚持科学发展是坚持发展是硬道理的本质要求》，《杭州日报》2010 年 11 月 4 日。

[12] 庞仁芝、丁耀：《夯实实现"中国梦"的文化基础》，《中国特色社会主义研究》2013 年第 5 期。

[13] 程恩富：《习近平的十大经济战略思想》，《人民论坛》2013 年第 34 期。

[14] 冷溶：《科学发展观的创立及其重大意义》，《马克思主义研究》2006 年第 8 期。

[15] 张荣洁、魏莉：《改革：从以物为本走向以人为本》，《北京邮电大学学报》（社会科学版）2011 年第 4 期。

[16] 周如俊：《科学发展观：中国马克思主义发展观的新形态》，《内蒙古社会科学》2005 年第 1 期。

[17] 严书翰：《科学发展观与马克思主义社会发展理论》，《中国井冈山

干部学院》2013 年第 3 期。

[18] 庞元正：《国外发展理论的演进与发展观的演变》，《领导科学》2004 年第 6 期。

[19] 庞元正：《什么是发展观所说的"发展"》，《中国党政干部论坛》2006 年第 4 期。

[20] 庞元正：《社会结构、全面发展与人类文明关系新探》，《北京行政学院学报》2009 年第 5 期。

[21] 严文波、祝黄河：《社会主义共同富裕的理论阐释与实现机制》，《江西财经大学学报》2014 年第 4 期。

[22] 钱广荣：《〈中国古代和谐伦理思想的文明样式及其当代传承》，《道德与文明》2012 年第 3 期。

[23] 梁亚敏：《中国特色社会主义理论体系生成逻辑研究》，《西南民族大学学报》（人文社会科学版）2013 年第 6 期。

[24] 郑德荣：《中国特色社会主义理论体系逻辑结构剖析》，《思想理论教育导刊》2012 年第 12 期。

[25] 陈松友、刘辉：《论江泽民的发展思想》，《中共山西省委党校学报》2003 年第 5 期。

[26] 张雷声：《关于科学发展观的科学地位及意义》，《毛泽东邓小平理论研究》2007 年第 12 期。

[27] 张维为：《中国模式回应世界挑战》，《当代中国史研究》2008 年第 2 期。

[28] 罗荣渠：《现代化理论与历史研究》，《历史研究》1986 年第 8 期。

[29] 靳连芳、宋富法：《论建国以来中国共产党的发展观》，《中国特色社会主义研究》2009 年第 5 期。

[30] 俞思念、陈平其：《西方现代化理论的兴起与演变》，《学习与探索》2005 年第 6 期。

[31] 王志平：《"人类发展指数"：含义、方法及改进》，《上海行政学院学报》2007 年第 3 期。

[32] 章越松：《从矛盾动力论到和谐动力论——兼论中国特色社会主义发展动力理论》，《中共福建省委党校学报》2009年第3期。

[33] 吴忠民：《论公正的初次分配规则》，《文史哲》2004年第2期。

[34] 聂运麟：《世界社会主义运动在低潮中奋进》，《求是》2013年第21期。

[35] 聂运麟：《论中国特色社会主义的理论基石》，《马克思主义研究》2009年第11期。

[36] 李周：《法国共产党衰退的原因》，《国外理论动态》2003年第3期。

[37] 张宝林：《党员队伍结构分析和思考》，《党政干部论坛》2001年第6期。

[38] 刘海藩：《新中国经济体制的探索与实践》，《求是》2009年第19期。

[39] 汪海波：《对第三产业发展严重滞后原因的分析》，《经济学动态》2007年第4期。

[40] 韩庆祥：《"新三步战略"与"四个全面"战略布局》，《唯实》2015年第6期。

[41] 田克勤：《深入研究中国特色社会主义的几点思考》，《马克思主义研究》2008年第6期。

[42] 李忠杰：《紧紧抓住中国特色社会主义的主题》，《理论前沿》2006年第19期。

[43] 林治波：《中国是一个威胁吗》，《时代潮》2004年第13期。

[44] 白立强：《人的全面发展：经典阐释与现实历程》，《河北大学学报》（哲学社会科学版）2009年第3期。

[45] 李捷：《百年梦想与中华民族伟大复兴》，《江西师范大学学报》（哲学社会科学版）2013年第2期。

[46] 房玫：《关于在全球化进程中展示社会主义生命力的思考》，《当代世界与社会主义》2011年第1期。

[47] 袁银传、马晓玲：《论中国特色社会主义的历史意义》，《湖湘论坛》2012年第2期。

[48] 陈学明：《论中国道路对人类文明的历史性贡献》，《上海师范大学

学报》（哲学社会科学版）2013 年第 3 期。

［49］马俊峰：《马克思世界历史理论的方法论意义》，《中国社会科学》2013 年第 6 期。

四、古文献类

[1]《老子》。

[2]《庄子》。

[3]《周易·乾卦·象传》。

[4]《孟子》。

[5]《左传·桓公二年》。

[6]《荀子》。

[7]《新书·礼》。

[8]《新书·修政语下》。

[9]《新书·大政上》。

[10]《墨子·经上》。

[11]《吕氏春秋·贵公》。

[12]《南宋·宋纪上》。

[13]《论语》。

[14]《管子·治国》。

[15]《礼记·坊记》。

[16]《礼记·礼运》。

[17]《尚书》。

[18]《文子·上德》。

后 记

　　本书系教育部人文社会科学研究专项任务项目"中国特色社会主义发展理论的内在逻辑研究"（批准号：15JD710044）的最终研究成果。

　　发展是当今时代的主题，也是当代中国的主题。中国特色社会主义发展理论是改革开放以来几代中国共产党人把马克思主义社会发展理论同中国改革开放的伟大实践相结合，在吸收借鉴人类社会创造的一切文明成果的基础上，不断进行理论创新的结果。在内生逻辑和马克思主义发展序列上，中国特色社会主义发展理论始终都坚持继承与创新相统一，以继承为基础，以创新为动力，每个阶段的探索都是在继承前人的基础上实现了理论上的新突破。可以说，一脉相承、与时俱进是这一理论最为鲜明的特征。伴随着经济全球化和世界多极化不断发展、科技进步突飞猛进和各种思想文化相互激荡，这一理论必将在党和人民的创造性实践中不断拓展，必将在深化改革、扩大开放中不断完善。我相信，随着中国特色社会主义事业在开拓中不断向前推进，会有越来越多的人关注和研究这一课题。

　　借此机会，我要衷心地感谢我的恩师祝黄河教授。祝老师是中央马克思主义理论研究和建设工程专家、国务院学位委员会第七届学科评议组成员（马克思主义理论）、国家社科基金项目学科评审组专家。祝老师不仅是我的硕士生导师，也是我的博士生导师，这么多年来他一直如同父亲一样关心、呵护我的成长，教给我学识，更教给我做人的道理。"经师易遇，人师难遭"。祝老师给予我的悉心关怀和教育，是我一生中最宝贵的财富。这本拙著的最后形成，离不开他的精心点拨和帮助。

　　感谢曾建平教授、张艳国教授、汪荣有教授、吴仁平教授、周利生教

241

授、万振凡教授、王员教授、冯霞教授、吴瑾菁教授、李正兴副教授、陈付龙副教授，谢谢各位领导和老师给予我宝贵的意见和启发！感谢与我同在中共中央宣传部借调工作的好友们：首都师范大学的沈永福博士、中国社会科学院的曹守亮博士、中共广东省委党校的陈培永博士、中共中央编译局的冯潇然博士，拙著最终能顺利完稿，离不开你们的不断鼓励和肯定。

本书得以出版还要感谢江西师范大学江西省高校高水平创新平台建设项目"马克思主义理论"、江西省经济社会发展专项项目（中国特色社会主义理论专项）"中国特色社会主义理论体系的历史逻辑与理论逻辑研究"（批准号：15ZT07）和江西省2011"社会发展与治理"协同创新中心的资助。感谢人民出版社对出版本书的大力支持。

最后感谢多年来给予我莫大支持和关爱的家人。感谢我的父母，谢谢你们一直以来的深情关爱和默默付出。感谢我的妻子许丹女士，她的深明大义、任劳任怨，给了我爱的力量和家的温馨，如果我若有所得，那也同样属于她。当然，我也要感谢我的儿子——博然小同学，谢谢小家伙给我略显枯燥的学术工作增添了无限的乐趣。

每个人心中，都有一个梦；心中有梦，人生才有色彩。唯有在追梦的过程中不断取得新突破，才是对那些给予你支持和关爱的人的最好回报！正如《易经》中所指出的那样：一切"既济，未济"。坚定信心，勇往前行，依旧是我不变的方向！

严文波

2016年3月于北京市西长安街5号

责任编辑：忽晓萌　王新明

责任校对：吕　飞

版式设计：杜维伟

图书在版编目（CIP）数据

中国特色社会主义发展理论的内在逻辑研究／严文波　著．

　－北京：人民出版社，2016.3

ISBN 978－7－01－016009－2

I.①中…　II.①严…　III.①中国特色－社会主义建设模式－研究

　IV.① D616

中国版本图书馆 CIP 数据核字（2016）第 054959 号

中国特色社会主义发展理论的内在逻辑研究

ZHONGGUO TESE SHEHUIZHUYI FAZHAN LILUN DE NEIZAI LUOJI YANJIU

严文波　著

人民出版社 出版发行

（100706　北京市东城区隆福寺街 99 号）

北京汇林印务有限公司印刷　新华书店经销

2016 年 3 月第 1 版　2016 年 3 月北京第 1 次印刷

开本：710 毫米 × 1000 毫米 1/16　印张：15.5

字数：227 千字

ISBN 978－7－01－016009－2　定价：32.00 元

邮购地址 100706　北京市东城区隆福寺街 99 号

人民东方图书销售中心　电话：（010）65250042　65289539